鲁东大学"声速输入法"基金语言文字研究课题资助

外国语言文学与文化交流研究专辑

陈宗利　王晓农　王晓东 ○ 编著

中华工商联合出版社

图书在版编目（CIP）数据

外国语言文学与文化交流研究专辑／陈宗利，王晓
农，王晓东编著. -- 北京：中华工商联合出版社，2022.1
ISBN 978-7-5158-3311-8

Ⅰ. ①外… Ⅱ. ①陈… ②王… ③王… Ⅲ. ①语言学
-国外-文集②外国文学-文学研究-文集 Ⅳ.
①H0-53②I106-53

中国版本图书馆 CIP 数据核字（2022）第 017361 号

外国语言文学与文化交流研究专辑

作　　　者：陈宗利　　王晓农　　王晓东
出 品 人：李　梁
责任编辑：于建廷　　王　欢
封面设计：清　清
责任审读：傅德华
责任印制：迈致红
出版发行：中华工商联合出版社有限责任公司
印　　　刷：北京虎彩文化传播有限公司
版　　　次：2022 年 7 月第 1 版
印　　　次：2022 年 7 月第 1 次印刷
开　　　本：710mm×1000 mm　1/16
字　　　数：240 千字
印　　　张：15.5
书　　　号：ISBN 978-7-5158-3311-8
定　　　价：78.00 元

服务热线：010-58301130-0（前台）
销售热线：010-58301132（发行部）
　　　　　010-58302977（网络部）
　　　　　010-58302837（馆配部、新媒体部）
　　　　　010-58302813（团购部）
地址邮编：北京市西城区西环广场 A 座
　　　　　19-20 层，100044
http://www.chgslcbs.cn
投稿热线：010-58302907（总编室）
投稿邮箱：1621239583@qq.com

前　言

中国提出"一带一路"倡议以来，为国际经济合作打造了新的平台，为世界经济增长注入了新的动力，同时中外文化交流也迎来了新的发展。为积极响应国家"一带一路"倡议和促进中外文化交流，鲁东大学依托学校外语学科多语种外语教学和研究平台加大了开展"一带一路"建设背景下促进中外文化交流的研究力度。2018年11月24日，鲁东大学举办了"'一带一路'与中外文化交流学术研讨会"。这次会议由鲁东大学外国语学院、山东省应用型外语人才培养研究基地主办，外语教学与研究出版社协办，来自日本东京大学和大谷大学、韩国财团法人与时斋和中国社会科学院、驻烟高校等70多位国内外专家、学者参加了研讨会，围绕"'一带一路'与中外文化交流"以及"翻译与文化传播""朝鲜语教育与文化交流"和"日语教育与文化交流"等主题进行了研讨。

收在这个集子里的论文主要是鲁东大学参加这次学术研讨会的教师向大会提交并在会上交流的论文，共计21篇。本书将这些文章按照其内容分为"语言文学研究""翻译研究""文化与传播研究""教育教学研究"以及"外教谈'一带一路'与中外文化交流"五个专题。"语言文学研究"专题的8篇论文分别研究了汉语关系从句中的"标句词–语迹效应"、汉语限定性、汉英字根建构的对比分析、汉日指示词的功能差异、英语新闻语篇生态话语分析、国外文学作品的解读和在中国的接受、"中国英语"与文化认同等问题，主要从语言和文学的视角探讨了中外文化交流问题。

"翻译研究"专题共有 4 篇论文,分别聚焦于基于改革开放以来中国传统译论研究综述、中外文化交流中联络口译员角色、MTI 研究生语言和翻译基本功训练等论题,另有一篇书评对在国外出版的一部翻译学专著英文版进行了简评。这个专题的研究侧重文化交流的重要途径即翻译的翻译批评、口笔译实践、翻译人才培养和翻译出版等问题。"文化与传播研究"专题的 2 篇论文聚焦于世界、东亚和国内特定区域的文化及其交流和传播问题,分别就汉字传播对韩国语言文字的影响、孔子学院在中外文化交流中的发展与使命等论题进行了探讨。"教育教学研究"专题 7 篇论文的论题包括外语教育与当代中国故事讲述、"一带一路"视域下地方高校国际化法语人才培养、中外合作办学高校院系党建工作、信息化外语教学等,侧重于从我国高校外语教育探讨中外文化交流问题。

鲁东大学外国语学院历来重视发挥外语学科多语种外语教学和研究优势开展中外文化交流研究,特别是在服务国家重大战略和区域经济社会发展方面形成了自己的特色。本论文集显示了鲁东大学外语学科响应国家"一带一路"倡议和促进中外文化交流的学术努力,代表了作者们在"一带一路"与中外文化交流研究等领域取得的最新成果。我们希望通过这部论文集,和国内外学术界进行交流,探讨"一带一路"背景下开展中外文化交流的新思路、新途径,以助力国家"一带一路"建设与中外文化交流。

本书的出版得到鲁东大学"声速输入法"基金语言文字研究课题资助,特此鸣谢!

编著者

2021 年 10 月 28 日

目　录

语言文学研究

汉语关系从句中的"标句词–语迹效应"

一 引言

生成语法研究发现,人类语言在其主、宾语 wh–移位时是否遵守相同的限制方面存在差异。① 有些语言,如英语和法语,显示所谓的主宾不对称现象,即主语 wh–移位要比宾语 wh–移位受到更多的限制。其他语言,如意大利语,则对主语 wh–移位没有额外的限制,不显示主宾不对称现象。在前一类语言中,这种不对称往往体现为"标句词–语迹效应"(Comp–trace effect)。具体说来,主语移位时,最近成分统治其初次合并(first merge)位置的标句词需要做出改变。例如,英语、挪威语和意第绪语(Yiddish)要求隐去该标句词,②法语和西弗莱德语(West Flemmish)则要求其变换为另外一种形式。宾语移位时,则没有这种限制。后一类语言不显示"标句词–语迹效应",即无论移位的成分是主语还是宾语,最近成分统治其语迹的标句词都是其常态形式。请看下面的例子:

(1)a.the man〔(that)〔John believed〔(＊that)〔bought the book〕〕〕〕

---

① 所谓 wh–移位即非论元移位(A'–移位)。按照 Chomsky(1977)的分析,这种移位主要发生在 wh–问句、关系结构、比较句、难易句和分裂句等句式中。

② 需指出的是,英语短距离关系从句是一种例外情况。在没有 wh–引导词的情况下,该结构非但不要求标句词 that 隐形,反而要求其必须显性出现,如(i)所示:(i)the man ＊(that)bought the book.这一现象称为"逆标句词–语迹效应"(reversed Comp–trace effect),相关分析请见 Rizzi & Shlonsky(2007)和 Lohndal(2009)。

b.the book ［(that) ［John believed ［(that) ［Mary bought］］］］

(2) a.L'homme ［ * que/qui ［gagnera la course］］(法语)

定冠词-人 标句词 赢-将来时定冠词 比赛"将要赢得那场比赛的人"

b.la course ［que/ * qui ［je gagnera］］

定冠词 比赛 标句词 我赢-将来时 "我将会赢得的比赛"

(3) a.L'uomo ［che ［ti vuole］］(意大利语)

定冠词-人标句词 你需要 "需要你的人"

b.L'uomo ［che ［vedi］］

定冠词-人 标句词 你-看见 "你看见的人"

自 20 世纪 70 年代初以来,"标句词-语迹效应"就是生成语法领域的主要研究课题之一,对于管辖、相对最小化、空语类原则以及精细结构图法(the cartographic approach)等概念、理论和研究方法的提出与发展都起到了重要的作用。①

由于这种效应主要体现在标句词的变化,一种很自然的假设便是,在没有显性标句词的语言如汉语中,不存在这种效应。Huang(1982)曾对汉语中的一些显性与隐性移位结构进行过考察,结果发现这些结构均不显示主宾不对称现象。据此,他断言该语言不存在"标句词-语迹效应"。② 鉴于汉语属于"代词脱落"(pro-drop)语言,这种观点也与 Perlmutter(1971)③,Rizzi(1982)④和 Jaeggli(1982)⑤等人"代词脱落"语言不显示"标句词-语迹效应"的结论相吻合。这一观点在此后的句法研究中被广为接受,有关汉语与

---

① Haiman(1990:89)曾将"标句词-语迹效应"比喻为"句法理论草场上最为过度放牧的地块"(one of the most overgrazed patches in the field of syntactic theory)。由此可见,该课题在语法研究中的地位。

② Huang C.-T.J.Logical Relations in Chinese and the Theory of Grammar ［D］.Doctoral dissertation, MIT, 1982.

③ Perlmutter, D.Deep and Surface Structure Constraints in Syntax ［M］.New York: Holt, Rinehart and Winston, 1971.

④ Rizzi, L.& U.Shlonsky.Strategies of subject extraction ［A］.In U.Sauerland & H.-M. Gärtner (eds.).Interfaces + Recursion = Language?: Chomsky's Minimalism and the View from Syntax-Semantics ［C］.Berlin: Mouton de Gruyter, 2007:115-160.

⑤ Jaeggli, O.Topics in Romance Syntax ［M］.Dordrecht: Foris, 1982.

英、法等语言在这一方面的差异也成为二语习得领域研究语言迁移的重要课题(Zobl 1992①,Yuan 1997②,Finney 2003③,Kong 2005④,Lai 2006⑤)。

本文将指出,汉语 *wh*-移位结构也会显示"标句词-语迹效应",这一现象存在于关系从句中。具体说来,当被关系化成分是及物动词或非作格动词的外论元时,汉语关系从句与英、法语 *wh*-移位结构一样,显示"标句词-语迹效应",而当被关系化成分是非宾格动词的内论元时,则与意大利语 *wh*-移位结构类似,不显示这种效应。与英、法等语言不同的是,汉语"标句词-语迹效应"体现于 T,而非 C 位置。本文将结合汉语"代词脱落"的特殊性、Chomsky(2007⑥,2008⑦,2011⑧)近年来提出的"特征继承"(feature-inheritance)假设以及其他语言主语 *wh*-移位的研究对这一现象进行解释。

二 汉语关系从句与"标句词-语迹效应"

在汉语关系从句中,往往可以选择性地可以出现一个"所"。该成分出

① Zobl, H.Grammaticality intuitions of unilingual and multilingual nonprimary language learners [A].In S.Gass & L.Selinker (eds.). *Language Transfer in Language Learning* [C]. Philadelphia:John Benjamins, 1992:176-196.

② Yuan, B.Asymmetry of null subjects and null objects in Chinese speakers' L2 English [J].*Studies in Second Language Acquisition* 1997, 19(4):467-497.

③ Finney, M.Perception of Errors in Second Language Syntax:Acquisition or Processing Difficulties? [A].In *Proceedings of the 4th International Symposium on Bilingualism* [C].Tempe:Arizona State University, 2003.

④ Kong, S.The partial access of universal grammar in second language acquisition:An investigation of the acquisition of English subjects by L1 Chinese speakers [J].*Journal of East Asian Linguistics* 2005, 14:227-265.

⑤ Lai, Y-H.Reassessing the *Pro*-drop Parameter of Taiwanese EFL Learners [J].*Journal of Language and Learning* 2006, 5:98-117.

⑥ Chomsky, N.Approaching UG from below [A].In U.Sauerland & H.-M.Gärtner (eds.).*Interfaces + Recursion = Language?:Chomsky's Minimalism and the View from Syntax-Semantics* [C].Berlin:Mouton de Gruyter, 2007:1-30.

⑦ Chomsky, N.On phases [A].In R.Freidin, C.P.Otero & M.L.Zubizarreta (eds.). *Foundational Issues in Linguistic Theory:Essays in Honor of Jean-Roger Vergnaud* [C].Cambridge, MA:MIT Press, 2008:133-166.

⑧ Chomsky, N.Problems of projection [R].Lecture given at Leiden University Centre for Linguistics (LUCL) on March 14th, 2011.

现于主语和句子状语（sentential adjunct）之后，否定词、动词状语（VP adjunct）以及谓语动词之前。关系从句包含"连…都…"结构时，它需要出现在表示强调的"连 NP"之前。请看下例：

（4）他（＊所）大概（所）连一半也（＊所）都没（＊所）认真（＊所）去读的那本书

鉴于句子状语属于 TP 的嫁接成分，而按照 Paul（2005）的分析①，"连 NP"又位于 vP 之外，因此本文采纳 Ting（2003）②和陈宗利（2012）③的观点，认为"所"所处的位置是 T。

在有关"所"的文献中（Chiu 1993④，1995⑤；Ting 2003⑥，2010⑦；Jiang 2008⑧；陈宗利 2012⑨），研究者们注意到，该成分能否出现与被关系化位置存在一定的联系。具体说来，短距离关系化时，它只能出现于宾语关系从句中，而不能出现在主语关系从句中，除非被移位的主语是非宾格动词的内论元，如（5）-（6）所示：

（5）a. [（＊所）买那些书]的那个人

b. [那个人（所）买]的那些书

（6）a. 昨天（＊所）哭的那个人

———————————

① Paul, W. Low IP area and left periphery in Mandarin Chinese [J]. *Recherches Linguistique de Vincennes* 2005, 33：111-134.

② Ting, J. The nature of the particle *suo* in Mandarin Chinese [J]. *Journal of East Asian Linguistics* 2003, 12：121-139.

③ 陈宗利. 关系结构中的"所" [J]. 外国语, 2012, (3)：34-41.

④ Chiu, B. The Inflectional Structure of Mandarin Chinese [D]. Doctoral dissertation, University of California, 1993.

⑤ Chiu, B. An object clitic projection in Mandarin Chinese [J]. *Journal of East Asian Linguistics* 1995, 4：77-117.

⑥ Ting, J. The nature of the particle *suo* in Mandarin Chinese [J]. *Journal of East Asian Linguistics* 2003, 12：121-139.

⑦ Ting, J. On the climbing of the particle *suo* in Mandarin Chinese and its implications for the theory of clitic placement [J]. *The Linguistic Review* 2010, 27：449-483.

⑧ Jiang, L. J. SUO in Chinese and phase edges [OL]. 2008. http：//www.people.fas.harvard.edu/~lijiang/Downloadable%20Papers/Draft/For%20web%20July%2010%20SUO%20in%20Chinese%20and%20Phase%20Edges.pdf.

⑨ 陈宗利. 关系结构中的"所" [J]. 外国语, 2012, (3)：34-41.

b.那口井(所)流出的水

长距离关系化时,尽管"所"总可以出现,但只有被关系化的成分是及物动词或者是非宾格动词的内论元时,它才能出现在包含被关系化位置的最小 CP 中,如(7)-(8)所示。

(7)a.[李四(所)相信[(＊所)会买那本书]]的那个人

b.[李四(所)相信[张三(所)会买]]的那本书

(8)a.[你(所)认为[昨天(＊所)哭]]的那个人

b.[你(所)认为[那口井(所)流出]]的水

若先不考虑(6)、(8)中的情况,仅比较(1)-(2)与(5)、(7),可以得出,汉语关系从句与英、法等语言 wh-移位结构一样,也显示主宾不对称现象,不同语言之间的差异仅在于这种不对称的表现位置和表现形式。在汉语中,这种不对称体现于 T 位置,表现为该位置是否允许出现"所",而在英、法等语言中,则体现于 C 位置,表现为标句词是否需要隐形或变形。具体说来,汉语不允许"所"出现的情况等同于英语等语言隐去标句词的情况,也等同于法语等语言标句词变形的情况,而汉语允许出现"所"的情况,则是英、法语常态标句词(分别为 that 和 que)可以出现的情况。由此,可以把"所"无法出现看作是"标句词-语迹效应"在汉语中的表现。

然而,若将(6)、(8)与英、法语中相似的情况(如(9)、(10))进行比较,就会发现,汉语出现"标句词-语迹效应"的情况与英、法语并非完全相同。同及物动词的外论元 wh-移位时情况一样,当 wh-移位的成分是非作格动词的外论元时,这些语言都显示"标句词-语迹效应",但当被移位的成分是非宾格动词的内论元时,英、法语显示"标句词-语迹效应",而汉语则不显示这种效应。

(9)a.the man (that) I think ＊(that) will cry tomorrow

b.the man (that) I think ＊(that) will come tomorrow

(10)a.L'homme [＊que/qui [pleurait]] (法语)

定冠词-人 标句词 哭-过去式 "哭的人"

b.L'homme [＊que/qui [est venu]]

定冠词-人 标句词 助动词 来-过去式 "来了的人"

有意思的是,(6)b、(8)b 与意大利语中的情况相似。在意大利中,无论 wh-移位的成分是及物动词的内、外论元(如(3)所示),还是不及物动词(包括非作格动词与非宾格动词)的唯一论元(见(11)a-b),都不显示"标句词-语迹效应"。

(11)a.Chi credi［che［vencerà］］?(意大利语)①

谁 你-相信 标句词 赢-将来时 "你相信谁会赢?"

b.Chi credi［che［verrà］］?②

谁 你-相信 标句词 来-将来时 "你相信谁会来?"

由此,可以得出,在主语关系化是否显示"标句词-语迹效应"这一方面,汉语介于英、法语与意大利语之间。及物动词与非作格动词的外论元关系化时,汉语与英、法语一样,显示"标句词-语迹效应",而非宾格动词的内论元关系化时,汉语同意大利语一样,不显示这种效应。

为什么会出现这种情况呢? 这与"标句词-语迹效应"的本质以及汉语"代词脱落"的独特性有关。按照 N.Richards(2001)③,Rizzi(2006)④,Rizzi & Shlonsky(2006,2007)⑤,⑥,Boeckx(2008)⑦以及 Lohndal(2009)⑧等人的分析,"标句词-语迹效应"仅仅是一种表面现象。在本质上,则是人类语言对

---

① Rizzi, L.& U.Shlonsky.Strategies of subject extraction［A］.In U.Sauerland & H.-M. Gärtner (eds.). *Interfaces + Recursion = Language?*: *Chomsky's Minimalism and the View from Syntax-Semantics*［C］.Berlin: Mouton de Gruyter, 2007:127.

② Lohndal, T.COMP-T effects: Variation in the position and features of C［J］.*Studia Linguistica* 2009, 63:205.

③ Richards, N.*Movement in Language*［M］. New York: Oxford University Press, 2001.

④ Rizzi, L.On the form of chains: Criterial positions and ECP effects［A］.In L.L.-S. Cheng & N. Corver (eds.).*Wh-Movement*: *Moving on*［C］.Cambridge, MA: MIT Press, 2006:97-133.

⑤ Rizzi, L.& U.Shlonsky.Satisfying the Subject Criterion by a non subject: English locative inversion and heavy NP shift［A］.In F.Mara (ed.). *Phases of Interpretation*［C］.Berlin: Mouton de Gruyter, 2006: 341-360.

⑥ Rizzi, L.& U.Shlonsky.Strategies of subject extraction［A］.In U.Sauerland & H.-M. Gärtner (eds.). *Interfaces + Recursion = Language?*: *Chomsky's Minimalism and the View from Syntax-Semantics*［C］.Berlin: Mouton de Gruyter, 2007:127.

⑦ Boeckx, C.*Bare Syntax*［M］.Oxford: Oxford University Press, 2008.

⑧ Lohndal, T.COMP-T effects: Variation in the position and features of C［J］.*Studia Linguistica* 2009, 63:205.

已经移至 Spec TP 位置的主语再进一步移位的限制。① 也就是说,一旦主语移位至 Spec TP,它就被冻结在这一位置,无法继续移位。按照这种观点,如果某一主语在进行 *wh*-移位之前无须移至 Spec TP 位置,那么这种 *wh*-移位就不会导致"标句词-语迹效应"。

在英、法等语言中,主语在 *wh*-移位之前都需要先移至 Spec TP,因而这些语言总能显示"标句词-语迹效应"。在意大利语等词缀丰富型"代词脱落"语言中,句子的 Spec TP 位置能够被 *pro* 占据,而真正的主语(即语义上的主语)则可以留在其初次合并的位置,②如(12)所示。也就是说,在这类语言中,主语 *wh*-移位之前并不需要事先移至 Spec TP 位置,因此,不显示"标句词-语迹效应"。

(12)a.Credo [che [*pro* abbia telefonato Gianni]].③

我想 标句词 助动词 打电话-过去时 Gianni

"我想 Gianni 打过电话了。"

b.Non so [se [*pro* ci potrà aiutare Gianni]].

不 知道 标句词 会 能够 帮助 Gianni

"我不知道 Gianni 能不能帮忙。"

汉语虽然也是代词脱落语言,但与词缀丰富型"代词脱落"语言不同,只有谓语是非宾格动词时,主语才可以出现在其初次合并的位置,如(13)-(14)所示。也就是说,只有在这种情况下,进行 *wh*-移位的主语在移位之前才没有被首先移至 Spec TP 位置。这正是汉语非宾格动词的内论元关系化时不显示"标句词-语迹效应",而其他主语关系化时则显示这一效应的原因。④

---

① 这儿指的是限定句的主语。非限定句主语可以继续移位,移至更高层次的限定句主语位置。此外,由于这些研究者们对于句子内部的确切结构持有不同的观点,他们对于句子主语所占据的具体位置也有不同的看法。其中,Richards(2001),Boeckx(2008)和 Lohndal(2009)认为是 Spec TP,Rizzi(1990)和 Rizzi & Shlonsky(2006, 2007)认为是 Spec SubjP。为叙述方便,我们在此统一表述为 Spec TP。

② 有关这类语言 Spec TP 位置总能出现 *pro* 的讨论请见 Rizzi(1990)。

③ Rizzi, L.*Relativized Minimality* [M].Cambridge, MA：MIT Press, 1990, 62.

④ 事实上,在英语中也有类似的情况。在存现句中,形式主语 there 位于 Spec TP 位置,而真正主语则位于其初次合并的位置。若真正主语进行 *wh*-移位,则句子不显示"标句词-语迹效应",如(i)所示。(i)What do you think (that) there is in the box?(Lohndal 2009：(2))。

（13）a.＊我想［*pro* 打过电话了张三］。

b.＊我不知道［*pro* 能不能帮忙张三］。

（14）a.那口井 *pro* 流出了水。①

b.*pro* 来了两个人。

三　对汉语"标句词-语迹效应"的解释

上节指出，汉语关系化显示"标句词-语迹效应"，该效应在 T 位置实现，具体表现为"所"不能在该位置出现。本节将探讨这一效应在 T 位置实现的原因，并解释为何此时"所"不能出现。在讨论汉语事实之前，有必要先阐释一下这一分析的理论基础。

3.1　特征继承假设

Chomsky（2007，2008，2011）②·③·④近年来在其语段理论（Chomsky 2000，2001）⑤·⑥的基础上提出了一种"特征继承"假设。该假设认为，非语段中心词在词库中不带有任何形式特征，但在句法操作过程中，它们可以从成分选择自己的语段中心词（C 或 *v*）那里继承这种特征。具体说来，非语段中心词的任何形式特征都是从选择它的语段中心词那里继承而来的，而语段中心词所携带的任何形式特征也都可以被其所选择的非语段中心

---

①　根据 Rizzi & Shlonsky（2006）有关英语"方位词倒置"（locative inversion）结构的分析，我们认为在（14）a 中，地点名词"那口井"并非位于主语位置，而是位于一个更高的位置。

②　Chomsky, N.Approaching UG from below［A］.In U.Sauerland & H.-M.Gärtner（eds.）.*Interfaces + Recursion = Language？：Chomsky's Minimalism and the View from Syntax-Semantics*［C］.Berlin：Mouton de Gruyter, 2007：1–30.

③　Chomsky, N.On phases［A］.In R.Freidin, C.P.Otero & M.L.Zubizarreta（eds.）.*Foundational Issues in Linguistic Theory：Essays in Honor of Jean-Roger Vergnaud*［C］.Cambridge, MA：MIT Press, 2008：133–166.

④　Chomsky, N.Problems of projection［R］.Lecture given at Leiden University Centre for Linguistics（LUCL）on March 14th, 2011.

⑤　Chomsky, N.Minimalist inquiries：the framework［A］.In R.Martin, D.Michaels & J.Uriagereka（eds.）. *Step by Step*［C］.Cambridge, MA：MIT Press, 2000：89–155.

⑥　Chomsky, N.Derivation by phase［A］.In M.Kenstowicz（ed.）.*Ken Hale：A Life in Language*［C］.Cambridge, MA：MIT Press, 2001：1–50.

词所继承。这些继承来的形式特征可以参与一致或移位两种句法操作,而且在语音表达式中也可以有所体现。按照这种假设,T 中心词所携带的任何形式特征(如格特征、一致特征等)都是由选择它的 C 中心词那里继承而来的,而 C 的任何形式特征也都可以被 T 所继承,并可能在 T 位置有一定的语音表现。

从理论上讲,这一假设更加符合句法理论最简方案的精简精神,更能反映语言的最佳设计(optimal design)特征。具体说来,按照语段理论,在某一句法成分初次合并之后,所有涉及该成分的句法操作(包括一致和移位)都只能在语段层次上进行。因此最理想的状况自然是所有与这些操作相关的形式特征都是在句法操作进行到语段层次上才引入的。① 在经验证据方面,"特征继承"假设也得到了不同语言事实的支持。例如,Miyagawa(2010)指出,在日语、芬兰语等"话语组态"(discourse-configurational)语言中,[话题]和[焦点]等 C 中心词所带有的形式特征就可以被 T 中心词继承。② Lochbihler & Mathieu(2008)则证明,在奥吉布瓦语(Ojibwe)wh-移位结构中,C 的[语气]([force])特征也可以被 T 继承,而这种被继承来的特征在语音表达式中有所体现,即能够引起动词词缀中首个辅音的变化。③

3.2 "所"的本质及其不能出现的情况

Rizzi(1990,1997)④,⑤和 Vries(2002)⑥等人提出,关系从句的 C 中心词($C_{[rel]}$)带有[关系化]([rel])特征,属于一种[语气]特征。按照"特征继承"假设,这种特征可以被 T 继承,并可能在语音表达式中有所体现。我们认为,汉语关系从句中的"所"就是这种特征在 T 位置上的语音实现。具体

---

① 有关这方面的讨论请详见 M.Richards(2007),Miyagawa(2010)以及 Obata & Epstein(2011)等文献。

② Miyagawa, S.*Why agree? Why move?* [M].Cambridge, MA: MIT Press, 2010.

③ Lochbihler, B.& E.Mathieu.Wh-agreement in Ojibwe: Consequences for feature inheritance and the categorical status of tense [A].In J.Gouglie & A.R.Silva (eds.) *University of British Columbia Working Papers in Linguistics* (*Proceedings of WSCLA* 13) [C], 2008.

④ Rizzi, L.*Relativized Minimality* [M].Cambridge, MA: MIT Press, 1990.

⑤ Rizzi, L.The fine structure of the left periphery [A].In L.Haegeman (ed.).*Elements of Grammar: Handbook of Generative Syntax* [C].Dordrecht: Kluwer, 1997:281-337.

⑥ Vries, M.de.*The Syntax of Relativization* [M].Utrecht: LOT, 2002.

说来,在 TP 与 C$_{[rel]}$ 合并之后,T 中心词就继承了 C$_{[+rel]}$ 的[关系化]特征。该特征能够被位于其"搜寻域"(search domain,即 T 所成分统治的范围)内的被关系化成分(Op)赋值①,同时 TP 被传递到语音表达式和逻辑表达式中,而 Op 则移位至 Spec CP 位置来满足 C 的边界(edge)要求。在语音表达式中,被赋值的[关系化]特征实现为"所"。上述操作在句法中的部分可表示为(15):

$$[_{CP} Op_i [_{C'} C_{[rel]} [_{TP} T\ldots[_{vP}\ldots t_i\ldots]]]]$$

(15)　　　　　　　继承　　赋值

移位

上述分析有诸多优点。首先,它可以直接解释为何"所"总是出现在 T 位置。其次,根据 McCloskey(2002)的分析,在长距离关系化中,内嵌句的 C 中心词可以带有一个"伪"(pseudo)[关系化]特征②。也就是说,关系从句中的主句与从句 C 中心词都可以带有[关系化]特征,该特征可以被它所选择的 T 中心词继承,并在语音表达式中实现为"所"。这就正确预测了在长距离关系化(如(7)b、(8)b)中,可以出现一个以上的"所"。再次,按照 Aoun & Li(2003)的分析,在带有复指代词的汉语关系从句中,被关系化成分(即关系化算子 Op)是直接合并至 Spec CP 位置的③。也就是说,此时被关系化成分没有被 T 中心词成分统治,后者所继承来的[关系化]特征无法被赋值,因而不能在语音层面上实现为"所"。因此,这种分析可以预测"所"与复指代词在关系从句中不能共现,如(16)所示。

(16)a.我踢了他两脚的那个人

　　 b.我所踢了两脚的那个人

---

① 对于关系结构的生成过程,本文采纳 Chomsky(1982),Safir(1986),Browning(1987)以及 Demirdache(1991)等人所提出的"匹配分析"(the matching analysis)。按照这种分析,被关系化的成分是关系算子(Op),该成分需要初次合并并于 Spec CP 位置或者由被关系化位置移位至 Spec CP 位置,从而保证它与中心语具有相同的指称。

② McCloskey, J.Resumption, successive cyclicity, and the locality of operations [A].In S.D.Epstein & D.Seely (eds.).*Derivation and Explanation in the Minimalist Program* [C].Oxford:Blackwell, 2002:184-226.

③ Aoun, J.and Li, Y.-H.A.*Essays on the Representational and Derivational Nature of Grammar* [M].Cambridge, MA:MIT Press, 2003.

c. * 我所踢了他两脚的那个人

再其次,鉴于话题位于 TP 之外,不受 T 成分统治,因此话题关系化时,T 中心词所继承来的[关系化]特征也无法被赋值,即这种分析可以正确预测话题关系从句中不能出现"所",如(17)所示:

(17)消防队员(* 所)来的不够及时的那场火

最后,考虑到"所"在历史上是一个方位词①,而其他一些语言中的 C$_{[rel]}$,如希腊语 pu,保加利亚语 deto,巴伐利亚语 wo 和丹麦语 der 等,也都来源于方位词,将"所"解释为[关系化]特征的语音实现似乎可以将其与其他语言中的 C$_{[rel]}$ 联系起来。②·③

需要指出的是,尽管这种分析有许多优点,但它只能说明为何汉语"标句词-语迹"效应可以体现在 T 位置,与"所"有关,而不能直接说明为什么这种效应要体现在"所"的隐现上。在回答后一个问题之前,不妨先来看一下近年来有关主语 *wh*-移位的分析。

---

① Yap F. - H. & J. Wang. From light noun to nominalizer and more: The grammaticalization of *zhe* and *suo* in Old and Middle Chinese [A].In F.-H.Yap, K.Grunow-Hårsta & J.Wrona (eds).*Nominalization in Asian Languages: Diachronic and Typological Perspectives* [C].Amsterdam: John Benjamins, 2011:61-107.

② 有关这些语言 C[rel] 的讨论请分别见 Nicholas(1998),Krapova(2010),Bayer (1984)和 Vikner(1991)。

③ 当然,将"所"看作是[关系化]特征在 T 位置的语音实现也会遇到一定的困难。具体说来,除关系从句外,"所"还可以出现在"长被动句"中。鉴于"长被动句"不包含 C$_{[rel]}$,因而此时的"所"不可能是[关系化]特征的语音实现。然而,按照 Huang(1999),Huang,Li & Li(2009)和 Jiang(2008)的分析,汉语"长被动句"也涉及算子移位。具体说来,Huang(1999)和 Huang,Li & Li(2009)认为,"被"选择一个 TP 作为其补述语,在该补述语中,算子 Op 由宾语位置移位至 TP 的嫁接语位置;Jiang(2008)则认为"被"的补述语是 CP,算子 Op 需移位至 Spec CP 位置。两种观点分别如(i)a-b 所示:(i)a.张三被[$_{IP}$ Op$_i$[$_{IP}$李四(所)打了 t$_i$]]。b.张三被[$_{CP}$ Op$_i$ C [$_{IP}$李四(所)打了 t$_i$]]。我们认为,如果(i)b 中的分析正确,那么同样可以将"所"看作是某种语气特征在 T 位置的实现。也就是说,两种结构中的"所"都是某种语气特征在 T 位置的实现,其差异仅在于它们是不同语气特征的实现。当然也有另外一种可能,即关系从句中的"所"与"长被动句"中的"所"不是同一个成分。相关分析请见 Zhang(2001)。

Rizzi(1990)①,N.Richards(2001)②,Rizzi & Shlonsky(2006,2007)③·④,Boeckx(2008)⑤以及Lohndal(2009)⑥等人指出,针对主语wh-移位,人类语言有两种近似矛盾的要求:一方面,主语移至Spec TP位置后就要被冻结到此处,不能继续移位;另一方面,为了意义表达的需要,主语又必须能够在非论元(A')位置取得解释。为同时满足这两种要求,不同语言(在不同句式中)采用了不同的策略来保证主语移位。按照Rizzi & Shlonsky(2006,2007)⑦·⑧的分析,这些策略主要有三类:主语(往往实现为复指代词)占据Spec TP位置,而在非论元位置直接合并一个与主语同指的wh-算子;主语在移至Spec TP位置后,再携带(pied-pipe)整个TP移至Spec CP位置;主语在wh-移位之前不进行论元移位(A-movement),Spec TP位置被其他成分如pro或虚主语占据,或者该位置不被任何成分占据,句子需要主语的要求通过其他方式得到满足。按照Rizzi & Shlonsky的分析,希伯来语(Hebrew)关系从句采用第一类策略,而印巴布拉克丘亚语(Imbabura Quechua)wh-问句则采用第二类策略。这两种策略与本文关系不大,此处不做讨论。

意大利语和法语都采用第三类策略,如(18)-(19)所示,两种语言的不同在于占据Spec TP位置的成分是否有语音内容。意大利语属于"代词脱

① Rizzi, L.*Relativized Minimality* [M].Cambridge, MA: MIT Press, 1990.

② Richards, N.*Movement in Language* [M]. New York: Oxford University Press, 2001.

③ Rizzi, L.& U.Shlonsky.Satisfying the Subject Criterion by a non subject: English locative inversion and heavy NP shift [A].In F.Mara (ed.). *Phases of Interpretation* [C].Berlin: Mouton de Gruyter, 2006:341-360.

④ Rizzi, L.& U.Shlonsky.Strategies of subject extraction [A].In U.Sauerland & H.-M. Gärtner (eds.). *Interfaces + Recursion = Language?: Chomsky's Minimalism and the View from Syntax-Semantics* [C].Berlin: Mouton de Gruyter, 2007:115-160.

⑤ Boeckx, C.*Bare Syntax* [M].Oxford: Oxford University Press, 2008.

⑥ Lohndal, T.COMP-T effects: Variation in the position and features of C [J].*Studia Linguistica* 2009, 63:204-232.

⑦ Rizzi, L.& U.Shlonsky.Satisfying the Subject Criterion by a non subject: English locative inversion and heavy NP shift [A].In F.Mara (ed.). *Phases of Interpretation* [C].Berlin: Mouton de Gruyter, 2006:341-360.

⑧ Rizzi, L.& U.Shlonsky.Strategies of subject extraction [A].In U.Sauerland & H.-M. Gärtner (eds.). *Interfaces + Recursion = Language?: Chomsky's Minimalism and the View from Syntax-Semantics* [C].Berlin: Mouton de Gruyter, 2007:115-160.

落"语言,在主语 *wh*-移位之前,其 Spec TP 位置可以被没有语音内容的 *pro*
占据,因而与宾语 *wh*-移位时情况一样,主语 *wh*-移位也不显示"标句词–语
迹效应";法语不是"代词脱落"语言,其 Spec TP 位置需要被虚主语 i 占据,
而后者又要与标句词 que 缩合成 qui,因而需要显示"标句词–语迹效应",具
体表现为 que 转化为 qui。

(18)L'uomo〔che〔*pro* ti vuole〕(意大利语)

定冠词–人 标句词 你需要 "需要你的人"

(19)L'homme〔que〔i– gagnera la course〕〕(法语)

定冠词–人 标句词 虚主语 赢–将来时定冠词 比赛

"将要赢得那场比赛的人"

英语也采用第三种策略,但与意大利语和法语不同。在英语中,选择 TP
的 Fin 中心词可以带有一致特征(记作 $Fin_{[+\varphi]}$),类似于虚主语,可以满足句
子要有主语的要求。因此,在主语 *wh*-移位之前,Spec TP 位置无须被任何
成分占据。至于此时标句词 that 为什么无法出现,Rizzi & Shlonsky(2007)[①]
认为,这与 that 的特殊性质有关。具体说来,它既表示陈述语气(declaratives
force),又表示限定性(finiteness),因而需要初次合并于 Fin,并进而移位至
Force 位置。[②] 也就是说,如果 that 出现,它应该是由 Fin 位置移至 Force 位置
的,如(20)所示。

(20)〔$_{ForceP}$ that〔$_{FinP}$ t$_{that}$ TP〕〕

考虑到 Force 中心词的功能是将谓词转化为论元,而 $Fin_{[+\varphi]}$ 的功能则是
满足句子要有主语的要求,二者无法由同一成分充当,因而 $Fin_{[+\varphi]}$ 不能移位
至 Force 位置。也就是说,包含移位主语的最小 CP 仅投射为 FinP,且 Fin 中
心词又不可能实现为 that。事实上,针对英语主语移位时不能出现 that 这一
点,也提出了类似的解释。按照 Chomsky 的分析,英语主语在移至 Spec TP
后之所以无法继续进行非论元移位,原因是 T 同时继承了 C 的语气特征和
限定特征。若 CP 中不包含 ForceP 层面(即 that 不出现),则 T 无法继承语

---

① 同上。

② Rizzi & Shlonsky(2007)采纳 Rizzi(1997,2006)等人的"精细结构图法",认为 CP
至少可以包括 ForceP 和 FinP 两个层次。

气特征,主语可以继续移位。[①]

我们认为汉语中的情况与英语类似。两种语言中"标句词–语迹效应"都体现于某一成分的无法出现。在英语中这一成分是表示语气的 that,而在汉语中则是某种语气特征([关系化])在 T 位置上的体现。因此,有理由认为,汉语与英语一样,包含移位主语的最小 CP 仅投射为 FinP,而不投射为 ForceP。鉴于"所"是[关系化]特征在 T 位置的体现,而[关系化]又是一种 Force,因而可以预测,汉语主语关系化时,"所"无法出现。

四 结论

本文主要讨论了汉语关系从句中的"标句词–语迹效应"。该效应仅在及物动词与非作格动词的外论元关系化时显示,而在非宾格动词的内论元关系化时则不显示。我们认为,这种分布与"标句词–语迹效应"的本质和汉语"代词脱落"的特殊性有关。具体说来,"标句词–语迹效应"在本质上是对 Spec TP 位置上的主语进行 *wh*–移位的限制,若某一主语在 *wh*–移位之前无须移至 Spec TP 位置,则这一移位不显示"标句词–语迹效应"。汉语主语仅在非宾格结构中才可以留在其初次合并的位置,而无须移至 Spec TP。因此,只有在这种情况下主语关系化才不显示"标句词–语迹效应"。

至于该效应为何能够在 T 位置实现,且与"所"有关,可以用 Chomsky 近年来有关特征继承的假设进行解释。具体说来,$C_{[rel]}$ 带有[关系化]特征,该特征可以被 T 所继承,而这种继承来的特征又在语音表达式中实现为"所"。这一效应之所以表现为"所"不能出现,原因在于包含被关系化位置的最小 CP 仅投射为 FinP,而不投射为 ForceP。鉴于[关系化]特征是一种[语气]特征,因而是 Force 中心词的固有特征,若包含被关系化位置的最小 CP 没有投射为 ForceP,则 T 无法继承[关系化]特征,也就不可能在语音表达式中出现"所"。

作者简介:陈宗利,博士,鲁东大学外国语学院英语系教授、硕士生导师、院长,鲁东大学国家语委汉语辞书中心研究员。

---

① Branigan(2011)也在其"激发句法"(provocative syntax)理论框架内证明英语主语移位时包含移位主语的最小 CP 仅投射为 FinP,而不投射为 ForceP。

"美"的越境

——中日现代文学对戏剧《莎乐美》的接受①

一 引言

唯美主义是兴起于十九世纪后半叶欧洲的文艺思潮。唯美主义的艺术家以美作为人生的唯一目的,以实践和享受美的生活为第一要务,摒弃道德的善恶或者真伪。在创作过程中仅以艺术为最高目标,主张"为艺术的艺术"。与精神相比,唯美主义更重视官能,与自然与人生相比更尊崇艺术,超越善恶去把握美,厌恶平凡,喜好奇异怪诞,与内容相比更关心形式。奥斯卡·王尔德(1856-1900)被公认为是唯美主义最具代表性的作家。他在《道林·格雷的画像》序言、《作为艺术家的批评家》中明确表达了其不受伦理道德约束的唯美主义艺术观。创作于1893年的戏剧《莎乐美》是王尔德最负盛名的作品之一,充分体现了他的唯美主义思想。

戏剧《莎乐美》取材于圣经,但王尔德彻底改变了故事的原意,赋予它明显的唯美主义色彩。"莎乐美"这个女性形象带有浓厚的感觉至上思想和非理性主义色彩。在她身上集中体现了唯美主义的理念和艺术特质,可以说是一个排除道德功利性、以美的享受为最高价值的艺术形象。也就是说,"莎乐美"作为王尔德唯美主义的象征性人物,被赋予了深刻的理论意义。

① 本文系国家社科基金重大项目"近代以来中日文学关系研究与文献整理"(17ZD277)阶段性研究成果。

《莎乐美》以奇异的幻想和华丽的行文而声名远播,受到日本和中国现代文坛的瞩目,对两国的现代文学影响深远。然而,由于文化传统和社会语境的不同,中日两国文坛对《莎乐美》的接受呈现出不同的倾向和样态。本文尝试考察《莎乐美》在中日现代文坛接受情况并关注日本唯美主义在中国唯美主义思潮发展过程中的作用。

二 《莎乐美》在日本

西方唯美主义思潮经过十九世纪五六十年代、九十年代两次发展,达到高潮,在世界范围内流行开来。之后古老东方的日本也在颓风美雨的洗礼下,兴起唯美主义热潮。

在日本,以美为最高标准,全面追求满足自我欲求的思想最早始于明治三十年代的《明星》杂志的诗人们以及高山樗牛的《论美的生活》,此后自然主义的个人思想加速了其发展。逐渐出现了以《昂星》《三田文学》《新思潮》等杂志为主的文学团体,代表作家有永井荷风、谷崎润一郎、佐藤春夫、木下杢太郎、北原白秋等,他们在小说、戏剧、诗歌等领域创作了大量唯美主义作品。之后进入明治四十年代,随着自然主义的进一步发展,逐渐出现了否定自然主义的声音。等到了大正时期,伴随着自然主义的沉寂,1916 年到1917 年,日本唯美主义迎来了最为繁盛的时期。最终取代自然主义,成为大正文坛一大流行趋势。

在日本唯美主义文学的发展过程中,波德莱尔、王尔德等西方唯美主义的影响毋庸置疑是巨大的,其中作为唯美主义旗手的王尔德的翻译,盛行于明治四十年代,对日本文学产生了深远影响。谷崎润一郎、佐藤春夫、日夏耿之助等作家均从王尔德文学中汲取营养,糅合到自己的创作中。王尔德主要流行于明治末期到大正时期,其独幕戏剧《莎乐美》独领风骚。森鸥外1907 年 8 月在《歌舞伎》发表《剧本《莎乐美》梗概》(《脚本『サロメ』の略筋》),这是日本最早关于《莎乐美》的介绍,也是最早关于王尔德作品的详细解说。之后,有关《莎乐美》的文章层出不穷,形成了一股"莎乐美"热。从明治时期开始其日译版本共计 20 多个,并多次被搬上舞台。1913 年日本剧团招募意大利演员实现了最初的公演。而最初出演"莎乐美"这个角色的日本演员是著名的松井须磨子,1914 年上演于岛村抱月的艺术座。仅松井版的

《莎乐美》在大正二年到大正七年的六年间就演出 127 回,其受欢迎程度可见一斑。

伴随新剧运动①兴起,新剧这种艺术形式广为流行,松井须磨子的"莎乐美"形象迅速成为大正时期人们追捧的对象,剧中的"发饰""梳子"都一度成为流行品。《莎乐美》中的情欲场面——"七重纱之舞"和充满受虐、怪诞气息的情节——"亲吻首级",给当时的日本人以极大的震撼。当时日本的演出中特别强调追求施洗约翰首级的莎乐美的恶女性和跳着妖艳的七重纱之舞的莎乐美的怪异性。尽管编导岛村抱月、评论家小宫丰隆、翻译者中村吉藏等均意识到当时日本舞台上的《莎乐美》偏离了原著,他们批判戏剧的表演无视原著中台词和人物造型等细节,未将莎乐美表面的情欲与复杂的内面性相结合,使得原著中强烈的象征氛围和神秘的宗教背景都消失了。然而,与这些批判背道而驰的是,这种强调"官能"和"情欲"的"莎乐美"却愈演愈烈,甚至出现了一味表现赤裸裸肉欲的浅草歌剧《莎乐美》,其主旨已然与原著相去甚远。

这种对西方唯美主义的接受倾向也体现在日本文学家身上。不得不说,对西方唯美主义的理解,日本唯美主义者们有失偏颇。他们一味强调西方唯美主义的享乐性。如佐藤春夫在《我的享乐论》(《私の享楽論》)中说道:我认为,不仅王尔德,所有的唯美主义作品不管作者是否意识到,根本上来说都来源与快乐说。这并不是唯美主义的缺点,而是它的长处。因此,我认为不管什么文学,归根结底都是唯美主义文学②。

这种理解决定了在此基础上发轫的日本唯美主义文学注重官能和享乐的特点。他们的作品沉溺于官能享乐,"开拓了糜烂且病态的官能新领域"③;由于对江户趣味和西洋等不存在的事物的憧憬,充斥着江户趣味和异国情调,追求从女性和传统艺术品上获得快感。对此,吉田精一阐述道:对官能的全面开放以及以感性美来判断所有价值的尝试,是唯美主义留给我

---

① 日本新剧运动即日本现代话剧运动,兴起于明治末期,由坪内逍遥、岛村抱月、小山内薰等主导,其影响一直延续至今。

② 佐藤春夫.私の享楽論[A].佐藤春夫集[C].东京:日本书房,1968:224.本文所有日文引文的汉语译文若无特殊标注,均系笔者翻译。

③ 吉田精一.耽美派序論[A].唯美派作家论[C].东京:樱枫社,1981:13.

们的不朽意义①。

"重官能""重感性美"的确是日本唯美主义的重要意义,同时也是他们无法解决的短板。他们摒弃了西方唯美主义文学的人文精神和人性关怀,使得自身发展空间愈发局促,最终只能在官能之美中沉沦,走向低级趣味。大正后期,唯美派主要人物或去世、或转向,或隐退,如高田瑞穗所指出的,日本唯美主义缺乏理论性,充满异国情调和江户趣味,虽然作为青春文学兴盛一时,但是终会衰退②。作为一个流派的日本唯美主义思潮日渐衰落。

然而,这并非意味着唯美主义文学在日本文坛完全销声匿迹,相反的,这个派别的代表作家永井荷风、佐藤春夫、谷崎润一郎的文学魅力和创作生命,并未随着唯美主义思潮的衰落而沉寂,而是随着他们对艺术的孜孜追求而日臻成熟。

其中,以恶魔作家著称的谷崎的早期文学以其丰富的想象力描绘出充满官能美的世界,引起世人关注。在谷崎的前期作品中可以明显发现王尔德的影子。石崎等在《王尔德与大正文学》(《ワイルドと大正文学》)一书中指出,《麒麟》《法成寺物语》受《莎乐美》,《饶太郎》受《道连·雷格的画像》,《美人鱼的叹息》受《渔师和他的灵魂》的影响③。谷崎还于1920年翻译了王尔德的戏剧《温德米尔夫人的扇子》。

关于谷崎对王尔德的接受,吉田精一在《现代日本文学史》(《现代日本文学史》)中指出:在思想上,(谷崎)文中表达了作为主题思想的唯美主义和艺术至上主义;在表现上,在出场人物的性格和行动方面有相似之处,另外还有进行脱胎换骨改编的情节(吉田精一,1980:209)。这一点在受《莎乐美》影响的戏剧《法成寺物语》上表现得较为明显。

总结来说,谷崎对王尔德的接受主要体现在以下几个方面:

第一,主题方面,着重表现突破伦理宗教道德束缚的对"美"的追求以及宗教与艺术的纠葛。

---

① 吉田精一.现代日本文学史[A].吉田精一著作集21卷[C].东京:樱枫社,1980:79.

② 高田瑞穗.新潮日本文学辞典[M].东京:新潮社,1988:824.

③ 石崎等,山田胜.オスカー·ワイルド事典[M].东京:北星堂书店,1997.

第二，两人均对古典文化心醉神迷。相对于王尔德沉迷于希腊文化，喜欢从希腊文化和基督教中寻找创作源泉，前期谷崎沉醉于江户文化，乐于从江户文化和佛教中寻求灵感。

第三，谷崎在作品中更为强调"女性感官美"和"情欲"，在"妖妇"这种女性形象塑造、从"恶"中寻找"美"方面，他一直坚持自己的追求。

因此，关于谷崎对西方唯美主义的接受，笔者认为并不能简单地总结为"无理论""无思想""只追求声色之美"。在他的作品中依然可以发现对宗教与艺术的思考，对古典文化的重视，这是都与王尔德有相通之处。诚然，对"感官美"的强调，在"恶"中发现"美"的确是谷崎文学重要的特点。

究其原因，当首推日本古典美意识特别是江户趣味的影响。对于明治十九年出生于东京最中心地段日本桥区的谷崎来说，他的成长环境中保留了浓厚的江户风情，可以说他是浸润着江户趣味长大的。在《幼年时代》等作品中他曾不止一次回忆过幼时观看净琉璃和歌舞伎的经历。而他对浮世绘、江户净琉璃、歌舞伎等江户艺术的钟爱也是众所周知的，在他的众多作品中都可寻见其踪影。

应该说，谷崎润一郎在接受了王尔德文学"情欲""感官美"的基础之上，结合江户趣味，开拓出自身独特的美学领域。一直坚持在古典文化中追寻自身美学的源泉才是谷崎文学最重要的特点。

三 《莎乐美》在中国

在日本唯美主义兴起大约二十年之后，唯美主义思潮同样漂洋过海，来到了中国。在二十世纪二三十年代的中国文坛，唯美主义大为流行，形成了一股唯美主义文学思潮。

与日本一样，王尔德同样得到中国"五四"启蒙作家的厚爱，在中国文坛掀起一股"王尔德热"。最早对王尔德的译介可能还是 1909 年鲁迅和周作人合译的《域外小说集》，其中收录有周作人译的王尔德童话《安乐王子》（今译《快乐王子》）。此后几乎王尔德所有的重要剧作都被翻译成了中文，特别是久负盛名的《莎乐美》，根据现有的资料统计，《莎乐美》在 1949 年之前一共有七个译本，一个剧情梗概，其中最有名的是田汉的译本，直到二十世纪八十年代还在不断再版。不止翻译，1929 年，由田汉导演，南国社演出的话剧《莎乐美》在南京、上海等地引起广泛关注。中国文坛对王尔德的热衷可见一斑。

除了剧作,王尔德的小说如《道连·雷格的画像》、散文如《狱中记》、诗歌、文论等纷纷被译成中文,广为流传。关于其人其文的评介也层出不穷,从不同层面对王尔德作品及其思想进行分析,充分说明了当时中国作家对王尔德的喜爱程度。翻译并介绍到中国之后,很多中国作家纷纷取材于《莎乐美》,放到自己的创作中去。白薇的《琳丽》,王统照的《死后之胜利》、郭沫若的《王昭君》中,均可以发现模仿《莎乐美》的情节。

自然,由于中国当时独特的社会语境,中国文坛对西方唯美主义的接受,也呈现出与日本不同的倾向。如周小仪《唯美主义与消费文化》中指出:

对于创造社诸作家来说,他们由启蒙文学到革命文学的发展,与当时的社会状况有着密切关系。郭沫若、郁达夫、成仿吾、田汉早期所提倡的唯美主义具有强烈的反传统倾向,与"五四"的启蒙精神是完全一致的。例如郁达夫的颓废主义可说是对传统道德规范的一种解构,而田汉则把莎乐美完全塑造成为娜拉式的反抗型女性。①

同时必须要指出的是,中国唯美主义与日本唯美主义有着不可分割的关系。在日本唯美主义的全盛期,正是中国学生前往日本留学的高峰期,有关西方唯美主义的介绍和评论,很多都是通过日译本来实现的。因此,对西方唯美主义的理解不可避免地受到日本文坛的影响。初次将王尔德介绍到中国的周作人,初次将《莎乐美》搬上舞台的田汉,初次将《黄面志》带到中国的郁达夫,以及郭沫若、陶晶孙、倪贻德、滕固、章克标等与唯美主义关系密切的作家基本都在唯美主义在日本大行其道的大正年间留学日本。因此,这些作家对西方唯美主义的理解受到来自日本的影响是再自然不过的事情了。王向远在《中日现代文学比较论》中指出:田汉在《新浪漫主义及其他》中对波特莱尔、王尔德等"新浪漫主义"的理解受到了厨川白村的影响。滕固在《唯美派的文学》中关于《莎乐美》的评论,与谷崎润一郎对西方唯美主义的理解是一致的②。

---

① 周小仪.唯美主义与消费文化[M].北京:北京大学出版社,2002:163.
② 王向远.中日现代文学比较论[M].长沙:湖南教育出版社,1998:88-97.

除了经由日本了解西方唯美主义,中国作家们还大量翻译日本唯美主义文学,掀起了一股日本唯美主义文学译介热。周作人被公认为是将日本唯美主义介绍到中国的第一人。周作人在 1918 年北京大学题为《日本近三十年小说之发达》的演讲中,与"理想主义"一起,将"享乐主义"(唯美主义)列为反对自然主义的"新主观主义",对永井荷风和谷崎润一郎给予了中肯的评价。"此派中永井荷风最有名。他本是纯粹的自然派,后来对于现代文明,深感不满,便变了一种消极的享乐主义。所作长篇小说《冷笑》是他的代表著作。谷崎润一郎是东京大学出身,也同荷风一派,更带点颓废派气息。《刺青》《恶魔》等,都是名篇,可以看出他的特色。"①

此后日本唯美主义的译介零零散散出现,直到 1928 年起,中国对日本唯美主义文学的译介开始大量涌现,进入高潮期。主要集中在谷崎润一郎、佐藤春夫、永井荷风三人身上。

就文学流派来说,创造社是受唯美主义影响最大的一个文学流派。创造社成立于 1921 年,主要成员陶晶孙、成仿吾、郭沫若、郁达夫、田汉等均在大正期间留学日本。"创造社接触和了解西方唯美主义主要是通过日本这个窗口来实现的""日本文坛上具有代表性的唯美主义文学对创造社产生了较大影响,为其成员唯美倾向的建立提供了支撑和借鉴"②。

以田汉为例,田汉于 1916-1922 年在日本学习,当时日本唯美主义之风正盛,田汉因而深受影响。他经常在东京观看西方话剧,有案可查的剧目就包括王尔德的《莎乐美》和《温德米尔夫人的扇子》。作为将《莎乐美》搬上中国舞台的第一人,田汉对《莎乐美》可谓情有独钟。而他的"莎乐美"情结与日本、日本文学有着难分难解的关联。田汉的《莎乐美》中文稿译于 1920 年,发表于 1921 年,正是他留学日本期间,同时也是王尔德在日本广为流行之际。田汉的译本最大的特点是忠于原著,最大限度地保留了王尔德原著的风貌。"莎乐美所代表的唯美-颓废主义者那种无条件地献身于美和艺术

---

① 周作人.日本近三十年小说之发达[A].周作人代表作[C].北京:华夏出版社,1997:269.

② 薛家宝.唯美主义与中国现代文学[M].北京:中国社会科学出版社,2015:34.

的漂亮姿态正是田汉欣赏的气质之一。"①

然而,8 年之后的 1929 年,田汉率领南国社将《莎乐美》搬上中国舞台时,他对《莎乐美》的解读重点从唯美主义转向了反封建、反道德方向。"后来《莎乐美》在法国上演了,王尔德自己甚至要改入法国籍,这点可以看出王尔德希望自由、叛道及反抗的精神了""这剧本对于反抗既成社会的态度最明显,所以我们拣这个剧本"②。如上文所述,这种转变主要源于当时的社会语境。但是不可否认的是,此时田汉对《莎乐美》的纯艺术魅力依旧充满留恋。"这充满着美丽的官能描写,和音乐似的诗底怪异而眩惑的交响乐在欧美各国曾演过几百次,但在中国这恐怕是第一次的尝试"③。

田汉此时对《莎乐美》的矛盾心态,也表现在对日本唯美主义文学的态度上。众所周知,1930 年,田汉发表《我们的自己批判》《从银色之梦里醒转来》等文章,宣布转向"革命"。摒弃了之前的伤感主义,转而创作了一系列以阶级斗争和社会矛盾为主题的作品。

然而,就在田汉转"左"后的 1932 年,他却翻译了谷崎的小说《麒麟》《人面疮》《神与人之间》《前科犯》,以及戏剧《御国与五平》。撰写了长达 66 页的《谷崎润一郎品评传》,详细分析其恋爱观、社会观、艺术观。并于 1934 年,以李漱泉为笔名,以《神与人之间》为题,出版"谷崎润一郎杰作集"。收录了 1932 年的上述译作以及《评传》、《译者序》、《年谱》。同年,同样以李漱泉为笔名,翻译了佐藤春夫的《田园的忧郁》(收录小说《田园的忧郁》《阿娟和她的兄弟》诗歌《殉情诗集》并原序,附有《佐藤春夫评传》和《佐藤春夫年谱》)。

田汉与佐藤春夫、谷崎润一郎的个人关系十分密切。留学日本期间就曾拜访过佐藤春夫,接触过谷崎润一郎的文学作品。他十分崇拜谷崎,说过"我个人长期受日本谷崎润一郎氏的艺术影响"④ "我受过一些日本唯美派

① 关涛.艺术和人生的艰难调和——解读田汉早期戏剧创作中的莎乐美情结[J].中国比较文学, 2014, (3).
② 田汉.艺术与艺术家的态度[A].田汉全集 15[C].石家庄:花山文艺出版社,2000:21.
③ 田汉.中国话剧运动五十年史料集 1[M].北京:中国戏剧出版社, 1985:133.
④ 田汉.关于湖边春梦[A].田汉文集 11[C].北京:中国戏剧出版社, 1983:533.

作家谷崎润一郎氏的影响" ①,对他的文学、戏剧甚至电影都了如指掌,日后两人又成为好友,这些经历不可能不对他的戏剧电影创作产生影响。即便所谓转"左"后的 20 世纪 30 年代初他也没有完全摒弃对艺术魅力的追求,这一点可以从他为谷崎润一郎做的评传以及这个时期他的作品中可以得到印证。

可见,以《莎乐美》为代表的西方唯美主义进入中国之后,中国兴起了一小股日本唯美主义热。这股"热"和当时达到白热化程度的"王尔德热",共同构成了唯美主义在中国传播的鼎盛时期。在中国现代文学接受西方唯美主义的过程中,日本唯美主义作家和文学起到了不可忽视的推动作用。

四　结语

综上所述,以谷崎润一郎为代表的日本唯美主义文学重点接受了《莎乐美》注重官能和情欲的特点,结合江户趣味等传统文化,发展出自身的唯美主义美学。与此相对,以田汉为代表的中国现代作家一方面陶醉于《莎乐美》的艺术之美,一方面受社会语境影响,赋予"莎乐美"革命、批判的解读方式。同时,日本唯美主义作家作品推动了"莎乐美热"在中国的发展,这一点是探讨中国唯美主义文学时不可忽视的重要部分。

作者简介:张冲,博士,鲁东大学外国语学院日语系副教授、硕士生导师,鲁东大学国家语委汉语辞书中心研究员。

---

①　田汉.一个未完成的银色的梦-<到民间去>[A].田汉全集 18[C].石家庄：花山文艺出版社, 2000;162.

哲学视角下汉英字根建构的对比分析

一 引言

许慎在《说文解字》中曾说过："其建首也,立一为耑,方以类聚,物以群分,同牵条属,共理相贯,杂而不越,据形系联",第一次提出"建首"之说,由此产生"部首"概念,并根据汉字形义的全面分析,总结出 540 个部首。刘复先生认为:"字根云者,多数字所共有之一根。世事日繁,字数日见增益。但字非凭空产生之物,其能见与言辞也,要必有所因籍。其所因籍,即为字根"①。可见刘复先生字根的概念与《说文》部首概念是一致的,众多汉字的构成,是以最初的字根为基础的。

与汉语不同,英语中没有"字",只有单词,而词素是最小的独立表意单位,包括词根和词缀,是构成英语单词的基本要素,在功能上相当于汉语中的部首,因此本文中将它们称作英文的字根。

二 体验哲学与汉英字根分布

Lakoff & Johnson②、Johnson③ 提出的体验哲学既反对客观主义,又反对主观主义,倡导主体与客体之间的互动。体验哲学的第一条基本原则是"心

---

① 左民安、王尽忠.细说汉字部首[M].北京:九州出版社,2005:13.

② Lakoff, G.& M., Johnson.*Philosophy in the Flesh--The Embodied Mind and Its Challenge to Western Thought* [M].New York:Basic Books, 1999.

③ Johnson, M.*The Body in the Mind--The Bodily Basis of Meaning, Imagination, and Reason* [M].Chicago:The University of Chicago Press, 1987.

智的体验性",强调心智是基于身体体验的,意义是基于身体体验的,思维根本上也是基于身体体验的,其最基本形式来源于人对自己身体部位、空间方位变化、力量运动变化等的感知。

无论是汉语还是英语,字根的生成凝结了世代传承的经验与才智,体现着人们对世界的基本体验和理解。汉英字根的创建都遵循了"近取诸身,远取诸物"的基本规律。"近取诸身"即取象于人体自身,"远取诸物"则是效法自然万象。

2.1 身体体验基础

研究发现汉英字根的生成以"人"为中心,记录了人体自身,包括人体各种器官、组织结构、生理功能,以及人在空间内的各种运动变化等。

汉字的产生和发展是以"人"为中心的。汉字字根首先记录的是人对自己身体的体验和认知。文字学史上的不朽名著《说文解字》540 个部首中与人体相关的就有 197 个,其中与"人"相关的 83 个,与"脸、面、头等"相关的 18 个,与"目"相关的 10 个,与"口"相关的 31 个,与"手"相关的 29 个,与"足"相关的 26 个。《现代汉语通用字表》(国家语言文字工作委员会,1988)7000 个通用汉字中与部首(或偏旁)"口"相关的有 300 多个,与"人"相关的 250 多个,与"手"相关的 280 多个,与"心"相关的 190 多个,与"女"相关的 130 多个,与"言"相关的 150 多个(李敏生,2000:29)。另外还有与"足"相关的 130 多个,与"目"相关的 60 多个,与"肉"相关的 130 多个,与"骨"相关的 10 多个,与"耳"相关的 10 多个,与"病"相关的 90 多个,与"尸"相关的 30 多个。以上与身体相关的部首(或偏旁)构成的汉字有 1760 多个,超过通用汉字的四分之一,显示出对自己的身体体验成为人们对世界进行体验和认知的基础。

英语字根尤其是词根的数量和分布规律同样反映出人以自己的身体体验作为认识世界的出发点的认知特点。在 577① 个常用英语词根中,与人的

---

① 本研究中对英文字根的统计依据《英语词汇速记大全————词根+词缀记忆法》(俞敏洪,2006,群言出版社)。该书收集了英语中 95%以上的字根共 1140 个,可以说是目前同类著作中收集词根、词缀最完整的一本书。1140 个字根中词缀 278 个,词根 862 个。278 个词缀中前缀 112 个,后缀 166 个。862 个词根包括 577 个常用词根(书中原为 578 个常用词根,其中 par 重复出现过一次)和 284 个尽管可以寻根究源但构词能力弱、使用频率低的词根。

身体直接相关的共有 247 个,占 42.8%。其中与手和足相关的词根数量分别为 102 个、28 个,反映出从猿到人的进化过程中,直立行走是决定性的一步。下肢独立支撑身体,解放了人的双手,使人可以通过双手使用和制造各种工具,从事各种复杂精细的劳动,这成为人区别于动物的根本标志,从而最终实现了从猿到人的进化。与语言有关的词根有 29 个,反映出从远古时代起,通过语言进行交流合作在人的发展历史中的重要作用。与眼睛相关的词根有 9 个,远远多于表示其他感官的词根数目,说明通过眼睛去观察是人对世界进行认知的最基本和最重要的途径。还有表示牙齿、躯体、头、脸、前额、肌肉、皮肤、细胞、心脏、肝脏、关节、神经、骨、乳房等人体主要组织器官的词根 21 个,表示出生、死亡、年龄、生命、年轻、健康、虚弱、吃、喝、咬、睡眠、呼吸、笑、颤抖、痛、吹、消化等人体生理机能的词根 26 个,以及表示适应、玩、运动、逗留、挣扎、活动、尝试等综合性身体活动的词根 32 个。

2.2 空间体验基础

英语的 112 个前缀中可以用来表示空间或者位置变换的多达 55 个,占前缀总数的 49.1%,反映了人们对空间方位变化以及位置改变的认识特征,包含了"前""后""上""下""内""外""高""低""中心""中间""边缘""旁边"等主要空间概念。空间前缀的数量和分布规律,以及它们极容易与表示身体动作的词根配合组词的特点,反映出人们对周围的空间和位置变化体验的依赖性①。汉语中则直接通过表示方位的字来反映人们的空间体验。如"上"为指示字,甲骨文在一长横(象征物体)上加一短横,表示在上面;而"下"正相反,在一长横下面加一短横,表示在下面。

时间体验是空间体验的延伸,但是与空间不同,时间具有线性特点,因此空间上的前后概念就往往用来映射时间上的先后。在英语字根中表示前后方向的前缀一般可以用来表示时间的先后。而汉字系统中人们的时间概念主要是基于对日、月的依赖。日、月本来指两种天文现象,但是因为其运动周期,太阳东升西落(远古华夏先人还不明白这是地球自转的缘故)、月亮圆缺盈亏的轮回,便逐渐用来指代时间概念,并由此产生出很多与日、月相

---

① 张法春,肖德法.英语词素构词的体验性认知研究[J].外国语文,2009,(4).

关的时间概念,如星期、早、晚、春、朝、暮、朔、时(间)、旬、旦、昔、昏、昨(天)、明(天)、昼、夕、晓、晌、暑、昴等。

2.3 自然环境体验

人生活在自然中,与自然息息相关,时时刻刻与自然进行着主体与客体之间的互动。人们对自然万象的认识,如日月星辰、风雨雷电、山水天地、花草树木、鱼虫鸟兽等,都成为创造字根的丰富源泉。这在汉英字根的建构中是相同的。

《说文解字》540 个部首中与自然相关的共 128 个,其中有关动物的 61 个,有关植物的 31 个,有关天象的 12 个,有关地理的 24 个。《现代汉语通用字表》7000 个汉字中仅与"土"(140 多个)、"火"(90 多个)、"木"(270 多个)、"金"(230 多个)、"水"(400 多个)、"山"(60 多个)、"石"(100 多个)、"虫"(130 多个)、"鱼"(80 多个)、"鸟"(60 多个)、"草"(340 多个)、"气"(20 多个)、"兽"(80 多个)、"雨"(30 多个)、"日"(80 多个)、"丝"(140 多个)、"马"(60 多个)这 17 种自然现象(或自然物)相关的汉字就超过 2310 个,高达通用汉字总数的三分之一。

在英语的 577 个常用词根中有 206 个表示人对自然的体验和认识,占常用词根的 35.7%,包括空间位置方向变化、数量变化、性质状态变化、自然万物四个方面。表示位置方向变化的词根的数量和分布,反映出人们对周围空间体验的依赖性。自然物在空间中沿不同的方向运动,产生出各种丰富的意义。表示位置方向变化的词根有 35 个,如落下、升起、转、弯曲、扩散、摇摆、流动、溢出、边、中间、低、中心、右边、顶点、高度等。数量关系是基本的自然关系。表示数量的词根有 25 个,主要表达了大小、多少、长短、无、增加、全部、相等、足够、群等数量变化。性质状态是人们对自然万象存在方式的体验和认识。表示性质状态变化的词根有 67 个,包括冷、热、发光、腐烂、营养、细、滑、软、坚固、松、液体、含氧、弯、粘、圆、形状、相似、秩序、旧、新、黑、有毒、空、行、重等。人们观察大自然,对自然物的认识成为词根创建的丰富源泉。英语常用词根中有 79 个与自然物相关,其中表示自然地理的,如日、月、星、风、雨、水、火、石、冰、盐、酸、海、岛、空气、田野、土地、蒸汽、地震等;表示植物的,如木、花、树、根、树叶、纤维、植物、种子等;表示动物的,如鸟、鱼、猪、马、狗、乳、蛋、蜜、动物等。

2.4 社会环境体验

人的社会环境体验主要表现在社会关系和社会生产生活两个方面。汉语字根建构中人们对社会生活的体验主要表现在衣、食、住、用等方面。如《说文解字》中与"衣"相关的部首有 24 个,与"食"相关的 24 个,与"住"相关的 20 个,与"用"相关的 36 个。另外还有与祭祀相关的部首 28 个,反映出宗教活动在人们社会生活中的重要地位。还有 19 个部首与战争有关。

英语字根建构中则突出了人们在社会生活中形成的各种社会关系。人们按照各种不同的社会关系组合在一起形成社会,人作为个体通过各种社会关系实现他的社会性,体现在英语字根上如统治者、统治、父、母、子女、婚姻、继承、客人、兵、和平、联盟、主人、公共、后代等。社会生产活动是人和社会赖以生存的基础,英语字根中能够体现各种生产活动的如弓、锯、机器、船、牛轭等。还有大量字根记录了人们丰富的社会生活,如自由、公民、门槛、衣服、价值、商业、财富、乡村、城市、房屋、拥有、节日、墙壁、纸片、电影、习惯、家、道德等。

三 汉英字根建构与东西方哲学传统差异

3.1 汉语字根构字与中国哲学传统

我国古代哲学思想可以归纳为"天人合一","(道)法自然"。"人法地,地法天,天法道,道法自然"的中国传统哲学思想对汉字造字实践和理论研究产生深远影响①。汉字中"王"字在甲骨文中象下砍的大斧形,本意为大斧,是刑杀的武器,象征权威,而《说文·王部》"王,天下归往也。董仲舒曰:'古之造文者,三画而连其中谓之王。三者,天、地、人也;而参通之者,王也。'孔子曰:'一贯三为王'",显然是根据当时的社会思潮所做的解说②,即我们常说的占天时、地利、人和者赢,为王。

汉字的产生和创建记录了人们对自然界万事万物,如日月星辰、风雨雷

---

① 季素彩.现代汉字部首与古代哲学思想[J].汉字文化,1999,(1).

② 谷衍奎.汉字源流字典[Z].北京:语文出版社,2008.

电、山水天地、花草树木、鱼虫鸟兽等的认识。甲骨文字形不仅是对这些事物本来面貌的直观描述,同时也反映出中华民族先民们朴素的唯物自然观的最初萌芽。

中国传统哲学中把矛盾运动中的万事万物概括为阴阳两个对立的范畴,并以阴阳变化来说明物质世界的运动和发展。而阴阳两个字的创立就蕴含了这一思想的萌芽。阳在甲骨文中会意为日出时阳光直射的地方,而阴字在《说文·阜部》中则是"暗也。水之南,山之北也",指太阳照射不到的地方。因此阴阳两字包含了矛盾对立的思想。

汉字的字根构成反映出汉民族的宇宙观。汉语中宇宙一词由"宇"和"宙"两个汉字构成。"宇"从宀,于声,本意指房檐,引申为空间;"宙"从宀,由声,原指栋梁,引申为空间,后又演化为时间。古往今来谓之宙,四方上下谓之宇,所以华夏先人从时空的无限性理解宇宙。值得一提的是英语中用universe 表示宇宙。universe 由前缀 uni-(唯一、整体)和词根 vers(运动、变化)构成,字根组合意义为"唯一的,运动的"。运动性是宇宙的本质属性,而唯一性(或系统性、整体性)也是宇宙的基本属性,所以构词中以事物的属性代指事物本身。可见英语构词反映出人们对宇宙本质特征的认识,而汉字则表达出人们对宇宙的形象认识,似乎可以从中看出汉字象形表意而英语更重逻辑性的特点。

3.2 英语字根构词与西方哲学传统

西方哲学始于对宇宙本原的探求,即从纷繁复杂的自然世界出发,寻求万物生成变化的始源,形成了一种形而上的超越的追求。从这种本原论又逐步发展出关于"存在"或者"是"的本体论,而这与本体(或实体)概念息息相关,成为本体论的核心或者基石。从亚里士多德以本体为核心的存在论开始,最高实体、终极存在成了西方哲学家的理论前提和追求目标[①]。笛卡尔关于本体的标准其实同亚里士多德一致,他把本体定义为其存在不依赖于其他东西的东西,并声称,严格而言,只有一个终极实体,那就是上帝。宜宾斯诺认为本体是必然的、无限的、永恒的、独一无二的、包括一切的,他将

---

① 黄颂杰.西方哲学名著提要[M].南昌:江西人民出版社,2002:序2-3.

本体称为上帝或自然。受宜宾斯诺影响，黑格尔认为只有一种本体，那就是绝对①。

亚里士多德的本体概念来源于希腊词 ousia，在英语中一般译为 substance，但严格来讲，二者并没有共同的词源关系，因此不是 ousia 的准确译法。在英语中 essence（本质）、entity（存在的东西）、reality（实在）能够更好地表达 ousia 的含义。在英语中，笛卡尔、宜宾斯诺和黑格尔的本体概念同样用 substance 来表示。从构词来看，substance 由三个字根组成，前缀 sub-、词根 sta 和后缀 -ance。前缀 sub- 表示"下面、底下"，词根 sta 表示"站、立"，后缀 -ance 表示名词词性，字根组合意义为"立在下面"，隐喻为起支撑作用的、本质的、基础的等意义，这与西方哲学的本体意义相吻合，如亚里士多德在《范畴》中把本体定义为支持其他一切东西的终极主体，因而 substance 便成为实体概念的流行译法。由此又衍生出更多的表达，如 substantial form（实体形式），指一物的实体形式是该物的行为目标和说明原则；substratum（基质），亚里士多德几乎把"本体"和"基质"当作同义词用；substantive universal（实质共相），主要指语言共相，描述了语言实质的普遍特性，如在《句法理论的若干方面》中，乔姆斯基②曾说，"对实质共相的研究认为，每种语言的个别词项都必定来自某类确定的词项"。

四 弗雷格原则与意义整合：英语字根建构的词义生成

强调一个表达式的意义是其部分的意义和这些部分的句法功能的弗雷格原则在语言哲学中具有广泛的应用，构成了意义的真值条件理论的基础，并成为形式语义学的核心原则。例如，语句"雪是白的"的意义是"雪"的意义和"白"的意义以及这些词在句子的主谓结构中所占位置的一个功能。

弗雷格原则的核心是组合（或者构成），然而对英语字根构词的研究却发现大多数英语单词的词义不是由其构成部分的意义组合而成，而是通过隐喻、转喻等认知手段经过认知整合而形成的。这就在构词领域吻合了认

---

① 布宁，余纪元.西方哲学英汉对照辞典[Z].北京：人民出版社，2001：963-968.

② Chomsky, N.*Aspects of the Theory of Syntax*[M].Cambridge, MA：The MIT Press, 1965：28.

知语言学家所倡导的"语言分析必须运用部分组合加整合处理的原则"①。

汉字构成的六书中,象形和指事都属于独体造字法,在现代汉字系统中占80%以上的形声字只有"形旁"与意义相关,转注是一种特殊的形声字,假借是借用已有的文字表示同音而不同义的字,所以只有会意字的意义由构成部分的意义合成,如"解"字表示用"刀"把"牛"和"角"分开。但会意字在现代汉字系统中所占比重不大,所以下面主要以英语字根建构为例讨论词义的生成。

字根组合生成词义 英语单词的词义是通过字根意义的直接组合而产生的。基本词义跟字根组合意义属于同一认知域,不存在跨域的变化,如dissect由前缀 dis-(分离,分开)和词根 sect(切,割)组成,基本词义就是字根组合意义"切开、割开"。这类词义的生成符合弗雷格原则,但所占比例很小。

通过隐喻生成词义 认知主体主要通过类比推理将一概念域(源域)映射到另一个概念域(目的域)而产生隐喻性词义。源域主要指认知主体基于身体——空间的具体感知体验,而目的域则指其他抽象感知体验。字根组合中通过转换概念域而生成隐喻性词义非常普遍,在构词中占绝对优势。

以字根 ject(表 1)和 tract(表 2)的构词为例。字根 ject 在朗文互动辞典中构成的核心词汇共 10 个,其中只有一个词(project)的基本词义由字根意义直接组合产生,而其他单词的基本词义都是隐喻意义。字根 tract 构词共11 个,有两个词(traction,extract)的基本词义是字根组合意义,而其他 9 个都是隐喻意义。可以看出隐喻是英语词义产生的基本方式。

表 1　字根 ject 构词的词义生成

构词	字根组合意义	基本词义	词义生成方式
abject	扔走	微贱的,可怜的	隐喻
deject	向下扔	使沮丧,使灰心	隐喻
eject	向外扔	逐出,驱逐	隐喻
inject	向内扔	注射,注入	隐喻

---

① 王寅.认知语言学[M].上海:上海外语教育出版社,2007:308-309.

续表

构词	字根组合意义	基本词义	词义生成方式
interject	向中间扔	插嘴，突然插入	隐喻
object	对着扔	反对，拒绝	隐喻
project	向前扔	投掷	组合
reject	扔回去	拒绝，抵制	隐喻
subject	向下扔	使屈从于，使隶属	隐喻
trajectory	扔出物穿越的空间	轨道，弹道	隐喻

表 2 字根 tract 构词的词义生成

构词	字根组合意义	基本词义	词义生成方式
tractable	可以拉的	易驾驭的，易管教的	隐喻
traction	拉，拽	拉，拽	组合
abstract	拉走，拉开	摘要，提炼	隐喻
attract	向……方向拉	吸引	隐喻
contract	向一起拉	合同，契约	隐喻
detract	向下拉	减损	隐喻
distract	拉走，拉开	转移(注意力等)	隐喻
extract	向外拉	拉出，拽出	组合
protract	向前拉	延长	隐喻
retract	向回拉	缩回	隐喻
subtract	向下拉	减	隐喻

　　再以字根 pend(s) 的构词为例。Pend(s) 是挂、悬挂的意思，是人们对自然现象的体验。悬挂于……隐喻为依附、摇摆、暂停、悬疑等，如 append(附件，添加)、pendulous(摇摆的，下垂的)、depend(依靠，依赖)、suspense(悬疑、悬念)、pendent(悬而未决的)、suspend(暂停)等。悬挂映射到人们的社会生活体验，隐喻为称量，如 dispense(配药、分配)等。古代衡量价值用金银等金属货币，称量货币隐喻为花费、支付，如 expend(花费、消耗)、expensive(贵重

的）、stipend（薪水）、compensate（赔偿）、pension（退休金、养老金）等。称量某物映射到心理体验，隐喻为权衡、思考、预谋等意义，如 pensive（沉思的）、perpend（仔细考虑）、prepense（有预谋的）等。

通过转喻生成词义与隐喻不同，转喻发生在同一个认知域，指认知主体在同一概念域内"用某一事物或事件的熟知的或容易理解的方面来指代整个事物或事件，或者事物、事件的其他方面或部分"①。

转喻在英语字根构词的词义生成中主要起到凸显作用。字根组合要表达的往往是一个完整事件（或事物）的意义，而组成单词的各字根的意义往往只是指完整事件（或事物）的某些部分，因此往往只能通过凸显各字根各自所指代的最明显的特征或典型部分来表示整个事件（或事物）的完整意义。

比如 concubine 由前缀 con-（共同、一起）、词根 cub（躺）和后缀-ine（人，尤其指女人）构成，字根组合意义为"（女）人与……一起躺下"，是人的身体体验，而它的基本意义是情妇、姘妇，是以身体体验"（女）人与……一起躺下"这一基本特征代指人类社会认知域中的一种男女之间不道德的社会关系，所以是转喻意义。

东方 Orient 和西方 Occident 两个词分别凸显太阳升起（ori）和太阳落下（cid）。Congress 和 parliament 都是国会，但 congress 凸显了大家走到一起（com-；gress），而 parliament 则凸显了讲话、辩论这一特征（parl）。

五　结语

从哲学的视角进行考察有助于我们更好地理解汉英字根的分布和建构。汉英字根的分布都反映出人以身体体验为基础，实现对自身和外部环境的体验，而对英语字根建构的词义生成分析则发现在语言哲学领域影响深远的弗雷格原则在解释英语单词的意义生成时有很大的局限性，反而是认知语言学家倡导的意义整合论有更强大的解释力。汉字的生成蕴含着中国文化中"天人合一""（道）法自然"等丰富的哲学思想，而对西方哲学传统

---

① Lakoff, G.*Women, Fire, and Dangerous Things*[M]. Chicago：The University of Chicago Press，1987：77.

的梳理则揭示出它跟英语单词 SUBSTANCE 的字根建构有着千丝万缕的渊源。

作者简介:张法春,硕士,鲁东大学外国语学院英语系副教授、硕士生导师,鲁东大学国家语委汉语辞书中心研究员。

再论汉语的限定性问题①

一 前言

与英语不同,汉语没有形态层面的时态与一致关系标记,汉语的动词形态也不因人称、性别、数、时态等因素的不同而变化,这就使得汉语中是否存在限定(finiteness)与非限定(non-finiteness)之分成为了语言学界颇有争议的话题。大多数研究支持该区分的存在,但仍有少数研究表示了质疑。我们将对这两种观点进行评述,并以从句宾语移位为切入点来证明该区分的存在。

二 文献回顾

2.1 支持观点

以 Huang (1989)②、Li (1990)③、Tang (1990)④为代表的早期研究认为,

---

① 本文为国家社科基金青年项目"基于语料库的英汉中动结构对比研究"(16CYY004)的阶段性成果。

② Huang, C.-T.J.Pro-drop in Chinese:a generalized control theory〔A〕.In Osvaldo Jaeggli and Kenneth J.Safir (eds.).*The Null Subject Parameter*〔C〕.Dordrecht:Kluwer Academic Publishers, 1989:185-214.

③ Li, Y.-H.A.*Order and Constituency in Mandarin Chinese*〔M〕.Dordrecht:Kluwer, 1990.

④ Tang, C.-C.J.Chinese Phrase Structure and the Extended X'-theory〔D〕.Doctoral dissertation, Cornell University, 1990.

虽然汉语不具备形态层面的时态和一致关系标记,但仍存在隐性的限定与非限定的对立,并提出了多种测试手段来证明该对立的存在:情态助动词和体标记的分布、从句主语空位、时间副词与体标记的同现制约、否定词允准负极项(negative polarity item)、从句宾语远程被动化、疑问词解读、正反问句(A-not-A Question)测试、分裂句测试、特定疑问词的分布限制、从句内话题化。Hu, Pan & Xu (2001)①已详细讨论了早期检测方法中的问题,此处我们将主要讨论后续研究所提出的区分方法。

李京廉、刘娟(2005)②认为,限定从句可以使用时间状语"已经/已""正在/正/在"和"将要/将/要",而非限定从句不能使用,并将这一标准应用于汉语的兼语结构、动词补语结构、动词主语结构以及连动结构。以动词补语结构为例,(1)中主句动词"开始"可以与时间状语"已经""正在"和"将要"连用,因而主句是限定句;(2)中从句动词"学习"却不能跟这些时间状语连用,因而从句是非限定句。

(1) a.他已经开始学习一门外语。

b.他正在开始学习一门外语。

c.他将要开始学习一门外语。

(2) a. *他开始已经学习一门外语。

b. *他开始正在学习一门外语。

c. *他开始将要学习一门外语。

但是,这种区分方法并不可靠,因为动词补语结构的从句并非不可以使用时间状语"已经""即将",如(3)所示。

(3) a.我真后悔已经离开了俄罗斯。

Lin (2011③, 2015④)认为汉语中存在限定与非限定的对比,证据之一来自情态助动词与句末体标记"了"之间的辖域关系。如(4a, b)所示,当"了"

---

① Hu, J., H.Pan & L.Xu.Is there a finite vs.nonfinite distinction in Chinese? [J].*Linguistics*, 2001, 39(6).

② 李京廉,刘娟.汉语的限定与非限定研究[J].汉语学习, 2005,(1).

③ Lin, T.-H.J.Finiteness of clauses and raising of arguments in Mandarin Chinese [J]. *Syntax*, 2011, 14 (1).

④ Lin, T.-H.J.Tense in Mandarin Chinese sentences [J].*Syntax*, 2015, 18 (3).

与认知情态助动词(epistemic modal)出现在同一句中,前者在后者的辖域之内;如(4c, d)所示,当"了"与根情态助动词(root modal)出现在同一句中,后者在前者的辖域之内。

(4) a.张三可能[去上海了]。　　　　　　　　(可能>了)

b.＊张三[[可能去上海]了]。　　　　　　　(＊了>可能)

c.张三[[能去上海]了]。　　　　　　　　　(了>能)

d.＊张三能[去上海了]。　　　　　　　　　(＊能>了)

为了解释(4)中的辖域关系,Lin (2011)提出"能"以非限定从句为补足语而"可能"以限定从句为补足语。具体来说,Lin (2011)认同 Shen (2004)①的观点,即句末"了"表示完成体并且是 AspP 的中心语,并进一步提出 AspP 是 TP 的补足语,"了"需要参照时间(reference time)来确定它所表达的事件时间(event time),而参考时间来自 T。在(4a, b)中,补足语从句的限定 T 有值,可以为允准"了"提供参照时间,因而主句中的"可能"的辖域能够包含补足语从句中的"了"。在(4c, d)中,补足语从句的非限定 T 没有值,就不能为允准"了"提供参照时间,"了"只能出现在主句中并且其辖域包含"能"。

此外,Lin (2011, 2015)同意 Paul (2002)②对宾语前置的观察,即限定句中宾语可以前置到动词之前,而非限定句中宾语不可以,但可以前置到更高一层的限定句中,如(5)所示:

(5) a.张三认为李四汉堡吃了。

b.＊张三叫李四[汉堡吃]。

c.张三汉堡叫李四吃。

但是,Lin (2011, 2015)提出的证据也存在一些问题。首先,T 的取值以及情态助动词与句末"了"之间的辖域关系并不能完全反映限定性。Landau

---

① Shen, L.Aspect agreement and light verbs in Chinese: a comparison with Japanese [J].*Journal of East Asian Linguistics*, 2004, (13).

② Paul, W.Sentence-internal topics in Mandarin Chinese: the case of object preposing [J].*Language and Linguistics* 2002, 3 (4).

(2004)①认为,允许不同于主句的时间副词出现的非限定控制从句中 T 的取值是[+T],也就是说,并非只有限定句中的 T 才能有值。这样的话,(6a)的控制从句是有时态的。按 Lin(2011)的观点,该控制从句应该是限定的并且可以允准句末"了",而"了"应该在"准备"的辖域范围之内,但这正与事实相反,如(6b、c)所示。

(6)a.张三准备明天去上海了。

b.﹡张三[准备[明天去上海了]]。 (﹡准备>了)

c.张三[[准备明天去上海]了]。 (了>准备)

其次,Hu et al.(2001:1142)列举了非限定从句允许宾语前置的例子,如(7)所示。实际上,(5b)也可以通过否定从句或在从句中添加词语而变得合法,如(8)所示。

(7)a.我打算[什么人都不请]

b.我打算[那一本书明天买]。

(8)a.张三叫李四[汉堡,不要吃]

b.张三叫李四[汉堡,今天吃]([鸡肉,明天吃])。

总之,无论是早期的还是后续的分析都存在一定的问题,我们需要寻找更为可靠的证据或检测方法来证明汉语中存在限定与非限定之分。

2.2 质疑观点

尽管多数研究认为汉语中存在限定与非限定之分,仍有少数研究比如徐烈炯(1994)②、Huang(1994)③、Hu et al.(2001)根据反例持有怀疑或否定的态度。Hu et al.(2001)的分析最为详尽,我们将重点讨论该分析中的两个主要依据:一个与汉语的时态相关,另一个与控制从句主语有关。

在早期的生成语法框架下,限定性一般是由中心语 INFL 所分解的两个成分时态(Tense)和一致性(Agr)的赋值所决定的:限定句中二者的取值是

① Landau,I.The scale of finiteness and the calculus of control[J].*Natural Language and Linguistic Theory*,2004,(22).

② 徐烈炯.与空语类有关的一些汉语语法现象[J].中国语文,1994,(5).

③ Huang,Y.*The Syntax and Pragmatics of Anaphora:A Study with Special Reference to Chinese*[M].Cambridge:Cambridge University Press,1994.

[+T，+Agr]；非限定句中二者的取值是[-T，-Agr]。由于汉语中没有 Agr（Huang 1982①），Li（1985）②认为汉语的限定性是由 INFL 的时态所决定的，即限定句的 INFL 有时态，而非限定句的 INFL 没有时态。Hu et al.（2001）根据 Stassen（1997）③的"时制参数原则"（the tensedness parameter）和"形容词构码的时制普遍性原则"（the tensed universals of adjective encoding）④提出，汉语不是一个有时态的语言，因为汉语中没有形态上附着于动词的时态语法范畴，也没有区分过去与非过去时间的动词形式，而且汉语中形容词可以充当谓语。

基于 Chomsky（1981）⑤的 PRO 定理（PRO theorem），Huang（1989）、Li（1990）、Tang（1990）等认为，汉语控制从句的主语必须是空的可以证明汉语中存在非限定从句，如（9）所示；但是，Hu et al.（2001）认为该鉴别标准并不可靠，因为所有控制从句的主语在某些条件下都可以"被词汇化"（lexicalized），即出现显性主语，如（10）所示；此外，劝说类动词之后从句的空主语是由控制动词的词汇语义所决定的，并不受从句类型的限制。

（9）a. *李四设法[他来]。

b. *我逼李四[他来]。

（10）a.你最好设法[今天下午散了会以后你一个人来]。

b.我劝张三[如果没有人买这本书，他也不要买]。

c.我逼张三[不管发生什么事他都必须把东西找回来]。

---

① Huang, C.-T.J.Logical Relations in Chinese and the Theory of Grammar [D].Doctoral dissertation, MIT, 1982.

② Li, Y.-H.A.Abstract Case in Chinese [D].Doctoral dissertation, University of Southern California, 1985.

③ Stassen, L.Intransitive Predication [M].Oxford：Oxford University Press, 1997.

④ "时态参数"的定义是：（a）如果一种语言具有时态这一语法范畴，该范畴（i）在形态上附着于动词，且（ii）至少在过去时间指称和非过去时间指称之间存在区别，那么，这种语言就是时态型语言；（b）凡不具备以上特征的语言均为非时态型语言。"形容词构码的时制普遍性原则"的定义为：（a）时态型语言必存在名词性形容词，存在名词性形容词的语言必为时态型语言；（b）非时态型语言必存在动词性形容词，存在动词性形容词的语言必为非时态型语言（杨亦鸣，蔡冰.汉语动词的屈折机制与限定性问题[J].世界汉语教学，2011，（2）：160.）。

⑤ Chomsky, N.Lectures on Government and Binding [M].Dordrecht：Foris, 1981.

d.我叫张三[今天下午他无论如何都要来]。

e.我请张三[今天下午六点以后他和他太太一起来吃饭]。

f.我打算[天黑以后我们一起去]。

g.张三打算[今年夏天老婆、自己和儿子都去青岛度假]。

以上两个方面看似能够否定汉语中存在限定与非限定之分,但深入分析就会发现其论证过程中存在一些问题。

首先,Stassen(1997)提出的两个原则并不适用于汉语。"时态参数原则"还是依赖形态标记,是一种形态标准,但正如 Nikolaeva(2007[①], 2010[②])所指出的,来源于传统语法以形态标记为标准的限定性的概念不具备跨语言的普适性,而且限定性也没有必要在所有语言中都必须以相同的形态表现出来。此外,Sybesma(2007)[③]、Lin(2011, 2015)认为,汉语可以有时态,只不过不是形态时态。对"形容词构码的时制普遍性原则",杨亦鸣、蔡冰(2011:160)认为它并非完全适用于汉语,因为汉语不仅有可充当谓语的动词性形容词,也有可以充当主语和宾语的名词性形容词,如"干净很重要""发泄愤怒"等。可以看出,这两个原则并不适用于判断汉语是否有时态。

其次,对控制从句主语的讨论也存在以下五个方面的问题。第一,(10)中从句显性主语的出现并不是任意的,而是受到一定限制的,即从句主语都是代词并且前接状语成分。Hu et al.(2001:1134)提出,状语的作用是为了满足回避原则(Obviation Principle)[④]。但是,Grano(2012:244)[⑤]指出,回避原则并不适用与所有类型的句子,如(11)。如果没有限定与非限定的区别,就很难解释(10)中各例需要状语成分而有相似句法结构的(11)中两例却不需要。

---

① Nikolaeva, I.Introduction [A].In Irina Nikolaeva (ed.).*Finiteness*:*Theoretical and Empirical Foundations* [C].Oxford:Oxford University Press, 2007:1-19.

② Nikolaeva, I.Typology of finiteness [J].*Language and Linguistics Compass*, 2010, 12 (4).

③ Sybesma, R.Whether we tense-agree overtly or not [J].*Linguistic Inquiry*, 2007, 38 (3).

④ 回避原则是指显性代词倾向于回避距离其最近的显著程度较高的名词词组。

⑤ Grano, T. A. Control and Restructuring at the Syntax – semantics Interface [D]. Doctoral dissertation, University of Chicago, 2012.

（11）a.张三ᵢ认为[他ᵢ很高]。

b.我告诉他ᵢ[他ᵢ应该离开]。

第二，劝说类动词的词汇语义并不一定完全决定其引导的控制从句主语的所指，比如在例（12）的分裂控制结构中，从句主语不仅仅指宾语"张三"还包括主语"我"，虽然"张三"作为被劝说者是动词"劝"的词汇语义的一部分。

（12）我ᵢ劝张三ⱼ[eᵢ₊ⱼ合买这本书]。

第三，（10）中各例从句的所谓显性主语的句法作用仍需进一步讨论。对于（10a），从句中的"你"不能单独使用，而"一个人"却可以，如（13a，b）所示，这说明（10a）中从句的所谓词汇化主语应该是"你一个人"。根据 Zhang（2016）[①]的观点，"你一个人"不同于普通的代词，既可以作照应语也可以作状语，而只有论元才能与焦点标记"连…都"搭配。但是，例（13c）并不可接受，这说明"你一个人"是状语而非主语。因此，（10a）并不能说明控制从句主语可以词汇化。

（13）a.*你最好设法[今天下午散了会以后你来]。

b.你最好设法[今天下午散了会以后一个人来]。

c.*你最好设法[今天下午散了会以后连你一个人都来]。

如果（10b）的控制从句真的允许显性主语，那么也应该允许空主语。但是，当（10b）中的显性主语省略后，该句反而变得不自然甚至不可接受，如（14a）所示。我们认为（10b）中的从句并不是控制从句，而是由可省略的汉语标句词"说"引导的间接引语（吴剑锋 2016）[②]，如（14b）所示，该从句表达的是"我"劝"张三"的具体内容。同样道理，（10c，d，e）也可以分别分析为（15a，b，c），其从句表达的是主语"我"逼/叫/请宾语"张三"所做的具体内容。由于"说"引导的是限定从句，（10b，c，d，e）非但不能否定汉语中存在限定与非限定的区别，反而说明汉语中存在这种区别。

_____

① Zhang, N.N.Identifying Chinese dependent clauses in the forms of subjects [J].*Journal of East Asian Linguistics*, 2016, (25).

② 吴剑锋.汉语宾补标记的标句功能及语法化—兼与英语 that 的比较[J].外语教学与研究, 2016 (4)."说"也可以引导直接引语,如(i)所示:(i) 我劝张三(说):"如果没有人买这本书,你也不要买。"

（14）a.[?]／*我劝张三［如果没有人买这本书,也不要买］。

b.我劝张三（说）［如果没有人买这本书,他也不要买］

（15）a.我逼张三（说）［不管发生什么事他都必须把东西找回来］。

b.我叫张三（说）［今天下午他无论如何都要来］。

c.我请张三（说）［今天下午六点以后他和他太太一起来吃饭］。

对于（10f, g）,类似的例子也可以在 CCL 语料库中找到,如（16a, b）。与（10f, g）不同,（16a）没有状语词组来满足回避原则,（16b）中的从句主语也没有照应主句主语。因此,我们认为动词"打算"之后的从句既可以是限定从句也可以是非限定从句。如果（10f, g）以及（16a, b）中的从句是限定从句,显性主语的出现也是理所当然的。

（16）a.我打算我们着手谈波兰问题。

b.当初我还真没打算他们还能给我这四十二块钱。　　（CCL 语料库）

通过分析（10）中各例可以看出,所谓从句显性主语并不是真正的控制从句主语,而是状语或限定从句的主语,因而不能作为证据来否定汉语限定性区分的存在。

第四,一些跨语言研究比如 Barbosa（2009）①、Szabolcsi（2009）②发现,在匈牙利语、欧洲葡萄牙语等语言中,非限定控制从句的主语可以是显性的,如（17）所示。因此,（10）中所谓的控制从句显性主语的出现也不能作为反对汉语中存在限定性区分的证据。

（17）a.Senki nem akart cask ö leülni.匈牙利语

nobody not wanted-3SG only he/she sit-INF

'Nobody wanted it to be the case that only he/she takes a seat.'

b.Decidiu ir ele ao mercado.欧洲葡萄牙语

decided to.go he to-the market

'He decided that he would be one to go to the market.'

---

① Barbosa, P.A case for an agree-based theory of control［EB/OL］.［2009-01］. http://lingbuzz.auf.net/lingbuzz/000911/current.pdf.

② Szabolcsi, A.Overt nominative subjects in infinitival complements in Hungarian［A］. In Marcel den Dikken and Robert M.Vago（eds）.*Approaches to Hungarian：Volume* 11：*Papers from the* 2007 *New York Conference*［C］.Amsterdam：John Benjamins, 2009：251-276.

第五,任何控制从句的主语都可以词汇化的观点也不符合事实。例如,
动力情态助动词(dynamic modal,如"能""能够""会")、动貌动词(aspectual
verb,如"开始""继续""停止")之后的控制从句在任何情况下都不允许显性
主语,即使在主句与从句的谓词之间插入状语成分也不行,如(18):

(18) a.张三能够在任何场合(*他)说英语。

b.张三开始在操场(*他)跑步。

以上分析说明,Hu et al. (2001)对汉语时态和控制从句显性主语问题
的讨论本身也存在一些问题,并不足以证明汉语中不存在限定与非限定
之分。

三 汉语限定性与宾语移位

与传统语法不同,限定性在生成语法中不再是动词的屈折特征,而是从
句的抽象结构范畴,是整个从句的中心语,即使无显性动词屈折形式也并不
意味着限定性的缺失。限定性不仅可以管控动词的时态和一致性、控制主
语论元的实现以及为某些语法规则创建不透明区域(Nikolaeva, 2007:6),还
可以使从句能够独立成句(McFadden & Sundaresan, 2014:7[①])。虽然汉语
中没有表示时态和一致关系的形态标记,但这并不能否认限定性作为句子
层面的特征在汉语中的存在。

大多过往研究试图通过讨论 TP 区域的特征来辨别汉语的限定性,却忽
视了限定性与 TP 之外区域的关联。我们将通过跨从句宾语移位来讨论汉
语的限定性问题,首先观察对比 Ernst & Wang (1995)[②]所用的两组例句:

(19) a.王五说[李四读完了那本小说]。

b.王五说[李四那本小说读完了]。

c.王五说[那本小说李四读完了]。

d. *王五那本小说说[李四读完了]。

e.那本小说[王五说[李四读完了]]。

① McFadden, T.and S.Sundaresan.Finiteness in South Asian languages: an introduction
[J].*Natural Language and Linguistic Theory*, 2014, (32).

② Ernst, T.and C.Wang. Object preposing in Mandarin Chinese [J].*Journal of East
Asian Linguistics*, 1995, (4).

（20）a.王五逼李四［读完了那本小说］。

b.王五逼李四［那本小说读完了］①。

c.王五那本小说逼李四［读完了］。

d.那本小说［王五逼李四［读完了］］②。

在（19）中，被提取的从句宾语"那本小说"可以置于内嵌主语的两侧（例（19b，c）），甚至主句主语的左侧（例（19e）），却不能置于主句主语的右侧（例（19d））。相比之下，（20）中的宾语移位受到更少的限制，即宾语可以前置到主句主语的两侧（例（20c，d）），也可置于内嵌从句的句首位置（例（20b））。我们认为（19b，c）与（19d）、（19d）与（20c）的两组对比都与汉语的限定性有关。

Rizzi（1997）③提出 CP 分裂假说（Split CP Hypothesis），将 CP 区域分解为（21）：

（21）[$_{ForceP}$ Force [$_{TopP}$ Top [$_{FocP}$ Foc [$_{FinP}$ Fin]]]]

具体来说，ForceP、TopP、FocP 以及 FinP 分别是以"语力"（force）、"话题"（topic）、"焦点"（focus）以及"限定性"（finiteness）为中心语的最大投射④。其中，FinP 的中心语 Fin 的作用是标记一个分句是限定句还是非限定句。

在 CP 分裂假说中，限定性是一个脱离了时态和一致性的更加抽象的概念，处在 CP 区域，其句法体现不应该局限于 TP 区域。语段包括 CP 与 vP

---

① Ernst & Wang（1995:245）认为（20b）不合语法，但大部分受访者都认为该句可以接受。（20b）经过修改后会更加自然：王五逼李四［那本小说读完了一半］。该例的使用主要是为了下文讨论其从句的句法结构。

② （20d）并不是引自 Ernst & Wang（1995），其出现是为了与（19e）形成类比。

③ Rizzi, L.The fine structure of the left periphery [A].In Liliane Haegeman（ed.）.*Elements of Grammar* [C].Dordrecht：Kluwer Academic Publishers, 1997:281-337.

④ 如果句子中既没有主题化成分也没有焦点化成分，则不会投射出 TopP 与 FocP。当句子中同时出现话题化成分和焦点成分时，CP 会分裂为四个最大投射；当句子中只出现话题化成分或者焦点化成分时，CP 被分裂为三个最大投射；当句子中既没有话题也没有焦点时，语力中心语就与限定性中心语融合到同一个中心语 C 上，形成一个单一的 CP（Radford, Andrew.*Analysing English Sentences：A Minimalist Approach* [M].Cambridge：Cambridge University Press, 2009: 336.）

(*Chomsky* 2000①,2001②),而非 TP。McFadden & Sundaresan（2014:14）认为,在限定性与分句的语段属性之间可以建立关联。

根据 CP 分裂假说,由于包含前置宾语,(19)和(20)中的内嵌从句的句法结构都应该分析为 CP。Hsu（2012）③根据 Chomsky（2000,2001,2008）认为,有时态 CP 是强语段并且 T 从语段中心语 C 继承特征,既然 CP 能够承载话题/焦点,与其相关的 TP 区域即 TP 与 *v*P 之间的中间区域（the medial domain）也可以有话题/焦点④,如(22)所示。

(22)$[_{TP}$ DP T $[_{TopP}$ XP Top $[_{FocP}$ YP Foc $[_{vP}]]]]$

由于(19)中各例的内嵌 CP 是完整的语段,相关的话题/焦点特征在拼读之前已经得到赋值,从句宾语"那本小说"也就没有必要进行移位,从而解释(19b,c)与(19d)之间的对比。实际上,这也符合语段不可渗透性条件（phase impenetrability condition,PIC）的要求⑤,即 CP 语段中心语的语域 TP 内的所有成分不能参与下一个语段的运算。

不同于(19d),我们认为(20c)中的内嵌从句是有缺陷的 CP,不构成一个语段,CP 中心语的语域 TP 内的宾语可以移位成为主句中间区域的话题/焦点,无须遵守不可渗透性条件。既然(19)与(20)中的内嵌从句的结构都是 CP,而且都包含话题/焦点成分,按照分裂 CP 假说,完整 CP 与有缺陷 CP 的唯一区别在于 FinP 的取值,即完整 CP 是限定的,而有缺陷的 CP 是非限定的。

---

① Chomsky, N. Minimalist inquiries: the framework［A］. In Roger Martin, David Michels and Juan Uriagereka (eds.). *Step by Step: Essays on Minimalist Syntax in Honor of Howard Lasnik*［C］. Cambridge, MA: MIT Press, 2000.

② Chomsky, N. Derivation by phase［A］. In Michael Kenstowicz (ed.). *Ken Hale: A Life in Language*［C］. Cambridge, MA: MIT Press, 2001:1-50.

③ Hsu, Y.-Y. Two functional projections in the medial domain in Chinese［J］. *Concentric: Studies in Linguistics*, 2012, 38(1):93-136.

④ 位于中间区域的前置宾语是话题还是焦点仍有争议,可参见 Ernst & Wang (1995)、Paul (2002)。

⑤ PIC 可表述如下(Chomsky, 2001:14):在结构[ZP Z … [HP α [H YP]]]中,H 和 Z 都是语段的中心语;ZP 阶段的操作不能作用于 H 的语域(domain)即 Y,其操作范围仅限于 HP 的边缘即 H 与 α。

对于(19e)、(20d),我们认同顾钢(2001:79)①与 Hsu (2012:128)的观点,即位于句首的宾语"那本小说"不用通过移位推导而来,而是与例(23)相似。

(23) 那本小说ᵢ[张三说[李四读过(它ᵢ)了]]。

总的来说,(19)中的内嵌从句是限定从句,是完整的 CP 语段,内嵌宾语可以在从句内部移位但不能前置到主句,从而解释(19b,c)与(19d)的对比;但是,(20)中的从句是非限定从句,不构成 CP 语段,内嵌宾语不仅可以在从句内部移位也可以前置到主句,从而解释(19d)与(20c)的对比。

对于限定性与分句的语段属性之间的关联,在其他语言中也可以找到例证。McFadden & Sundaresan (2014:14)提出,冰岛语中长距离回指可以跨过(24a)中的虚拟从句而非(24b)中的陈述从句的原因是,Fin 通常构成语段边界,而(24a)中的虚拟从句完全没有一个 Fin 中心语或者 Fin 的特征有缺陷而不能标记语段。

(24) a.Jónᵢ heyr-ð-I [$_{CP}$ að ég hef-ð-I svikið sig$_{i/*j}$].

Jon hearIND. PST – 3SG that I have. SBJV – PST – 3SG betrayed. PTCP ANAPH

'Jonᵢheard [$_{CP}$ that I had betrayed him$_{i/*j}$].'

b. * Jónᵢ heyr-ð-I [$_{CP}$ að ég haf-ð-I svikið sigᵢ].

Jon hearIND.PST-3SG that I have.IND-PST-3SG betrayed.PTCP ANAPH

'Jonᵢheard [$_{CP}$ that I had betrayed him$_{i/*j}$].' (McFadden & Sundaresan, 2014:11)

总而言之,跨从句宾语移位限制可以证明汉语中存在限定与非限定之分,并且可以说明限定性问题与语段之间存在关联。

四 结论

汉语没有显性的时态和一致关系特征来系统地区分限定性与非限定性,由此引发了众多生成语法研究对汉语中是否存在该区分以及如何对其进行判定的讨论。限定性区分作为普遍语法的一部分,在不同的语言中具

---

① 顾钢.话题和焦点的句法分析[J].天津师范大学学报(社会科学版),2001,(1).

有不同的句法体现。基于形态的限定性判定标准并不适用于汉语,限定性的判定必须基于汉语本身的特点。本文重点讨论了比较有代表性的分析,采用语段理论分析宾语移位的限制,不仅证明了该区分的存在,还说明了限定性与语段之间存在的关联。

作者简介:孙晋文,博士,鲁东大学外国语学院英语系讲师,鲁东大学国家语委汉语辞书中心研究员。

英语新闻语篇的生态话语
分析——基于及物性系统理论

一 引言

生态语言学研究语言如何影响人类与其他有机体和物理环境之间有利于生命持续的关系①。生态话语分析(eco discourse analysis)作为生态语言学的主要研究方法,关注人类对待其他物种的态度和人类与生态环境之间的关系,是基于一定的生态哲学观,从语言学角度对话语/语篇进行生态取向的分析②,旨在从意识上唤醒、引导和改变人类对环境和自然的认识③。生态话语分析广义上包括对生态话语的分析和对话语的生态分析④,前者关注生态语篇的话语分析,后者从生态角度对各类话语进行分析。Alexander & Stibbe 等人[1]提倡话语的生态分析,因为话语的生态分析所涉及的文本类型更为广泛,研究者可以从生态的视角分析任何类型的话语,发现语言系统的生态因素和非生态因素,使研究更具有整体性、多元性和系统性。本文中生态话语分析取后者之意。

---

① Alexander, R.& A.Stibbe.From the analysis of ecological discourse to the ecological analysis of discourse [J].*Language Sciences*, 2014, 41:104-110.

② 何伟,魏榕.话语分析范式与生态话语分析的理论基础[J].当代修辞学, 2018, (5):66.

③ 辛志英,黄国文.系统功能语言学与生态话语分析[J].外语教学, 2013, (3):8.

④ 黄国文,赵蕊华.生态话语分析的缘起、目标与方法[J].现代外语, 2017, (5).

新闻报道引导着人们的价值判断和生活理念。国内已有不少学者借助系统功能语言学理论,利用生态话语分析模式对新闻语篇进行生态分析方面的研究。例如,黄国文和陈旸①对中美同一主题的网络报道从语篇的内容结构方面对人类对于动物的态度进行生态分析,杨阳②从评价视角以卫报新闻报道为语料从生态角度分析了西方主流媒体关于气候及环境的意识形态,袁颖③利用功能语言学的三大元功能对英国BBC关于中国雾霾的新闻标题进行生态视角分析。以上研究关注人类与非人类生命体、人类与气候环境之间的关系,相对忽视人类与生态场所要素的互动关系。

本文以生态场所观为指导,使用生态话语分析模式,从系统功能语言学的及物性系统角度对英国经济学人关于巴黎圣母院火灾的新闻报道进行分析,展示语言分析怎样帮助我们理解语篇所表达人类与生态场所关系的生态意义。本文的研究目的是解读话语生态意义的体现形式,为生态保护型话语的创作提供借鉴。

二 理论框架

2.1 生态场所观

Stibbe④建议把话语分为三类:(1)有益性话语(beneficialdiscourse);(2)破坏性话语(destructive discourse);(3)中性话语(ambivalent discourse)。有益性话语给人以和谐的、生态的精神,我们要赞美、提倡、鼓励。破坏性话语是指那些反自然的、反生态的话语,我们要批评、抵制。中性话语,有生态的、和谐的一面,也有反自然的、反生态的一面。对于三类不同话语类型的分析,起重要作用的是分析者的生态观⑤,不同的生态观对同一个事件或语

---

① 黄国文,陈旸.生态哲学与话语的生态分析[J].外国语文,2016,(6).

② 杨阳.系统功能视角下新闻报道的生态话语分析[J].北京第二外国语学院学报,2018,(1).

③ 袁颖.媒体报道的生态取向:BBC中国雾霾新闻标题的生态话语分析[J].北京科技大学学报(社会科学版),2018,(4):页码.

④ Stibbe, A. *Ecolinguistics*:*Language*,*Ecology and the Stories We Live By*[M]. London:Routledge, 2015:30.

⑤ 黄国文,赵蕊华.生态话语分析的缘起、目标与方法[J].现代外语,2017,(5).

篇的分析会得出不同结论。已有生态哲学观诸如资源丰饶主义、社会生态观等将人类置于生态系统之上，没有把人类与其他非人类生命体和物理环境置于一个和谐共同体之中①，原因在于人类没有正确认识自身所处的位置并对该场所进行良性认识。Scannell&Gifford② 将场所概括为物理性场所和社会性场所，人对场所持有情感、认知和意动三种类型的态度，这样就构建了一个包括场所和生命体在内的具有一定生态意识的场所观。何伟、张瑞杰[3]针对 Scannell 等对场所的划分以及其系统中对人外生命体的忽视，从生态角度形成了更详细全面的生态场所观。具体来说，生态场所观指"个体或群体对赖以生存的场所物理性特征、社会性特征及场所内人外生命体所产生的情感联结、认知体验和意动行为"[3]。该场所观揭示了人类与自然处于一个整体的生态系统，二者之间是合一关系，这种合一性体现在人类对自然的积极情感、同化认知、趋向意动三个方面，因而可以分为三种类型：当人们对场所持热爱、同化和趋向态度时，形成典型的生态保护型场所观；中立、零认知和重建态度共存形成典型的生态模糊型场所观；而憎恨、异化和远离态度共存形成典型的生态破坏性场所观[3]。作为意义传播媒介的语篇由此也相应分为三类：生态保护型语篇，该语篇的语言模式体现说话者或者作者的生态保护型场所观，能够促进生态保护行为，应予以支持和推广；生态破坏型语篇，其语言模式体现说话者或者作者生态破坏型场所观，应予以抵制；生态模糊型语篇语言模式，体现生态模糊型场所观，对其解读时应多关注正面态度，避免负面态度对生态意识形成造成影响。

2.2 及物性系统

及物性系统最初由 Halliday③ 提出，后经 Martin et al.④以及何伟等⑤的不

① 何伟，张瑞杰.生态话语分析模式构建[J].中国外语，2017，(5).

② Scannell, L.& R.Gifford.Defining place attachment：A tripartite organizing framework [J].*Journal of Environmental Psychology*, 2010, (1).

③ Halliday, M. A. K. *An Introduction to Functional Grammar* [M]. London：Arnold, 1985：159.

④ Martin, J.R., C.Matthiessen & C.Painter.*Deploying Functional Grammar* [M].Beijing：The Commercial Press, 2010：98.

⑤ 何伟等.英语功能语义分析[M].北京：外语教学与研究出版社，2017：57.

断发展,已比较完善。本文主要基于何伟等[3]描写的英语及物性系统,将经验活动通过小句过程类型、参与者和环境成分进行表征①。

语篇中小句的过程类型与说话者的视角密切相关,是说话者或作者选择的结果,及物性过程类型在数量上的差异反映了说话者/作者的有意识的、倾向性的选择。因此,对具体语篇进行及物性系统分析有助于探究语篇作者对事件的认识。参与者角色是小句过程的重要组成部分,主要包括“施事”“受事”“载体”“属性”以及“环境性参与者”等。参与者角色在生态话语中的表征方式对话语生态价值的体现具有重要的作用。何伟、张瑞杰②提到,从生态场所观视角,参与者角色可分为人和地方两个类别,人包括个人与群体;地方细分为人外生命体、场所物理性要素和社会性要素,其中,场所物理性要素指某特定场所的自然物理特征,如山川、河流、气候等,场所社会性特征包括某特定场所的人造环境,如住宅、建筑物、城市设施等。本文以及物性系统理论为基础,从生态场所观视角探析新闻语篇中蕴含的生态取向。

本文的语料是友邻优课讲解的英国经济学人对巴黎圣母院火灾的新闻报道。当地时间2019年4月15日下午巴黎圣母院突发火灾,4月16日的经济学人刊发了相关报道。新闻标题是“A terrible blaze devastates Notre Dame”,友邻优课对新闻进行了摘引以便适合讲解,摘引后的新闻包括两部分即导语和正文,共三个段落。

三　新闻报道的生态场所观之及物性表征分析

对该语料进行基于生态场所观的及物性分析,依据何伟、张瑞杰[5]的两步法:首先划分小句过程类型,然后结合参与者角色和其他评价性成分判断小句的生态取向。从整体上对新闻全文的过程类型进行统计,发现过程类型涉及动作、关系、行为、心理和交流共五类,其中关系过程出现最多(10次,占53%),其次是动作过程(5次,占26%),出现较少的是交流过程(2次,占

① 何伟,高然.新西兰媒体之中国“一带一路”倡议表征研究——以《新西兰先驱报》为例[J].中国外语,2018,(3).
② 何伟,张瑞杰.生态话语分析模式构建[J].中国外语,2017,(5).

11%),心理过程(1 次,占5%)和行为过程(1 次,占5%)。下面对新闻导语、正文两个部分进行详细分析。

3.1 导语部分

新闻导语主要功能是简明扼要地直接点明新闻的中心,使新闻受众知悉事件的发生及动态,因此该部分包含着新闻语篇中最重要的信息。第一段"导语"部分由四个小句组成,共 8 个过程类型,其中动作过程 3 个,关系过程和交流过程各 2 个,心理过程 1 个。

①They gathered on the bridges over the Seine to watch in disbelief.②Some Parisians were in tears; most watched in eerie silence.③The devastating fire that broke out in the wood-timbered roof of the gothic cathedral of Notre Dame in the early evening of April 15th rapidly spread before their eyes, consuming the central spire and defeating the efforts of fire-fighters to bring the flames under control. ④President Emmanuel Macron, spoke for many across France when he tweeted that he was witnessing "part of us burn."

动作过程主要是用于描述事件发生(happening)和表征动作行为(doing)的经验过程,由行为者或者施事、过程、受事及环境成分组成。第 1 句主要过程是动作过程"gather",次要过程是行为过程"watch"。"gather"形成的语义配置为" 施事-群体人类生命体+动作过程(gathered)+环境成分(地点)",描述了"他们"这个人类群体的动作,而行为过程"watch"形成的语义配置为 "隐形行为者—群体人类生命体+行为过程(watch)+环境成分(in disbelief),从语义上看,被观看的对象是存在的,但此处报道者没有表征出来,而是加上了环境成分,以便突出群体观望时的心理状态。第二句包含关系过程和行为过程。关系过程主要用来表示事物的特征和性状或者用于身份识别及认同。归属性关系过程描述角色参与者具有的特征,此处的语义配置"载体—群体人类生命体+关系过程(were)+属性(in tears)",描述群体人类生命体"他们"的特征状态,行为过程 watch 的语义配置是"行为者-群体人类生命体+行为过程(watch)+环境成分",再次省略了被观看的对象,取而代之的是伴随心理状态特征的 in eerie silence。第三句交代新闻事件的相关信息,是新闻报道的真正导语。该小句的主要过程是关系过程(spread),

语义配置是"载体–场所物理性要素(the fire)+关系过程(spread)+路径(before their eyes)",后面有两个并列的动作过程作为次要过程,详细交代事件的影响,"隐形施事–场所物理性特征+动作过程(consuming)+受事(the central spiral)+and+动作过程(defeating)+受事(the efforts of fire-fighters)",传达了报道者关于火势极具破坏力的观点。最后一句是两个交流过程speak和tweet,"speak"的语义配置为"交流方–个体人类生命体+交流过程+环境成分(for many across France)",tweet的语义配置为"交流方–个体人类生命体+交流过程+交流内容",以小句出现的交流内容是感官类心理过程,"感受者–个体人类生命体+心理过程(witness)+现象(part of us burn)"。感官类动词witness,以进行时出现,"强调的是一个心理过程正在开始"①,发话者通过时态向受众传达特定信息,或产生特定的影响②,在这里进行时的使用意味着感受者目睹了"我们生命中的一部分被焚烧"这一过程的发生经过,给读者受众带来心痛的体验。

上述导语部分从参与者角色分析,前两句是群体类人类生命体,第三句是场所物理性要素,第四句是个体人类生命体法国总统马克龙。参与者角色涉及群体人类生命体、场所物理元素、以及个人人类生命体的交替出现,第一二小句中报道者使用环境成分来体现群体参与者的难过与痛心,该感受在第四句由代表性的个体马克龙表达出来(he was witnessing"part of us burn.")明确了人类生命体对火灾带给巴黎圣母院损失的感受,大火烧的是巴黎圣母院,但也烧着人类生命体的一部分。把建筑物这一社会性场所视为人类生命体的一部分,传达了人类对建筑物的积极热爱、同化和趋向的态度,体现了人类与场所和谐共存的生态意义,因此导语部分属于生态保护性语篇。

3.2 正文部分

正文由两部分组成:火灾对建筑物的直接损失,以及该建筑物的历史意义。

---

① 胡壮麟,朱永生,张德禄,李战子.系统功能语言学概论(第3版)[M].北京:北京大学出版社,2017:74.
② 贾培培,张敬源.时态的功能研究[J].北京科技大学学报(社会科学版),2015(3).

⑤By midnight in Paris the worst <u>seemed to be over</u>.⑥The main stone structure <u>appeared to have been saved</u>, and the prompt action of hundreds of fire-fighters <u>had rescued</u> many works of art from the burning building.⑦But as well as the mediaeval roof and the later-built spire, the cathedral's 13th-century great stained-glass windows <u>are gone</u>, and the damage to the interior <u>will have been immense</u>.

首先,该部分的过程类型,出现了3个关系过程和2个动作过程,来报道事件具体情况即火灾及其造成的损失。第5-6句"seemed to be over"和"appeared to have been saved"为动词词组复合体,seem 和 appear 表明讲话人对陈述内容的把握性有保留①,从可能性角度说明第二个动词 be over 和 have been saved 两个主要过程表达信息的有效性。第 5 句的语义配置是"载体-场所物理性特征+关系过程(be over)"。第 6 句的语义配置是"受事-场所社会性特征+动作过程(save)+and+施事-人类生命体群体参与者+动作过程(rescue)+受事+环境成分",该小句中相同过程类型连续出现形成过程一致,但参与者角色涉及场所社会特征与人类生命体群体交替出现,地位平等,突出了人类与场所共存的意义。第 7 句两个并列的关系过程,语义配置是"载体-场所社会性特征+关系过程(are gone)+and+载体-场所社会性特征(部分)+关系过程(be immense)",表达了场所社会性特征的不再存在的特征,内部损失在将来的时间会保持"巨大"的持续状态。

从参与者角色与过程类型分析,火灾结束,建筑主要结构被抢救,报道者没有直接使用表示"损坏"或"破坏"类的过程动词,而是使用了"seemed to be over"以及"appeared to have been saved",一方面表明报道者的严谨和客观态度,另一方面反映了报道人对建筑物的怜惜和热爱之情,暗含了希望火灾损失最小化的心理倾向。针对必须面对的损失,语篇使用了"be gone"归属类关系过程,表征对过程载体的深深遗憾与难过,再次体现了报道者所持的生态场所观念即人类生命体与场所依附共存的和谐关系。

正文的最后一部分是巴黎圣母院的历史背景,该部分语篇共 3 个小句,出现了 1 个行为过程和 5 个关系过程,是整篇报道中关系过程占比最多的

---

① 黄国文.英语动词词组复合体的功能语法分析[J].现代外语,2000(3).

部分。

⑧The 850-year-old edifice had survived war, revolution and Nazi occupation, an emblem of resistance in the face of a constantly disrupted history. ⑨It was the site of Napoleon's coronation in 1804 and the inspiration for literary works, most famously Victor Hugo's "The Hunchback of Notre Dame", and one of the city's most iconic landmarks, visited by 13m tourists each year. ⑩Notre Dame was at once a living place of worship for the French Catholic church and the property of the French secular state: a symbol in itself of the country's history and its present, in all its glorious contradictions.

第 8 句是行为过程,语义配置是"行为者-场所社会性特征+行为过程(survive)+范围",该小句中参与者角色是巴黎圣母院,但是报道者使用了"edifice"一词,过程动词 survive 后面的范围表明这座有着 850 年历史的建筑物历经战争、法国大革命及纳粹敌军的占领而幸存下来,这其中不可或缺的是法国人民对它的舍命保护和关爱,暗含着法国人民和它生死与共,法国人民已视之为自己生命体的一部分,因此,此小句再次体现了写作者对巴黎圣母院这个场所社会性特征的热爱情感、同化认知和趋向意动态度,显然这里报道者持有的是典型的生态保护型场所观。第 9 小句使用了三个关系过程,从语义配置上看,两个是识别性关系过程,语义配置是"标记-场所社会性特征+关系过程(be)+价值",揭示了该建筑在历史上的价值是"拿破仑加冕的地方"、现在的价值是"巴黎城市最具标记性特征的建造之一";归属性关系过程的语义配置是"载体-隐形场所社会性特征+隐形关系过程(be)+属性(the inspiration for literary works)",向受众传达了巴黎圣母院这一社会性场所在人类生命体社会的文化意识形态中的意义和重要性。第 10 小句是归属性关系过程,由 and 连接两个并列属性,表征载体具有的其他特征体,即"宗教和世俗民族的精神支柱"。总起来看,该部分的三个小句,无论行为过程还是关系过程,其参与者角色都是场所社会性参与者巴黎圣母院,从行为的范围、价值以及属性方面帮助受众认识到建筑物在历史和现实、在宗教和世俗民众中的重要性,以及它的物质和精神意义,从而唤起受众对场所遭受火灾之后重大损失的深度感受和情感体验,因此再次读出报道者所持的生态保护性场所观。

四　结语

生态话语分析关注语言表征生态和环境问题时所建构的生态意识和生态观念,特别是人类对待其他物种的态度和人类与生态环境之间的关系。本文以系统功能语言学及物性系统为基础,从生态场所观出发,对建筑物火灾新闻报道语篇的主要过程的生态意义进行分析。从过程类型看,描述或识别客体属性的关系过程最多,说明报道者关注巴黎圣母院的社会属性以及其对人类生命体和社会的深远影响和意义,视之为与人类生命体依附共存的存在物;从小句参与者角色看,该篇新闻报道以非人类生命体作为出发点的主要表征形式与新闻报道的生态属性相关,同时该语篇的小句参与者,有非人类生命体的场所,更有群体与个体人类生命体,这种组织赋予了人类和场所依附共存的意义,凸显生态意义的有效手段。让受众从人类的感受出发,如身临其境感受自然环境中的"他者"——非人类生命体的场所遭受损坏时的心理感受,促使受众把"他者"看作是与人类相互依赖、交互共生、和谐统一的一体,体现了报道者对场所持有热爱、同化和趋向的态度,三者共存形成了典型的生态保护型场所观,因此,该语篇体现了生态保护型场所观,传达了积极的生态意义,是促进生态保护行为,其语言模式应予以支持和推广。

作者简介:刘永芳,硕士,鲁东大学外国语学院大学外语教学部副教授、硕士生导师,鲁东大学国家语委汉语辞书中心研究员。

解读本·琼生喜剧《个性互异》之癖性

一　引言

　　本·琼生(Benjamin Jonson,1572-1637),以 Ben Jonson 之名在英语中为人所知。但是几百年来,这位英国文艺复兴时期的了不起的剧作家一直遭受读者的冷待。因为一旦论及英国文艺复兴时期的戏剧,人们的思想框架中首当其冲的必定是莎士比亚,莎士比亚成了文艺复兴时期英国戏剧的代言人,但实际上莎士比亚生活的那个时期,他的声望远没有琼生高。早在1616 年,琼生就被冠以"桂冠诗人"的称号,英国第一位桂冠诗人。同时早在这之前他就获得了"戏剧家""假面剧作家"和"学者"等称号①。

　　迄今为止,对于本·琼生的研究在国内外很少。吴美群（2016）研究了琼生的古典主义②,吴美群（2018）又对琼生城市戏剧中的性别权力进行了研究③,郭晖(2012)对琼生的诗作进行了分析④,尹歆吟(2012)对琼生戏剧作品中的现实主义倾向进行了分析⑤,等。还没有学者对琼生的癖性戏剧中的癖性进行研究。

---

　　① 　卢桂荣.本·琼生——其人其作[J].哈尔滨学院学报(教育),2002(12).
　　② 　吴美群.传承与超越——论本·琼生《森林集》中的古典主义[J].外语学刊,2016(2).
　　③ 　吴美群."颠覆"与"含纳"——本·琼生城市喜剧中的性别权力[J].戏剧,2018(1).
　　④ 　郭晖.本·琼生的诗及 17 世纪对其作品的批评[J].哈尔滨学院学报,2012(1).
　　⑤ 　尹歆吟.本·琼生喜剧作品中的现实主义倾向[J].云南社会主义学院学报,2012(3).

二 癖性戏剧《个性互异》

1603 年至 1800 年,英国的政治、经济和社会不断进行着翻天覆地的变化,戏剧也随之彻底改观。大约从 17 世纪晚期,资本主义在英国崭露头角,中产阶级应运而生,商人风生水起,成为当时社会的主导,同时也构成了戏剧观众的主体。不断涌现的新编剧本由于其更多反映中产阶级的价值,倍受欢迎。这一阶段是喜剧风行时期,本·琼生的喜剧作品正迎合了当时的社会需求。本·琼生是属于英国两个朝代的剧作家和大诗人,虽然他保留有都铎王朝的气质和观念,他大部分的创作还是属于斯图亚特王朝。琼生在这个阶段喜剧创作中的作用是不可估量的。在长达 40 年的创作生涯中,琼生创作出大量的剧本。他同时为公共剧场与私人剧场写剧本,也同样写假面喜剧的剧本。琼生较有价值的、使其名载史册的作品主要是 1605 到 1614 年间创作的喜剧。其中"1606 年初上演的《狐狸》(*Volpone or The Fox*)是琼生创作的最出色的讽刺喜剧,也标志着他的戏剧艺术进入成熟期"①。《狐狸》、《炼金术士》(*The Alchemist*,1610)等讽刺喜剧揭露了当时社会人们追逐金钱的风气,具有很强的喜剧性;《安静的女人》(*Epicoene or The Silent Woman*,1609)、《巴托罗谬市集》(*Bartholomew Fair*,1614)、《新闻批发栈》(*The Staple of News*,1626)等也都是琼生出色的作品。继《狐狸》之后的这几个作品在情节上与《狐狸》有许多相近的地方,都有同伏尔蓬涅一样狡猾的狐狸,也有像科尔巴林、科维诺那种受骗的乌鸦,都具有喜剧作品的特点。这些剧本在某种程度上也展示了琼生在古典文学方面的才华。《狐狸》通常被人们看作是琼生的代表作,但是值得一提的是,在此之前,1598 年《个性互异》(*Every Man in His Humour*)的上演使琼生一夜成名,《个性互异》的创作是琼生将现代戏剧推向讽刺喜剧的努力尝试。

琼生一生作品严格遵循古罗马创作范例,悲剧、喜剧有着严格的区分。他生平总共创作出 2 部悲剧、18 部喜剧,喜剧作品较为成功。1598 年,《个性互异》的上演使琼生一夜成名,也使"癖性喜剧"(the comedy of humours)风靡一时。"癖性"始源于中世纪,其英文 humour 来源于拉丁语,本义是与

---

① 何其莘.英国戏剧史[M].南京:译林出版社,1999:134.

人身体相关的,指"体液"。希波克拉底认为,人的体液包含血液、黏液、黄胆汁、黑胆汁等,其组成的比例不同,便形成了人们不同的气质和癖性。援引于此,琼生曾对癖性喜剧中的"癖性"做如下的解释:一旦某个人被某种特性所控制,致使他的情感、精神和力量都被导向某个特定的方向,那么这种特性就可以被称之为癖性。癖性喜剧旨在讥讽和挖苦那些具有多虑、妒忌、贪婪等特性的人。"《个性互异》的姊妹篇《人人扫兴》(*Every Man Out of His Humour*, 1599)则是一个很不成功的尝试"①。《人人扫兴》这一剧本实际上和琼生接下来写的《辛西娅的狂欢》(*Cynthia's Revels*)相关,所以我们可以把《个性互异》作为一个单独的喜剧剧本来看。

    1598年,英国王室的宫内大臣(Lord Chamberlain)剧团在Curtain剧院将本·琼生的成名作《个性互异》搬上舞台。演员包括琼生那个时代最著名的喜剧演员威尔·肯普(Will Kempe),还有理查德·伯比奇(Richard Burbage),他是个兼有喜剧悲剧天分的天才演员。莎士比亚也在此剧中扮演了角色。琼生的写作风格深受罗马戏剧"三一律"经典结构的影响,强调时间、地点和行为的统一。《个性互异》中,琼生正是在遵循时间、地点、行为统一的基础上阐释现代生活方式。《个性互异》表现的是十二小时之内所发生的事情,在这十二小时左右的时间里,事件接连不断。戏剧开始于伦敦的某个郊区,剧中人老爱德华生性爱焦虑,偷看了别人邀请他儿子小爱德华到一家酒馆聚会的来信后,让仆人布伦沃姆将信交给儿子,并嘱咐布伦沃姆不要透漏自己偷看信件的事。然而布伦沃姆却告诉了小爱德华。由于担心儿子会跟人学坏,不知情的老爱德华决定尾随其后看个究竟。这一点布伦沃姆也告之小爱德华。小爱德华一心只想着城里的快乐潇洒,根本没将此事放在心上。与此同时,城里有个商人名叫凯特利,像老爱德华一样多虑不安,时刻担心自己年轻的妻子会"红杏出墙"。接下来的故事中,在布伦沃姆的"好心安排"下,一系列可笑滑稽的误会接二连三发生,甚至闹到了不可开交的地步,不得不请法官裁决。结果真相大白:凯特利的妻子没有背叛,小爱德华爱上了凯特利的妹妹。与英国当时上演的戏剧不同的是,《个性互异》表现的既不是热情也不是诽谤,而是愚蠢,剧中人物都或多或少受某种愚蠢

① 何其莘.英国戏剧史[M].南京:译林出版社,1999:134.

"癖性"的支配,人性扭曲,成为被嘲讽的对象。这种"癖性"构成了琼生当时最主要的戏剧中的基本要素。

《个性互异》的戏剧背景最初设在意大利,剧中大部分的角色都是采用意大利的名字命名;为了反映当时英国的现实社会,大约到了1612年,琼生重写了剧本,将意大利的场景改为伦敦的场景,意大利的名字改为英文名称。同时,也压缩了剧本。1616年,琼生重新编排,将他的剧本、宫廷假面剧和诗歌收集到一起,体面地印刷出版,并冠之以"琼生文集(*Works*)"。同年,琼生被誉为"桂冠诗人",同时得到一笔数目可观的奖金。《个性互异》修改后,琼生将其收编于1616年的"琼生文集"之中,表明他自身对这一剧本的重视,突出了这一剧本的重要性。《个性互异》奠定了琼生作为剧作家的身份。

三 《个性互异》蕴含的"癖性"——"愚蠢"

3.1 开场白中的"愚蠢"

和文艺复兴时期的其他英京剧作家相比,琼生的一大特点就是比较重视戏剧理论。他在讨论戏剧创作时常常能够提到一个理论的高度,这里所说的理论也就是指剧本中所蕴含的"癖性"。在体现这一点上琼生最好的"论坛"就是他为自己的喜剧所写的开场白。其中《个性互异》的"开场白"可以算得上最著名的了。虽然琼生在1616年前可能对这篇开场白做过文字上的修改,但我们现在仍能看出,当时年仅二十六岁的剧作家一方面想通过这篇开场白表达他"标新立异"的决心,另一方面也是准备为自己今后的创作立下一些原则。在这篇"开场白"的一开头,琼生就表明他作为一个诗人和剧作家希望得到观众的认可和赞许,但是他决不会因此而牺牲艺术的完整性,更不会屈从"当代的一些恶习"。接着,琼生就用暗喻的方法攻击了在他之前的一些剧作家,指责他们让一个褓褓婴儿瞬间变成老态龙钟的老人,跨越六十年的时间。或者凭借三把锈剑和音步不全的诗句来描述约克和兰开斯特王朝的争端。在这短短的几句诗中,琼生嘲弄了黎里的《恩底弥翁》和莎士比亚的《亨利六世》,因为在他看来他们都违背了古典戏剧原则"三一律"中的时间的一致性。琼生在这几行里又点出了莎士比亚的历史剧《亨利五世》的开场白和格林的《阿拉贡国王阿尔方索斯》,指责他们故弄玄虚以取悦观众。他希望他自己的剧本能够成为当今英国戏剧的范例,因为在他的剧本里没有开场白的致辞者带着你飞跃海峡,也没有摇摇欲坠的王位来博得孩子的欢心,不用巧妙的讽刺小品来吓唬贵妇人,也不用炮声和鼓声来模拟雷电风暴。有的只是常人的一言一行、一举一动,而且他的喜剧中通常描写的人物,也仅是用以展现时代的缩影,鞭挞人的愚蠢愚昧,不涉及罪恶。

在开场白中,琼生表达出他在这一剧本中所反映的主题,那就是"…要突出反映形形色色的人当中所体现的'愚蠢'这一主题,而不是罪行"①,也正是这一癖性喜剧中的癖性的体现。尽管在《个性互异》中事件频频,行为却是统一的。其中的一个行为就是制造"具有人类愚蠢行为的人"②,所有的事件都是围绕着这一目的进行的。每个事件都是表明愚者的愚蠢或是智者的洞察力,或是二者同时都有。尽管剧本的行为动作部分只有一篇,但细节描述很详细,所以主题既是单一的又是多方面的。愚者缺少自我认知能力,因此不会感知世界的本性,也不会积极参与人类社会;而智者了解自己因此也了解周围的世界,这使他们能够感知并坚持有利的社会价值。在这一剧本的开场白中细致地表现了这一主题。琼生认为如果不及时消除制止人类的愚蠢行为,它们可能会演变成罪行。剧中,琼生将这些愚蠢行为称之为"普遍愚蠢行为"③,他指出好多人身上都带有这种愚蠢行为,这些行为对整个社会是有害的。琼生表达出创作这一剧本的目的是希望读者能够意识到这一点,摒弃这些愚蠢的行为,创造和谐统一的人类社会。

3.2 角色的"愚蠢"

在《个性互异》开场白中可以看出,琼生非常注意喜剧剧本中角色的适宜性。有意将自己限定在具有喜剧氛围的角色中。琼生的喜剧原型来自希腊新喜剧,这一戏剧形式通过罗马共和国流传到当时的文艺复兴时代。受

---

① Jonson, B.*Every Man in His Humour* (Pro 1).[M].Robert N.Watson, New Mermaids edition, 1998:24.

② Jonson, B.*Every Man in His Humour* (Pro 1).[M].Robert N.Watson, New Mermaids edition, 1998:24.

③ Jonson, B.*Every Man in His Humour* (Pro 1).[M].Robert N.Watson, New Mermaids edition, 1998:26.

雅典民主思想的鼓舞,这一喜剧中的角色主要来自中层和下层社会。与乡绅和市民这些罗马传统喜剧中的原型相呼应,琼生在《个性互异》中增加了第三类人——商人,他们是属于伊丽莎白时代的英国中新兴的中产阶级市民。而在罗马喜剧中包含的奴隶这一角色,琼生代之以仆人、家仆。尽管受正派喜剧这一考虑的限制,《个性互异》中角色的数量和范围却足以"涵盖当时整个时代的影像"①,尤其是琼生将他们放置在强调社会关系的现实背景下,意义更为深远。

围绕"愚蠢"这一主题,琼生在角色的描写方面充满了智慧。在他的笔下,即使是下层社会中这些最不重要的角色在突出主题方面也达到了极致。卡什(Cash),是凯特利(Kitely)认为"可以信任终生"的仆人,然而他却因为情妇离开了他主人凯特利家;佛玛尔(Formal),呆板拘谨,跟他那个喜欢玩乐的主人克莱门特(Clement)在一起,绝对是克莱门特的完美陪衬,但是佛玛尔喜好喝酒,这一点大大损害了他拘谨礼貌的形象。科布(Cob)和蒂布(Tib)是一对典型的喜欢吵架却又互相关爱的中世纪戏剧中的农民夫妇,在剧中扮演着滑稽的角色。剧中小角色还有布伦沃姆(Brainworm),他有着极其复杂的祖先,其中包括罗马喜剧中狡猾的奴隶、中期和早期文艺复兴戏剧中罪恶的角色和伊丽莎白时代文学作品中的小偷。布伦沃姆这个角色在这里是一种喜剧的延伸,为琼生后来的作品《狐狸》中的莫斯卡(Mosca)和《练金术士》中的斐斯(Face)做了铺垫。

大致说来,《个性互异》中体现愚蠢的角色可以分为两类:一类是那些一直愚蠢的,另一类是那些一度愚蠢的。剧中有三个容易受骗的人,他们属于第一类一直愚蠢的,分别是鲍布迪尔(Bobadil)、马修(Matthew)和斯蒂芬(Stephen)。他们都冒充不是他们本身的那个角色,而且都相当麻木,感觉不到他们自己本身的现实——那就是他们三个都不可能成为有理性的人。鲍布迪尔冒充自己是上流阶层的绅士和勇猛的军人,可能他也确实在一两个战役中战斗过,但是假装自己是军官和战术家确实是很荒谬。马修是鱼贩子的儿子,他却冒充自己是绅士、诗人。他声称的自己创作的那些诗句实际

---

① Jonson, B.*Every Man in His Humour* (Pro 1).[M].Robert N.Watson, New Mermaids edition, 1998:23.

上是盗用或篡改别人的。马修经常假装忧郁,因为他觉得忧郁能够使人们形成完美的智慧。斯蒂芬是个非常愚笨的年轻人,是地地道道的乡巴佬,剧中他是要到城镇去学习当下流行的绅士们的举止仪态。像马修一样,斯蒂芬也学会了忧郁;从鲍布迪尔那里斯蒂芬学会了咒骂、吸烟。他们三个都是很容易控制的傻瓜。正如克莱门特所理解的:他们三个都脱离不了他们本身的愚蠢,所以应该将他们流放。将鲍布迪尔和马修圈定在庭院里,让斯蒂芬跟干粗活的家仆一起在厨房吃。奥尔德·诺威尔(Old Knowell),凯特利(Kitely)和女爵士凯特利(Dame Kitely)是属于那些一度愚蠢的,也就是说他们只有部分时间是这样愚蠢。女爵士凯特利很敏感,却很容易上当受骗。威尔布莱德(Wellbred)曾告诉她凯特利是好色之徒,然而有段时间她还是无缘无故地跟了凯特利。奥尔德·诺威尔有时有些自满也有些自负,但他却是个具有良好动机的慈爱的父亲。他知道爱德华是个孝顺的孩子,但他自己却担心如果他儿子只学习诗词,会导致知道现实的世界太少,会走上歧途。奥尔德·诺威尔没有真正欣赏到诗词的价值,还对自己的儿子缺乏信心,这是他失败之处。像奥尔德·诺威尔一样,凯特利有很好的判断力,但是举止却很愚蠢。在突出描述这些角色的性格特点的过程中,琼生不局限于直接描述或自我分析,而是借助于环境来刺激剧中角色的行为,这样人物的弱点就自然地暴露出来了。有时候有些小缺点在剧中也通过不止一个角色凸显出来。

　　总体上来看,《个性互异》目的明确,琼生在剧本的开场白中开篇提倡喜剧要真实展现时代的风貌,但同时指出它所展现的、所讥讽的仅是人的愚昧愚蠢,而并非罪行①。另一方面,《个性互异》中出现的受骗的老爹、好玩的儿子、多事的家仆、疑心的丈夫等很显然是套用了古罗马喜剧的思路与技巧。不同的是,为了达到嘲讽英国当时时代的目的,体现出当时人们的愚昧,琼生后来将剧本背景转移到了16世纪的伦敦,如剧本中的桥梁、街道等名称都能体现出故事发生的地点。剧中许多人物的名字也都有明显的标识,我们从名字就能看出角色本身的一些特点。如老父与儿子的姓是 Knowell(善

---

　　① Baum, H.W. *The Satiric and Didactic in Ben Jonson Comedies* [M]. Chapel&London: The University of North Carolina Press, 1947.

知),老仆名为 Brainworm(脑虫),还有 Bobadil(吹牛大王,说大话的人)等。因此,整体剧情始终在轻松愉快的气氛中进行,通过各个角色凸显出"愚蠢"这一癖性。

四 结束语

《个性互异》是琼生相当成功的一部癖性喜剧。在《个性互异》中,琼生向世人揭示人性之愚蠢的同时,展示了他能够采用罗马喜剧来完成新的任务。琼生认为喜剧就是应该通过对错误的行为方式的嘲笑和谴责来教育观众。在这个剧本中,琼生综合了戏剧古典的和原有的传统,具体阐述了将以前的尝试加到当代舞台中的可行性。他揭示了人类性格的复杂性,捕捉到了在伊丽莎白时代高速发展的喜剧现实中城市生活中的各种刺激。最重要的是,这个戏剧中所隐含的丰富的喜剧精神和严肃的社会目的能够互相补充、互相提升。作为癖性喜剧,《个性互异》对人类愚蠢的态度是严肃的,同时又是隐晦的复杂的,严肃之中蕴藏着温和。它意识到了当时英国社会之下,伪装以及麻木不仁的危害,但它又支持这个城市的娱乐活动。这种道德的严肃性和戏剧的娱乐性的平衡也是《个性互异》区别于琼生后来的作品的一个重要特点,也体现了琼生喜剧创作的特点。

作者简介:肖萌,博士,鲁东大学外国语学院英语系副教授,鲁东大学国家语委汉语辞书中心研究员。

从汉语【N1+指示词+N2】构造看
汉日指示词的功能差异^①

一 提出问题

汉语【N1+指示词+N2】结构对应日语的【N1+という+N2】【N1+の+N2】两种构造,都没有使用指示词。针对此种不对应现象,本文聚焦【N1+指示词+N2】构造中的指示代词,以 N1 的功能为中心,分析汉日指示词的不对应原因。汉语【N1+指示词+N2】结构是【前项名词+指示词+后项名词】的形式,可以分为以下Ⅰ、Ⅱ两种。两者差异在于,前项名词和后项名词是否只是同一事物。

Ⅰ N1 和「指示詞+N2」指同一事物

(1)［张华］［这个人］(直译:張華この人)

(2)［北京］［那个地方］(直译:北京そのところ)

Ⅱ N1 和「指示詞+N2」各指不同事物

(3)［妈妈］［这件毛衣］(直译:母のこのセーター)

(4)［他］［那本书］(直译:彼のあの本)

(1)"张华+这个+人"(2)"北京+那个+地方"(3)"妈妈+这件+毛衣"

---

① ［基金项目］2016 年鲁东大学引进人才科研项目"日语指示词习得过程的调查"(WY2016024)。

(4)"他+那本+书"属于【N1+指示词+N2】构造。(1)(2)N1"张华""北京"和【指示词+N2】中的"这个人""这个地方"指示同一事物。即,(1)N1"张华"和 N2"这个人"同是指示"张华",(2)N1"北京"和 N2"那个地方"同是指示"北京"。但是,(3)(4)N1"他"和【N2+指示词】并没指示同一事物。(3)(4)N1"妈妈""他"和 N2"这件毛衣""那本书"各指示不同的事物。

对于(3)(4),木村(1983a)从【指示】和【方位】二个词在语法范畴和意义相似性方面出发论述了其特点和意义[①]。(1)(2)和(3)(4)从表面上来看,都是用指示词来表示前后两项名词的一种结构,但是这种结构在语法上究竟有什么意义呢?关于指示词的作用和其在该结构上的关系问题并没有展开详细的论述。本文将以【N1+指示词+N2】结构中指示词功能为焦点,对其具体的用法进行阐述。为了阐述简捷,下文统一将例句(1)(2)的结构称为【同格结构】,例句(3)(4)的结构成为【所属结构】。

二 【N1+指示词+N2】的同格结构

(1)"张华这个人"(2)"北京那个地方"所代表的【N1+指示词+N2】同格结构中,【指示词+N2】与前项名词的 N1 是同格关系。所谓的同格(Apposition)就是指表现形式不同的两个语言单位属于同等的语言结构,拥有同样功能的语法结构。两个语言单位的同格关系是指在句子中两者都是主语或两者都是宾语。例如(5)"张华这个人"、(6)"张华那个人"中 N1("张华")和【指示词+N2】("这个人""那个人")的语法位置相同属于同结位构。即,(5)"张华这个人"中的"张华"和"这个人"都是主语,(6)"张华这那人"中的"张华"和"那个人"都是宾语。

(5)[张华][这个人]非常小气。

(張華という人はとてもケチだ。)

(6)我恨死[张华][那个人]了。

(私は張華をとても恨んでいる。)

此外,在同格结构中即使把两个中的任何一个语言单位去掉,句子的结构都不会受到影响,句子仍然成立,意思也基本没有改变。例如(7)(7')

---

① 木村英樹.『こんな』と『この』の文脈照応について[N].日本語学.1983-2-11.

(8)(8')中,"这个人"和"那个人"的指示对象是在听话人和说话人都知道的情况下,即使去掉 N1 或者【指示词+N2】句子已然成立。

(7)[张华]非常小气。

(張華はとてもケチだ。)

(7')[这个人]非常小气。

(この人はとてもケチだ。)

(8)我恨死[张华]了。

(私は張華をとても恨んでいる。)

(8')我恨死[那个人]了。

(私はあの人をとても恨んでいる。)

既然如此,原本只用(9)"张华"(10)"钱"(11)"北京"(12)"9月3日"就足够了,但是为什么有必要再加上【指示词+N2】的同格结构呢? 加上【指示词+N2】的结构后,会产生怎样的语境变化呢?

(9)[张华][这人]非常小气。

(張華はとてもケチだ。)

(10)[钱][这东西]让人又爱有恨。

(お金は人に愛しさと同時に憎しみを感じさせてしまう。)

(11)[北京][那地方]人很多。

(北京は人がとても多い。)

(12)[9月3日][这天]让人毕生难忘。

(9月3日を私は一生忘れられない。)

(9)—(12)中,无论是否有【指示词+N2】都表现出了对"张华"这个人的"小气"、对"钱"的"又爱又恨","北京"这个地方"人很多","9月3日"这一天"一生难忘"等特性。两者对比来看,【N1+指示词+N2】结构侧重于说话人表达对 N1 带有感情色彩的评价,然而在不加【指示词+N2】的情况下,只是客观的阐述了 N1(9)"张华"、(10)"钱"、(11)"北京"、(12)"9月3日"的特征。因此,如果谓语部分表述的是客观内容("在北京出生""要靠自己的努力赚")时,例句(13)(15)表达很自然,【N1+指示词+N2】同格结构的例句(14)(16)却不自然。

（13）张华在北京出生。

（張華は北京で生まれた。）

（14）? 张华这人在北京出生。

（張華という人は北京で生まれた。）

（15）钱要靠自己的努力赚。

（お金は自分の努力で稼ぐ。）

（16）? 钱这东西要靠自己的努力赚。

（お金というものは自分の努力で稼ぐ。）

由此，可以推测出【N1+指示词+N2】结构是表达主观评价的结构。产生这种主观感情色彩的原因在于 N1 和【指示词+N2】在语法上处于相同的位置。并且，这种语法结构能够成立的原因在于连接两者的指示词。指示词对于 N2 的用法显然是限定用法，接下来我们看一下它是怎样与 N1 属性的叙述相连的。

（17）［张华］［这人］非常小气。

（張華という人はとてもケチだ。）

例句（17）直观地看出说话人指示的是什么（"张华"），同时对此做出了评价。例如：

说话人对"张华"的印象：

A 每天走 1 个小时的路回家。（毎日一時間歩いて帰宅している）

B 从不请客。（人におごったりしない）

C 从不给人彩礼。（誰にも礼金をあげない）…

也就是说，说话人对于"张华"的具体事情："每天走一个小时回家、从不请客、从不给人彩礼"等信息有所掌握，并以此为依据，对"张华"这个人做出"小气"的评价。但是，这些信息在文章没有出现，只存在说话人的头脑中。在这种情况下，指示词指示的说话人头脑中关于"张华"的信息，谓语部分的属性（评价）正是由这些信息归结出来的。具体如图（1）所示，在例句（17）中所体现的"张华"的属性并不是"张华"具备的所有属性，仅为说话人对"张华"的认知，是主观评价。因此，这种同格结构所表达出的属性，与"张华非常小气"所表现出来的属性有着很大的区别。这正是"张华这个人非常小气"和"张华非常小气"这两个句子所表达的主观评价和客观评价的差异。

说话人掌握信息

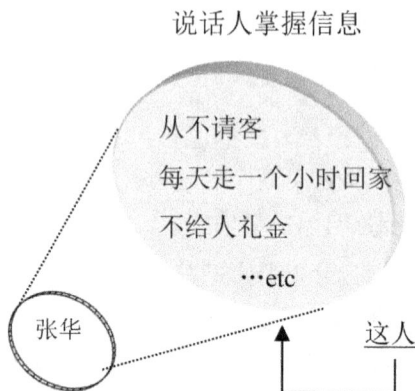

图(1)

在例句(18)中,说话人对于"钱",持有"没有不行,有太多也不行""为了它很多人去犯罪""有了很多问题都不再是问题"等认识和"让人又爱又恨"的感情。例句(19)中,依据"第一次见到爸爸""是给我太多的感动""一家团圆"等事情,对"9月3日"做出了"让我毕生难忘"的评价。例句(20)依据"冬天去过北京""有零下10度""要穿棉袄"等信息,对"北京"做出了"太冷了"的评价。这只是说话人表达的主观评价,并不是大家普遍的认识。

(18)[钱][这东西]让人又爱有恨。

(お金は人に愛しさと同時に憎しみを感じさせてしまう。)

说话人对"钱"的认知:

A 呀,没有不行,太多也不行。(なくてはならないが、多すぎてもよくない)

B 为了它很多人去犯罪。(たくさんの人に罪を犯させている)

C 有了很多问题都不再是问题。(たくさんの問題が解決できる)…

(19)[9月3日][这个日子]让我毕生难忘。

(9月3日という日を私は一生忘れられない。)

说话人对"爸爸"的认知:

A 我第一次看到爸爸(初めて父と会った)

B 是给我太多感动的(たくさんの感動が与えられた)

C 一家团圆(一家団欒した)…

(20)[北京][那个地方]太冷了。

(北京というところはとても寒い。)

说话人对"北京"的认知:

A 冬天去过北京(冬北京に行ったことがある)

B 有零下 10 度(零下 10 度ある)

C 要穿棉袄(綿いれの上着を着なければならない)…

这种情况下的指示词并不是仅仅指示"钱""9 月 3 日""北京"这种事物,而是指示说话人头脑印象当中与"钱""北京""9 月 3 日"的相关信息。并且,这些事情并不会在文中出现,只存在说话人的头脑中,并与在谓语部分归纳的说话人的主观评价相关联。

三 【N1+指示词+N2】的所属结构

在例句(3)"妈妈这件毛衣"和例句(4)"他那书"代表的【N1+指示词+N2】的结构中,【指示词+N2】和前项名词 N1 分别指示不同的事物。为与同格结构【N1+指示词+N2】区别,称之为【N1+指示词+N2】的所属结构。如例句(21)"他那书"中,"他"是"书"的归属人,例句(22)"北大那食堂"中,"北大"是"食堂"的归属地,例句(23)中,"前天"是"警察"的归属时间,即 N1 为所属方。

(21)[他][那书]很一般。

(彼のあの本は普通だ。)

(22)[北大][那个食堂]太便宜了。

(北京大学のあの食堂はとても安い。)

(23)[前天][那位警察]挺英俊的。

(一昨日のあの警察官はハンサムだ。)

例句(21)—(23),为了连接两个名词之间的所属关系,必须要添加连接名词结构的助词"的"。【N1+指示词+N2】的所属结构中 N1 和 N2 如果仅是所属关系,指示词与"的"相同只是连接两者的话,例句(21)—(23)和例句

(24)—(26)应该是相同的意思。

(24)他的书很一般。

(彼の本は普通だ。)

(25)北大的食堂太便宜了。

(北京大学の食堂はとても安い。)

(26)前天的警察挺英俊的。

(一昨日の警察官はハンサムだ。)

例句(24)"他的书"中"他"和"书",(25)"北大的食堂"中"北大"和"食堂",(26)"前天的警察"中"前天"和"警察"都具有所属意义,并且N1全是修饰成分,N2是中心成分。两组比较来看,例句(21)—(24)的所属结构【N1+指示词+N2】中"他"和"书"、"北大"和"食堂"、"前天"和"警察"可以感觉到更为紧密地结合在一起。可以说,N1"他"、"北大""前天"并不仅是N2"书""食堂""警察"的修饰成分。进一步而言,可以感受到说话人从直观角度出发对N2进行评价主观性地增添了感情色彩。即,N2的某种具体的印象浮现在说话人的头脑中,好像是用手指在指着一样。指示的是"书"的内容、"食堂"的价格、"警察"的脸等,因此在此结构中使用了指示词。

并且,两组谓语部分也存在差异。如下文中使用"的"的例句(27)(29)正确,而【N1+指示词+N2】的所属结构时(28)(30)不正确。

(27)我的爸爸上个周去日本出差了。

(28)＊我那爸爸上个周去日本出差了。

(私の父は先週日本に出張した。)

(29)我的脚长了一个大大的瘤子。

(30)＊我那脚长了一个大大的瘤子。

(私の脚には大きい瘤がある。)

例句(28)完全不正确,(30)中无论是否知道指示词是指示哪一只脚,都不正确。这是因为谓语部分并不是表示其属性的句子,是阐述"上个周去日本出差了""长了一个大大的瘤子"的客观事实,说话人并不是对N2"爸爸""脚"做出的评价。总而言之,【N1+指示词+N2】的所属结构是说话人对N2做出主观性评价的一种结构,指示词和"的"的内在功能根本不同。接下来,

将对指示词是如何连接 N1 和 N2,N1 和 N2 在句子中起着怎样的具体作用
的问题进行分析。

(31)[他][那书]很一般。

(彼の本は普通だ。)

说话人对于"书"持有的情报:

A 去年写的(去年書いた)

B 改编成电影的(映画化された)

C 写婚外情的(不倫の内容の)…

例句(31)中,说话人对与"他"这个人物相关的书做出了"很一般"的评
价。如图(2)所示根据说话人脑海中掌握的对"那本书"的情报:"去年写
的""改编成电影""写婚外情的"对特定的"书"做出的主观评价。在这种情
况下,指示词指示的是文脉中没有出现的情报,把它与谓语部分所表示的评
价相结合。"他的书很一般"是从客观的视点来表示而"他那书很一般"说话
人的主观视点,两者存在着根本性的差异。

話し手の情報

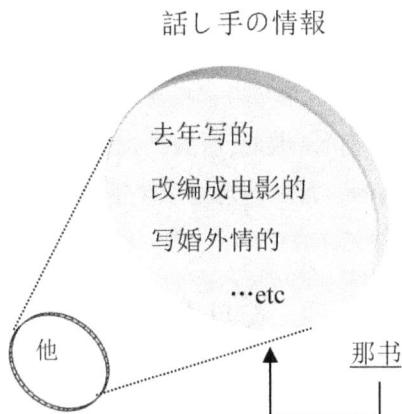

去年写的

改编成电影的

写婚外情的

…etc

他

那书

图(2)

另外,同样(32)"北大那食堂"是指说话人头脑中的与"北大"这个地方
有关的"食堂"。譬如,比如"得到教育部社助金建的""北校区的""最新的"
等情报,都是说话人具体掌握的。(33)"前天那警察"也是说话人所知道的
在"前天"这个时间发生了"打 110 号叫来的""问了很多问题""没什么表情
的"的与"警察"相关的情报。"北大""前天"和"食堂""警察"有关的信息

在讲话人的头脑里,仿佛一边想着脑海中具体情报一边在讲话。这个场合指示词所指的就是那些情报。并根据这些情报的特性,对"食堂""警察"做出"太方便了""挺英俊"的主观评价。

(32)[北大][那个食堂]太便宜了。

(北京大学の食堂はとても安い。)

说话人对于"书"持有的情报

A 得到教育部补助金建的(教育部からもらった補助金で作られた)

B 北校区的(北キャンパスにある)

C 最新开的(新しく開いた)…

(33)[前天][那警察]挺英俊的。

(一昨日の警察官はハンサムだ。)

说话人对于"书"持有的情报

A 出事故时打110叫来的(110番で呼んできた)

B 问了很多问题的(たくさん質問された)

C 没什么表情的(あまり表情のない)…

此结构中的指示词并不是指"北京大学的食堂""前天的警察",而是指说话人脑子里想的"北大"和"食堂"、"前天"和"警察"之间的具体情报,从而能表达说话人的主观评价。因此,所属结构的【N1+指示词+N2】是表示对N2主观感情、评价的结构。指示词是指示说话人头脑中存在的"与N1相关的N2的具体信息(事件)"。

四 与日语的对应

综上所述,【N1+指示词+N2】结构中,根据所指的事物是否是同一事物来区分同格结构和所属结构。都有以下特点是两个结构存在于一个语言形式一定有其相应的理由。

1.指示词指示是说话人头脑中事物的具体信息,听者是不知道的。

2.表达作者主观评价。

那么日语中是如何对应的呢?从结论来说汉语【N1+指示词+N2】结构的同格和所属结构都不对应日语指示词。如表(1)所示,同格结构与「という」相对应,所属结构与「の」相对应。

表（1）

中国語「N1+指示詞+N2」	日本語
同格構造	「という」
所属構造	「の」

具体例子如以下(34)(35)：

A　同格構造

(34) a.詹麗穎という人は、その動き一つでみんなから好かれることもあるが、逆にそのひと言でみんなから嫌われ、疎んじられることもある。①

b.詹丽颖这人既能在一个举动里让人对她敬爱有加,也能在一句话上使人对她生烦生厌。②

(35) a.冯少怀这个人,只能跟他一块儿受罪,不能跟他一块儿享福。③

b.馮少懷って奴は、いっしょにいる人間をこき使うだけで、いい思いをさせることな

んざ、これっぽちも考えてねえ。④

B　所属構造

(36) a.你这个爸爸真是一块活宝。⑤

b.あんたのお父さんって、ほんとにめずらしいくらいのお馬鹿さんね。⑥

(37) a.你那脑瓜子本来就是软的,偏偏要往硬的上碰,这怨谁呢?⑦

b.あんたの頭はもとからやわらかいのに、自分から固いものにぶつけようとしてん

---

①　刘心武.钟鼓楼[M].北京：人民文学, 1985.
②　蘇琦.鐘鼓楼[M].東京：恒文社, 1993.
③　浩然.金光大道[M].北京：人民文学, 1972.
④　神崎勇夫.輝ける道[M].東京：東方書店, 1974.
⑤　浩然.金光大道[M].北京：人民文学, 1972.
⑥　神崎勇夫.輝ける道[M].東京：東方書店, 1974.
⑦　浩然.金光大道[M].北京：人民文学, 1972.

でしょ。なんで人のせいにすんのよ。①

从日语中不使用指示词可以判断出日语的指示词没有指示"指说话人脑中的信息(具体事物)"的功能。接下来我们考察一下【N1＋という＋N2】结构、【N1＋の＋N2】结构的意思以及「という」「の」的用法。首先,关于【N1＋という＋N2】的属性,丹羽(2006)已经做了「重新认知」这样的解释。

(38)山田さんという人は面白い人だねえ。

(39)人間って本当に高等動物なのかな?

例文(38)(39)中,说话人尽管知道「山田」「人間」,但是「山田」「人間」是什么样的人/什么样的东西,即针对他们的属性进行了重新提问或从与其相关的新观点重新审视问题。也就是说,通过引用 N1「山田」「人間」这一形式,赋予与该名词相符的属性,修改、追加、确认与 N1 相关的既存意义。根据丹羽(2006)的分析,【N1＋という＋N2】结构是"从新的观点重新审视 N1"的构造②。「という」原本的引用功能是通过引用 N1 来达到引人注目的目的,结构上与说话人所知道的汉语【N1＋指示词＋N2】的意思完全不同。并且,汉语【N1＋指示词＋N2】同格构造的指示词与所指的完成说话人记忆中的事这一功能也明显不同。

其次,日语中【N1＋の＋N2】的所属结构是把 N1 和 N2 用「の」连接,表示所属关系,与前述的汉语中用"的"连接的情况是相同的,区别与【N1＋指示词＋N2】结构。【N1＋指示词＋N2】并不是单纯的表示所属关系的结构,指示词和"的"功能不同,不仅仅是"连接"这一功能。因此,【N1＋指示词＋N2】与日语的【N1＋の＋N2】的意思不同。

虽然汉语【N1＋指示词＋N2】结构对应日语【N1＋という＋N2】【N1＋の＋N2】两种构造翻译而成的,它们的具体形象都浮现在说话人眼前,像用手指着似的语气,或者根据具体形象、与谓语部分的评价紧密相连的语感。产生这种语感功能指示代词,也是「という」「の」所没有的功能。

---

① 神崎勇夫.輝ける道[M].东京：東方書店, 1974.
② 丹羽哲也.日本語の題目文[M].东京：和泉書院, 2006：21.

五 总结

汉语【N1+指示词+N2】结构对应日语的【N1+という+N2】【N1+の+N2】两种构造,都没有使用指示词。本文聚焦【N1+指示词+N2】构造中的指示代词,以 N1 的功能为中心,分析汉日指示词的不对应原因。结论如下:

① 汉语中两种结构乍看有些不同,但实际上意思上、指示词的用法上都很类似,指示词都是指"虽然没有在文脉中出现,但是指说话人脑子里(记忆)存在的具体形象",同时又表达说话人的评价。

②日语的【N1+という+N2】【N1+の+N2】中的「という」「の」的用法与汉语【N1+指示词+N2】构造中指示词的功能不同,没有其用法。【N1+指示词+N2】的两种结构分别与日语【N1+という+N2】【N1+の+N2】相对应,但并不能表达出相同意思。

作者简介:史隽,博士,鲁东大学外国语学院日语系讲师、硕士生导师,鲁东大学国家语委汉语辞书中心研究员。

"中国英语"与文化认同
——基于词汇层面的考察

一 引言

全球化的浪潮引发了世界各国普遍的文化认同危机,这种危机的产生与西方中心化为核心的全球化进程直接相关。①对于任何一个国家和民族而言,"文化认同是其安身立命的根本。因为民族文化及其认同是国家认同的基础以及维系民族和国家的重要纽带,也是民族国家的'合法性'来源和国民凝聚力之所在。"②在构建文化认同的诸多要素中,最能体现民族文化特性和民族本色的就是民族语言。伴随着经济、政治和文化全球化进程的加快,英语作为一种强势的交流工具,其全球化的发展趋势已经成为不争的事实。世界各国为了保护本民族语言文化,抵制英语霸权和强势文化对本民族文化安全的威胁,纷纷制定语言传播战略,成立语言推广机构。③中国在国际推广和传播中华语言的起步虽晚,但发展迅速。我国陆续在世界各地设立的"孔子学院"就是维护我国文化安全的一个重要举措。

与此同时,英语的迅速全球化使得它在世界各地出现了许多本土化的变体,比如新加坡英语、菲律宾英语、印度英语等。在带有地域特色的英语

① 余楠.文化认同的政治建构[M].上海:上海交通大学出版社,2018:10.

② 厄内斯特·盖尔纳.民族与民族主义[M].韩红(译).北京:中央编译出版社,2002:183.

③ 朱雷.中国外语教育规划与国家战略[M].北京:中国书籍出版社,2016:60.

本土化变体中,"中国英语"为中国文化走出去,传播中国声音,构建融通中外的对外话语服务体系发挥着举足轻重的作用。语言是文化认同的构建基础和重要表现形式,同时受到文化认同的制约,两者相互影响。本文将从语言和文化认同的关系入手,以英语的全球化和本土化为背景,探析"中国英语"对文化认同的构建问题。

二 语言与文化认同

"认同"是社会研究的基本概念之一。它通常指个体在社会生活中将自身归类到某一群体并与其他群体相区别的主观性意识。[①]关于文化认同的内涵,国内的学者给出了如下阐释:张天宇、周桂君认为同一群体的成员认同自己的文化,便具有了同一种文化身份,也称文化认同。[②] 韩震认为文化认同指个体对不同社会组织和不同文化传统的归属感;文化认同的目的是寻求生存方式的同一性、稳定性和持续性。[③] 余楠认为文化认同首先强调个体的"文化身份认同",其次是对"文化共同体的认同",由此形成国家和社会建构的基础。从本源上来看,认同首先意味着"同一性"。它是一个识别象征体系,用于界定自我的特征,以显示与他者的不同。[④] 崔新建认为"文化认同,就是指对人们之间或个人同群体之间共同文化的确定。使用相同的文化符号、遵循共同的文化理念,秉承共有的思想模式和行为规范,是文化认同的依据。认同是文化固有的基本功能之一。拥有共同的文化,往往是民族认同、社会认同的基础。而个人对社会的认同,主要体现在个人的社会化,即对社会创造和拥有的文化的学习与接受;社会对个人的认同,则体现在社会的基本文化规范在个人中的普及、推广和传播。人们之间在文化上的认同,主要表现为双方相同的文化背景、文化氛围,或对对方文化的承认与接受。"[⑤]

① 李雅波.文化认同视角下跨文化教学路径探究[J].外语学刊,2018(5).

② 张天宇,周桂君.语言变体与文化身份——以中国英语变体为考察对象[J].河南师范大学学报(哲学社会科学版),2014(7).

③ 韩震.论全球化进程中的多重文化认同[J].求是学刊,2005(5).

④ 余楠.文化认同的政治建构[M].上海:上海交通大学出版社,2018:19.

⑤ 崔新建.文化认同及其根源[J].北京师范大学学报(社会科学版),2004(4).

　　语言与文化认同是两个密切关联的概念,语言是文化认同的重要表现手段,也是透视文化身份的窗户和构建文化认同的工具。国民的文化认同往往表现为其对所认同的文化拥有强烈的自信和自豪感。新加坡前驻联合国大使 T.T.B.Koh 曾说过:"当我在国外开口说话时,我希望我的同胞很容易就能识别我是新加坡人"。①这句话典型地反映出新加坡人对新加坡英语的地区性和新加坡文化的认同。

　　英语在中国本土化发展形成的"中国英语"在语音、词汇、句法、篇章等各个语言层面都体现出了中国文化和汉语言特征,历时地反映了中国社会的发展,尽可能原汁原味地指称中国事物,表达情感,建立人际关系,体现意识形态以及构建文化认同等多种交际目的。②"中国英语"的全面健康发展将有助于提高全体中华儿女的文化认同感和民族自豪感,提升中国文化的软实力,促进人文交流与合作,维护本国文化利益、塑造国家的美好形象。

三　"中国英语"

　　英语的全球化,必然会引发英语在世界范围出现广泛的本土化。所谓英语的本土化,是指英语在全球传播过程中语言形式变化的一种过程;英语每到一个地方,都会在语音、词汇、篇章等语言要素上发生变化,并以一种新的变体扎根在这个地方。③ 以英语在中国的本土化为例,在词汇层面中国的英语变体形成了许多富有地域特色的英语词汇,如 Dao（道）,wonton（馄饨）, cross-talk(相声)。在句子结构层面,出现了很多与母体英语偏离很大的句式,如 *Long time no see.My English is poor.*在语篇层面,外语变体与母体也有一些差异,如中国英语在语篇的组织形式上多为螺旋式推进的论说方式,而母体英语则为直线型的论说方式。④

---

①　朱跃.论新加坡标准英语的建立原则和语言特点[J].现代外语, 1994 (4).

②　胡晓丽.中国英语变体的功能研究[M].北京：中国社会科学出版社, 2012.

③　Moag, R. The Life-cycle of Non-native Englishes：A Case Study ［A］.In J. A. Fishman et al（ed）.*The Fergusonian Impact*, *Vol.*2［C］.Berlin：Mouton de Gruyter, 1982；274.

④　王墨希、李津.中国学生英语语篇思维模式调查[J].外语教学与研究, 1993 (74).

3.1 "中国英语"的内涵

关于"中国英语"的内涵,国内的代表性的表述有如下几个:

(1)"中国英语"是中国人在中国本土使用的,以标准英语为核心、具有中国特色的英语。①

(2)"中国英语"是以规范英语为核心,表达中国社会文化诸领域特有事物,不受母语干扰,通过音译、译借及语义再生诸手段进入英语交际,具有中国特点的词汇、句式和语篇。②

(3)"中国英语"是英语在中国的本土化,能够充分表达中国特有事物,具有中国社会文化特色或汉语特点的语音、词汇、句法、语篇、语用特征的英语系统,能够为英语本族语者和其他操英语语体者理解和接受的一种英语变体。狭义上讲的反映中国社会文化的词汇其实还称不上是一种英语变体。③

通过上述定义可见,语言是思维的物质外壳,语言是文化的重要载体。语言文字和文化认同之间存在着紧密的联系。在英语文化霸权主义盛行的时代背景下,"中国英语"将中国特有的母语文化描述出来,对提高国民的文化认同、弘扬中国文化具有深远的意义。近年来,随着中国的和平崛起,"中国英语"引起了国内外学术界的广泛关注。

3.2 "中国英语"与中式英语

谈到中国英语,不能不提中式英语或汉化英语。中国英语变体发展的趋势是洋泾兵英语→中式英语→中国英语。关于中国英语和中式英语的差异问题,国内学者已经做了很多的研究。本文借用陈新仁教授的观点,认为"中国英语"与中式英语最大的区别在于:(1)从性质上看,"中国英语"是中国工作者语言(第二语言);中式英语是中国学习者语言(中介语);(2)从用途上看,"中国英语"是传递交流信息的工具;中式英语是信息的表达工具;(3)从成熟程度看,"中国英语"是成熟的语言,是学习者学习的对象(*China Daily*,CCTV9);中式英语是不成熟的语言;(4)从认同角度看,前者会涉及民

---

① 汪榕培.中国英语与中式英语之比较[J].外语与外语教学,1991 (3).

② 李文中.中国英语与中国式英语[J].外语教学与研究,1993 (4).

③ 陈新仁.当代中国语境下的英语使用及其本土化研究[M].北京:北京大学出版社,2012:5-6.

族认同,后者一般不会。

目前学术界关于"中国英语"与中式英语的讨论还在持续进行着,但"中国英语"的成长发展已经进入较为成熟的阶段。我们应该对"中国英语"采取积极肯定的态度,肯定其不可替代的交际价值,探索其理论及使用范围,使它更好地为中国的对外开放、国际交流以及中国文化"走出去"战略服务。

四 "中国英语"的特色词汇与文化认同

英语变体中词汇是最明显和敏感的部分。"中国英语"最先引起人们注意的也是词汇层面的表现,然后才逐渐扩展到语音、句式、语篇等其他方面。目前已经有很多富有中国特色的词汇被收录进了规范英语的词汇库。

有中国特色的英语词汇在一定程度上确立了"中国英语"的地位,促进了中外交流。① 中西文化存在着很大的差异,借用英语词汇表达中国特有的事物或现象时,必然会出现许多词汇空缺,这时就需要依据一定的语言构成规则,利用可行的手段来弥补这种空缺。下面的篇幅将从音译词、拼音缩略语、直译词、意译词、派生词等方面来讨论"中国英语"中特有文化词汇的构词方法,并分析它在构建文化认同方面发挥的作用。

4.1 音译词

音译词就是按照汉语发音方式进入英语的词汇。早期的音译词大多是按照福建或广东方言的发音传入英语,这些词对于北方人来说非常陌生,如 ketchup(番茄酱)、chow mein(炒面)等。近年来汉语拼音基本上取代了以前的威氏拼法,如北京由以前的 Peking 改为 Beijing,长江由 Yangtze River 改为 Yangzi River 或 Changjiang River。但有些地理名词的译法仍然保持不变,如 Hong Kong (香港)、Macao(澳门)、Tibet (西藏)等。② 按照汉语拼音组合而成英语词语的音译词,是翻译最具中国特色词语的最佳解决方案之一。其他的音译词还有:Lao-tzi(老子),Sun-tzu(孙子),Taoism (道教),Yin Yang

---

① 李少华.英语全球化与本土化视野中的中国英语[M].银川:宁夏人民出版社,2006:105-106.

② 李少华.英语全球化与本土化视野中的中国英语[M].银川:宁夏人民出版社,2006:107.

（阴阳），I-Ching（易经），renminbi（人民币），oolong tea（乌龙茶），jiaozi（饺子），siheyuan（四合院），Maoism（毛泽东思想），dazibao（大字报），erhu（二胡），yang ko（秧歌），fengshui（风水），mah-jong（麻将），lichi（荔枝），qigong（气功），qipao（旗袍），guanxi（关系）等。这些音译词形象生动，保持了中国的民族文化特色，它们虽然不能完全尽其意，相比之下仍然比带冗长解释的译语更具有表现力和活力。

4.2 拼音缩略语

拼音缩略语是英语中汉语音译借词的一种特殊形式，如 HSK 就是拼音词组 Hanyu Shuiping Kaoshi（汉语水平考试）的缩略形式，有些网站对这个拼音词组进行了解释，即 Chinese Proficiency Test。其他类似的词还包括 RMB（人民币），GB（国家标准），MHK（Minzu Han Kao 民族汉考），PSC（普通话水平测试），BC（白痴）等。①

缩略后的字母词脱离了原来的汉语拼音中声母的从属地位，可以独立成词并有独特的读音。在同义的语言形式中，交际时人们往往选择音节较短的，这不仅给人们的交际带来了便利，也体现了人们求简的语用心理。随着中国综合国力的日益增强，在跨文化交际的过程中，"中国英语"中的汉语拼音缩略语会更加频繁地出现在英语语言中。

4.3 直译词

直译词是指利用形式上的相似，逐字对译而产生的词汇，他们一般是复合词汇。②这类词从形式上看属于规范英语，但它们所指的是中国特有的事物。外国人看到后不一定会理解，但由于中国文化和英语文化差异而引起的语言表达空缺现象，有必要利用直译法进行构词来弥补这一语言空缺。如：

China Telecom（中国电信）China Mobile（中国移动）Hope Project（希望工程）Anti-Poverty Project（扶贫工程）Decent-Life Project（温饱工程）iron

---

① 苏秀玲.中国英语中的音译词新探［J］.长春师范学院学报（人文社会科学版），2013，32（4）.

② 姬玉珊，朱文霞.英语变体与中国文化［M］.北京：中国人民公安大学出版社，2002：40.

rice bowl（铁饭碗）

hundred flowers（百花齐放） spiritual civilization（精神文明）paper tiger
（纸老虎）

One Belt and One Road（一带一路） China Dream（中国梦）

这些直译词构词简洁，是中国独有的，能反映一定历史时期中国在政
治、文化、经济领域的新生事物、新的措施及发展变化，是典型的"中国英
语"。

4.4　意译词

当原文的思想内容与译文的表达形式有矛盾不宜采用直译法时，就应
该采用意译法。意译不是乱译，意译要求能正确表达原文的内容，但可以不
拘泥于原文的形式。"中国英语"的意译词与汉语词汇之间没有逐字对应的
关系。如：

梁祝（butterfly love）

花卷（steamed twisted rolls）

扫黄（porn-purging campaign）

三角债（chain debts）

门当户对（perfect match）

冰糖葫芦（a stick of sugar-coated haws）

小康生活（fairly comfortable standard of living）

辛亥革命（the 1911 Revolution against Qing Dynasty）

三八红旗手（red-banner holders）

这些译文言简意赅、易于理解、读音上口、不易引起歧义，准确地表达了
中国特有的事物和文化现象。

4.5　派生词

汉语的"秦"最先进入阿拉伯语读作 Sin，进入希腊语后读作 Sina，进入
拉丁语变成了 Sinae，转化成法语读作 Sino，随后进入英语。Sino 进入英语
后成为一个构成成分，常常与其他国家地区的名称组合构成新词，如 Sino-
French, Sino-US, Sino-Japanese（中日的）, Sino-Soviet（中苏的）等。由 Sino
派生出的词有：Sinological（汉学的）, Sinologist（汉学家）, Sinology（汉学），

Sinophile (亲华人士)、Sinophobia (恐华,惧华)、Sino - Tibetan (汉藏的)、Sinicism (中国特色)以及 Sinicize (使中国化)。①类似的例子还有 silk,这个词是汉语"丝"的音译词,经丝绸之路传入英语后派生、复合、功能转换组成的词有 65 个:silk 作名词表示"丝",作形容词指"丝的",作动词表示"玉米抽穗丝",派生的形式有 silked (穿似的、蒙丝的)、silken (丝制的)、silkly (有光泽的)、silkiness (柔软光洁)、silk+nouns (41 个)、silky+nouns (15 个)。②

在近现代中英语语言的接触中,汉语相对于英语一直处于弱势地位,强调"中国英语"特色词语隐含的中国文化身份认同是汉语词汇借入到英语中的社会和心理动因。英语中的汉语借词是"异文化的使者",是母语语言文化认同的一部分,也是接受语对源语文化认同的体现。③

五　结语

在英语全球化背景下,长期频繁的语言接触使得英语在世界各地产生了变异,带有地域特色的英语变体在跨文化交际中发挥着越来越重要的作用。近年来,"中国英语"作为英语在中国语言文化背景下的本土化产物,成为社会语言学研究的重要对象。"中国英语"之所以能被理解是因为它是建立在规范的英语语言基础之上。"中国英语"最先引起人们注意的是它的特色词汇,这些英语中的汉语借词可以加深人们对许多语言现象的认识,弥补汉语在世界范围影响较弱的缺憾,丰富英语的内容和表达方式。此外,"中国英语"有利于继承和弘扬中国悠久的历史和文化,通过母语文化提高中国人和外国人对华夏文明的认同度,构建中国文化身份,让中国屹立于世界民族之林。

作者简介:刘蕊,硕士,鲁东大学外国语学院英语系讲师,鲁东大学国家语委汉语辞书中心研究员。

---

①　汪榕培,常骏跃.英语词汇中汉语借词的来源[J].四川外语学院学报,2001(4).

②　Jiang, Y.Chinese Borrowings in English[J].*World Englishes*,2009(28).

③　张天宇,周桂君.语言变体与文化身份——以中国英语变体为考察对象[J].河南师范大学学报(哲学社会科学版),2014(7).

翻译研究

简论中国传统译论研究：1949-2019

  我国传统的翻译理论史,源远流长,自三国时支谦的《法句经序》算起,已有近两千年的历史。作为理论概念,"中国传统翻译理论"(略称"中国传统译论")概念的提出却是在二十世纪后期。凡在中国现代译论产生以前,从古至今出现在中国这片土地上的翻译理论,或者说在中国学术领域内产生的关于翻译的一切理论,无论是何人所写,只要不是以现代语言学为基础的翻译理论,都可划归广义的中国传统译论。①"中国传统译论研究"是以"中国传统译论"为对象的研究。新中国成立以来 70 年的中国传统译论(以下简称"传统译论")研究已取得了显著的成就,构成了我国翻译学建设重要的研究领域。本文对中国大陆译学界自新中国成立以来 70 年的传统译论研究分为"新中国成立后至改革开放前"和"改革开放以后"两部分并以后者为主进行简要回顾、对取得的成就进行梳理,最后就传统译论研究的发展前景进行展望。

一 新中国成立后至改革开放前

  关于新中国成立至改革开放前中国大陆的翻译研究资料,可见诸罗新璋《翻译论集》(1984;修订本,2009)和陈福康《中国译学理论史稿》(1992;修订本,2000)。据对这些资料的研究,我们可把 1949 年至 1976 年之间的传统译论研究分为两个阶段:一是新中国成立到"文革"开始前,二是"文革"

---

  ① 王宏印.中国传统译论经典诠释[M].武汉:湖北教育出版社,2003:220.

十年。

新中国成立后,百废待兴,翻译工作自然也是其中之一,有关翻译理论建设的工作,很快被提上议事日程。① 从新中国成立到"文革"开始前这一时期的翻译理论研究文献总量较少。《翻译论集》(1984)正文"当代部分"收录的文章中 1978 年以前的有 32 篇。在该书附录部分,1950 年至 1963 年大陆学者的文章录有约 80 篇,无研究专著。纵观这些文献,只有一部分涉及传统译论,其论题主要涉及"信达雅"、"忠实、通顺"等"翻译标准"问题。这些文章多是漫谈式的议论,也有个别对翻译概念认识上的不准确,例如董秋思《论翻译理论的建设》一文认为"东汉以来的佛经翻译,就分直译和意译两派"②,混淆了"直译""意译"与佛经翻译"文""质"的区别。

这里仅以该时期译界对严复"信达雅"的研究为例对新中国成立后大约二十年的传统译论研究略加总结。关于对"信达雅"的研究,可分为经典的研究和现代的研究两个阶段。③ 经典研究阶段始自梁启超,1949 年后的代表学者是钱锺书,主要关注的是严复其人其译。论者一般认为严复的"信达雅"是"我国传统的翻译标准"(卞之琳语)。在《翻译论集》(1984)正文所录1950 至 1963 年的 32 篇文章中,有 13 篇论及"信达雅",既有赞成者(8 篇,如郭沫若 1954 年的"谈文学翻译工作"),也有反对者(3 篇,如林汉达 1953年的"翻译的原则"),又有修正者(2 篇,如唐人 1950 年的"翻译是艺术")。总体而言,这一时期"信达雅"研究的特点是理论研究和翻译实践不能严格区分,以印象式批评、议论为主。

1966 年至 1976 年的十年间,关于这一时期的传统译论研究,从《翻译论集》(1984)提供的资料看,其正文 1963 年收录的是傅雷《论文学翻译书》,随后的文献则是 1978 年之后的,而 1964 年至 1977 年是空白期。在该书的附录部分,同样显示从 1964 年至 1977 年是空白期。但"这期间国内仍有一些研究者(如钱锺书等)在困难的条件下继续默默从事着研究与思考"④,所以在 20 世纪 70 年代后期翻译研究工作重新起步后很快就取得了远远超过之

---

① 陈福康.中国译学理论史稿(修订版)[M].上海:上海外语教育出版社,2000:359.
② 罗新璋.翻译论集[M].北京:商务印书馆,1984:540.
③ 王宏印.中国传统译论经典诠释[M].大连:大连海事大学出版社,2017:125.
④ 陈福康.中国译学理论史稿(修订版)[M].上海:上海外语教育出版社,2000:474.

前大致二十年的成绩。

总体而言,1949 年到改革开放前,国内译学界的传统译论研究成果数量不多,论题很少,尚未明确提出传统译论的整体范畴概念,成系统的传统译论资料整理也没有开始。真正意义上的传统译论研究有待于改革开放之后译界学者的努力。

二 改革开放以后

改革开放以后,翻译界开始对传统译论进行较全面而系统的研究。首先是资料整理,即对原始理论文献的编辑和注疏并有初步研究,构成改革开放以后传统译论研究的第一阶段。随着诸多西方译论的引入,拓宽了国内翻译界的思维视野,同时也使一些学者对传统译论的价值,产生了疑问,因而发生了关于如何看待传统译论的一系列争论。1987 年至 1997 年,我国译界论争的主要问题之一是继承传统译论与引进外国译论的问题。从 1990 年代后期开始,传统译论的价值重新得到重视,越来越多的学者开始进行传统译论研究,传统译论研究进入转型期。2003 年问世的王宏印《中国传统译论经典诠释》是国内第一部系统研究传统译论的专著。从该书取得的成就和出版后的影响来看,可将它视为传统译论研究经转型期进入第三阶段的标志,即对传统译论进行较全面、系统的历史评价、理论评判和创造转化。下文分"传统译论资料整理"和"传统译论研究综述与诠释研究代表性成果述评"两部分对改革开放以后的传统译论研究进行简要回顾。

2.1 传统译论资料整理

我国自东汉佛经翻译开始,关于翻译的论述逐渐积累了大量的资料,构成了传统译论的资源。进行传统译论研究的前提,首先是对这些原始资料进行全面而系统的整理和注疏。这项工作主要是在改革开放以后开展的。1983 年出版的《翻译理论与翻译技巧论文集》就其内容而言尚称不上真正意义上的传统译论资料整理成果。1984 年对于传统译论的资料整理是一个重要年份,这一年出版了两部翻译研究论文集,即中国译协《翻译通讯》编辑部编《翻译研究论文集》和罗新璋编《翻译论集》。前者封面上印有"译学丛书"字样,可见其译学理论研究的学科定位意识,其理论视野是近现代的历史分期,较倾向现当代的理论关注。《翻译论集》则对传统译论文献和资料进行了较全面的收集。1992 年出版的陈福康《中国译学理论史稿》第一次以翻译理论史的面貌出现,标志着中国翻译理论开始独立成史。《翻译论集》和《中国翻译理论史稿》可谓传统译论资源收集的两部代表性选本。

2.1.1　《翻译论集》对传统译论文献的开创性整理

《翻译论集》收录了 1932 年到 1981 年间出版的 18 种著作,文章则广泛收录于各种杂志。除正文收录的论文以外,还有"研究与资料",包括若干关于前人论文的研究和辅助资料,附在文后,不仅说明了编者的研究眼光,而且说明了该书的体例创新。其序言"我国自成体系的翻译理论"将汉末以来的翻译理论发展分为三个时期,即汉末至近代以前、近代和"五四"时期、中华人民共和国成立以后时期,并对传统译论的各方面进行了较详细地分析和总结。罗新璋认为"一千多年来,经过无数知名和不知名的翻译家理论家的努力,已经形成我国独具特色的翻译理论体系······案本—求信—神似—化境,这四个概念,既是各自独立,又是相互联系,渐次发展,构成一个整体的;而这个整体,当为我国翻译理论体系里的重要组成部分。"①《翻译论集》2009 年的修订版在内容方面有一些更新。

《翻译论集》不仅已成为传统译论研究的必读书目,而且还被誉为中国翻译学界的"圣经"。② 中国学者或熟悉中国文化的外国学者在从事涉及传统译论和翻译史等领域的研究时,该书是他们经常参考的书目。国际期刊 *The Translator* 在 2009 年第 1 期"Chinese Discourses on Translation"专刊上,8 篇文章中有 4 篇引用了它,该期的"Revisiting the Classics"栏目评介的书籍就是《翻译论集》。王宏印认为,《翻译论集》的主要贡献有三。一是尽可能系统而完备地收集了传统译论各时期各方面的论文和资料,构成了一个完整的理论资源库,为后人研究提供了基本的文献资料;二是提供了十分必要而且比较系统的研究性资料,包括某一专题的相关研究资料和论文与论著

① 罗新璋.翻译论集[M].北京:商务印书馆,1984:18-19.
② 黄焰结.《翻译论集》的经典性及其建构要素[J].外国语文研究,2015 (4):60-66.

索引,为后人提供研究的方便;三是具有很强的史学意识和学科意识,对于传统译论有系统而较准确的论述,奠定了有关研究的基础。同时,编者还首次明确提出,建立中国独具特色的翻译理论和卓然独立于世界译坛的翻译理论体系。①

2.1.2　中国翻译理论史的编纂

如果把传统译论视为中国翻译史的一部分,则对这一部分深入理解和全面把握的前提是对翻译史的系统而有效的梳理。迄今为止,最有代表性的是马祖毅编撰的中国翻译史系列。进入 21 世纪后,国内研究者一方面重视翻译历史资料的收集、整理与总结,一方面开始从历史学、社会学和人类学的角度去审视翻译史,研究翻译现象。② 例如,谢天振《中西翻译简史》(2009)从互相关照、互证互识的角度梳理中西翻译史,是一种新尝试。还有一些翻译史论著论涉及传统译论,兹不详论。

陈福康著《中国译学理论史稿》(1992)较系统而中肯地介绍了中国古今各家译论,并有简评,持论平允并有独到见解。作者不仅考察了罗新璋的理论提法和马祖毅的历史分期,而且在编写上有所回应和继承。2000 年,该书出了修订版,在内容上有较多补充。赵秀明(1996)认为,该书"对建设我国的译论都是一份很好的资料。虽然前辈们有很多译论没有充分展开论述,但它们已形成命题,至于我国的译论能否成为系统科学的独立体系,关键在于我们的挖掘和总结。因此,我们有充分理由要求在此基础上建立我们自己的译论体系,这便是《史稿》的重大意义所在。"③

当然,该书离真正意义上的翻译理论史尚有距离。严格说来,从翻译理论史到翻译研究专著的产生,需要两个过程,一个是对各家理论的专门研究的积累过程;一个是对传统译论总体精神的顿悟认识功夫,特别在企图真正贯通性地认识和掌握译论精髓的时候,总体的认识必不可少,而这两个方面的完全具备,则是一部真正意义上的翻译理论史的必要条件。④ 因此,理想

---

①　王宏印.中国传统译论经典诠释[M].大连:大连海事大学出版社,2017:360-361.

②　许钧、穆雷.中国翻译学研究 30 年(1978—2007)[J].外国语,2009 (1):77-87.

③　赵秀明.从《中国译学理论史稿》的出版看我国的译论研究[J].中国翻译,1996 (3):35-37.

④　王宏印.中国传统译论经典诠释[M].大连:大连海事大学出版社,2017:369.

的中国翻译理论史的撰写仍需更多的学术努力。

2.2 传统译论研究综述与诠释研究代表性成果述评

我国译界在 1987 年至 1997 年的十年间就诸多翻译理论问题展开了论争。论争的主要问题之一是继承传统译论与引进外国译论的问题。到 21 世纪前,国内译界就传统译论的当代价值基本上达成了共识。穆雷和王斌华(2007)在综述 2006 年译学研究时指出,继承传统译论是建设现代译论的需要,对传统译论的研究也是在现代译论的建设过程中展开的。① 新世纪以来,传统译论研究进入阐释性研究阶段。② 传统译论研究论文成果首先在数量上稳步增加,研究范围在扩大,研究问题日益深化和细化。传统译论中的主要理论专题及概念、范畴都得到了不同程度的梳理与阐述,在资料征引和义理阐发上也有所进步。出现了对传统译论的整体性、综合性考察,如深入研究传统译论范畴的思维特征、逻辑义法、认知模式、表述方式及其内在体系结构等;研究方法也日益科学严谨,考察传统译论的理论、视角也日益多样化。③

2.2.1 传统译论研究综述

据黄任(1999),改革开放后到 1998 年,据不完全统计,发表在公开刊物上的翻译研究论文 1.4 万多篇,有关翻译的专著近 500 部,论文集 20 余部。④ 这些成果相当一部分是关于传统译论的。21 世纪以来关于传统译论研究的论文、著作数量也很多。笔者用"中国传统译论"为主题词检索中国知网得到截至 2018 年百余篇研究论文(不包括书评和综述类文章),可以大致反映改革开放以来国内传统译论研究的概貌。下面结合对一些著作的简评,仅就这些成果做一概论。依据其研究内容可大致分为传统译论与学科建设研究、传统译论整体和阐释研究、译论家研究、专题研究、中西译论比较研究等五个领域。

---

① 穆雷、王斌华.译学研究发展的新成就——2006 年译学研究综述[J].中国翻译,2007(3):30-34.

② 李林波.中国传统译论研究的后顾与前瞻[J].上海翻译,2006(1):7-12.

③ 赵巍.中国传统译论研究综述[J].西安外国语大学学报,2014(2):104-107.

④ 郭建中.中国翻译界十年(1987-1997):回顾与展望[J].外国语,1999(6):53-61.

2.2.1.1 传统译论与翻译学科建设研究

传统译论与翻译学科建设的关系,是21时期以来一个重要的研究论题。刘重德(2000)以大量事实证明我国传统研究的成就是令人瞩目的并且是在不断发展的。① 张柏然、张思洁(2001)认为,现代翻译理论赖以构筑的核心理论应以民族语言文化为立足点,构建既蕴含了中国丰厚文化内涵,又融合了西方研究方法优点而且体现了时代精神和风貌的新型翻译理论。② 王宏印、刘士聪(2002)把建设中的中国翻译学作为终极的普遍翻译学的一个组成部分,由此认为它应是传统译论的一个合乎逻辑的演进阶段和中国翻译传统的一个历史的发展结果,因此应对传统译论进行科学而有效的现代诠释,使其朝着中国翻译学的理论体系和现代形态这一理想转化。③ 世纪转折时期,国内翻译界就传统译论研究对中国翻译学的重要意义和作用基本达成了共识,开始着手进行这方面的研究。

21世纪以来,这一领域重要的研究论题一是传统译论研究的现状和努力的方向,二是传统译论的对外传播和教学问题。李林波(2006)认为,传统译论研究已进入了阐释性研究阶段,而未来的研究应通过现代诠释将它有价值的思想和认识融入现代理论的构建中,创造出具有人文性和科学性相协调的现代译论④;王宏印(2008)把传统译论置于新译学的广阔视野之下予以综合考察,结合西学与国学异同的对比分析,联系当下译界面临的若干问题,讨论了中西译学融合创新的基本思路和可能的前景。⑤ 作为这方面新近的研究成果,方梦之(2017)基于统计数据,认为我国学人的理论原创性欠缺,译学术语西化,学术话语不够丰富,与译学大国的地位不相称,翻译大国应创立自己的译学话语体系。⑥ 蓝红军(2018)认为,应在传统译论基础上拓

① 刘重德.事实胜雄辩—也谈我国传统译论的成就和译学建设的现状[J].外语与外语教学,2000(7):34-38.
② 张柏然、张思洁.翻译学的建设:传统的定位与选择[J].南京大学学报,2001(4):87-94.
③ 王宏印、刘士聪.中国传统译论经典现代诠释—作为建立翻译学的一种努力[J].中国翻译,2002(2):8-10.
④ 李林波.中国传统译论研究的后顾与前瞻[J].上海翻译,2006(1):7-12.
⑤ 王宏印.融通中西译论,革新中国译学[J].中国外语,2008(6):33-39.
⑥ 方梦之.翻译大国需有自创的译学话语体系[J].中国外语,2017(5):93-100.

展,使其边界延伸向新的领域,扩大其解释范围。① 关于传统译论的对外传播和教学问题,陶友兰(2015)从翻译教材建设角度,认为不但要加快经典性传统译论的外译步伐,而且要加强传统译论教学力度;②傅敬民、袁丽梅(2017)指出译学体系化建设既要关注传统译论研究和翻译宏观理论的构建,也要以翻译实践和教学为本体,切实加强中观和微观层面的研究,构建整体性的宏、中、微三环良性互动的译学体系。③

2.2.1.2　传统译论整体性和诠释性研究

1978 年以来,国内学者对传统译论的整体性和诠释性研究构成传统译论研究的主要论题之一。这一领域需要以西学或现代学理的评判精神,重新审视传统译论,以发掘其巨大潜力和价值。传统译论的现代诠释,应当包括三个层次的理论任务,即对传统译论问题的清理、对传统译论意义的阐释、对传统译论形态的转换。④ 怎样以现代知识生产的方法重构传统翻译思想,使之融入现在学术体系,是中国当代翻译研究者的使命之一。⑤《中国传统译论经典诠释》(2003;2017)是这一方面主要的代表性成果(详见下文)。张佩瑶(2008)从推动本土及国际翻译学发展的角度,指出了阐释重读/阅读传统译论的重要性。⑥ 潘文国(2012)指出,建设中国特色翻译学的途径之一是跳出西方框架,回归中国语境,寻找中国话语。⑦ 近年来,这方面的研究更加侧重于传统译论研究如何融入现代译论建设的问题。关于如何继承传统译论,曾利沙(2017)论述了开放性译学理论研究范畴体系的整合与建构的

---

①　蓝红军.从学科自觉到理论构建——中国译学理论研究(1987-2017)[J].中国翻译,2018(1):7-16.

②　陶友兰.中国传统译论的战略传承与传播——翻译教材建设视角[J].上海翻译,2015(4):14-20.

③　傅敬民、袁丽梅.新时期我国译学体系化的思考[J].外语学刊,2017(3):80-84.

④　王宏印.中国传统译论经典诠释[M].大连:大连海事大学出版社,2017:266-268.

⑤　许钧.改革开放以来中国翻译研究概论(1978-2018)[M].湖北教育出版社,2018:128.

⑥　张佩瑶.重读传统译论:目的与课题[J].中国翻译,2008(6):5-10.

⑦　潘文国.中国译论与中国话语[J].外语教学理论与实践,2012(1):1-7.

研究路向;①程永生(2017)认为传统译论中有许多现代译论元素,但缺乏系统的理论建构,对之重新解读与改写,或许能建构中国现代译论。②王向远(2016)认为,中国古代翻译学在翻译文本的识别与评价方面形成了五对范畴,在翻译行为的经验论、实践论与操作论方面,形成了分条论列的四种"条式",形成了独特的内在构造与理论体系,并认为迄今学界对此估价过低,需要反思和矫正。③也有学者力图构建传统译论的系统,例如郭建中(2015)尝试用系统论的原理和方法,构想了一个涵盖处于不同层次的十个子系统的传统译论体系。④这一领域其他的主要论题有,对传统译论发展的历史分期和分类研究,如蒋童(1999)、朱志瑜、张旭(2009);总体特征研究,如王晓农(2006)、王占斌(2008);文化渊源研究,如朱瑜(2008)、魏建刚(2015);传统译论术语和概念研究,如孔祥立(2013)等。

国内学者编辑出版的翻译研究辞典都设置了传统译论条目。例如,方梦之主编《中国译学大辞典》(2011)中,"中国传统译论"部分共有57个词条,而"中国传统译论"一条包括了传统译论的"主线说""文化资源""缺陷""发展阶段""基本问题""现代转换""终结""研究三法"等8个条目⑤,由此可窥21世纪以来国内传统译论及其研究之一斑。

2.2.1.3　翻译理论家研究

过去四十年中,国内译界对翻译理论家的研究构成了传统译论研究的一个重要领域,就笔者所见而言,受到较多关注的译论家有支谦、道安、鸠摩罗什、彦琮、玄奘、马建忠、严复、林语堂、曾虚白、焦菊隐、贺麟、金岳霖、钱锺书等,而研究最为集中的是严复。许钧指出,国内有关严复翻译思想、特别是对"信达雅"的探讨一直没有停止,这表明了"信达雅"

① 曾利沙.翻译学理论研究范畴体系的拓展——兼论传统译学理论继承与发展[J].中国外语,2017(1):90-96.
② 程永生.我国传统译论中的现代元素——以直译意译研究为例[J].外语研究,2017(2):84-88.
③ 王向远."翻""译"的思想——中国古代"翻译"概念的建构[J].中国社会科学,2016(2):138-156.
④ 郭建中.进一步深入研究中国传统译论——探索构建中国传统译论体系[J].上海翻译,2015(1):1-7.
⑤ 方梦之.中国译学大辞典》[Z].上海:上海外语教育出版社,2011.

思想的重要性,而国外翻译研究界对严复"信达雅"关注度很高,往往把"信达雅"思想当作是中国传统思想的典型代表。① 下面以严复研究为例进行简要评述。

如前所述,王宏印把国内学者对严复"信达雅"的研究分为经典的研究和现代的研究。现代的研究即改革开放以来的严复研究更关注严复译论本身,尤其"信达雅"三字,有简单化和多样化并重的特点。相关研究者也分为赞成者、修正者、否定者。赞成者中代表性的有如陈福康(1992)、刘宓庆(1993)、许钧(1998)等;修正者中代表性的则有如刘重德(1991)、黄药眠(2012)等;持否定态度者如黄雨石(1988)、冯世则(1994)、张英伦(1988)、金隄(1988)等。王宏印对严复"信达雅"的现代诠释和转换研究的最初成果首见于1989年陕西师范大学出版社版《英汉翻译综合教程》。沈苏儒的《论信达雅——严复翻译理论研究》(1998)辑录了百位学者关于信达雅的论述,广采各家观点,是一部总结式研究论著。这一领域论著较多,对其他论著的介绍,此略。

笔者认为,既要肯定"信达雅"的历史功绩及其深厚的文化渊源,也要对其进行客观的理论分析。从翻译理论角度来看,"信达雅"本身作为翻译理论尚不能占据或构成一个完整的翻译理论体系,它更为合理的定位是传统译论中可称为"翻译标准"的一种说法。作为翻译标准,"信达雅"是一个小系统,有自己的结构方式和完整的意义。它原本植根于中国传统写作理论,但作者已经做了向翻译理论的转变。认真研究这一转变在理论上的意义和把翻译理论建立在写作理论基础上的合理性,是对今日建立新的中国翻译理论的一点借鉴,而拒绝这个借鉴是不明智的。②

2.2.1.4 传统译论有关专题研究

对传统译论的专题研究主要涉及了传统译论的美学研究(如张柏然、张思洁1997;陈大亮2009;王平2011)、翻译风格研究(如伍先禄2003);翻译技巧、方法与标准研究(如司显柱2002)、术语与译名研究(如郭丹

① 陶李春.关于翻译研究的思路与重点途径——许钧教授访谈录[J].中国翻译,2016(3):79-82.
② 王宏印.中国传统译论经典诠释[M].大连:大连海事大学出版社,2017:134.

2011；李崇月 2015；高存 2016）、佛经译论的文质研究（如张春柏 2006；赵巍 2009）。其中，一些学者通过对文质翻译与直译意译关系的研究，厘清了二者在概念上的区别，如王宏印、吕洁（2002）通过研究佛经译论的文质和今日之直译意译，认为二者不是一回事。吴志杰《中国传统译论专题研究》（2009）对翻译的语言属性、伦理属性、思维属性、审美属性以及文化属性分别做出了理论阐释与分析。也有学者对传统译论不同历史时期的理论进行了比较研究，如杨冬敏（2007）；从认知语言学的视角研究传统译论，如王明树（2009）；从西方译论的视角尝试阐释传统译论，如苏艳（2008）、谢思田（2014）等。

张思洁的《中国传统译论范畴及其体系》（2006）是继《中国传统译论经典诠释》出版后传统译论研究的第二部专著。该书正文涉及传统译论范畴的源流、本体论、认识论、审美过程论以及范畴体系及其蕴涵范式，其结论性认识是，传统译论范畴体系所涵盖的研究范式为传统译论理论样态的历史性与合理性提供了辩说，但从现代学术需要来看，则深刻而单一，需要加以时代的丰富。① 王宏印认为，这项研究对传统文化的基本特点的认识比较全面而深刻，对传统译论的文化资源与哲学基础的研究有所拓宽和加深，尤其是通过中西哲学比较和引入西方过程哲学，对于传统译论翻译过程的认识有重要贡献，但真正深入到传统译论本身的研究不足，在构建其翻译理论范畴体系方面需要进一步的努力。②

对译名原则、方法及统一问题的讨论是贯穿中国翻译理论史的一条重要线索。朱志瑜和黄立波的《传统译论：译名研究》（2013）是这一领域的重要成果。该书讨论了中国翻译思想史上所有有关译名的论说，通过对比找出了后世学者对前人承袭、批判及创新的部分，同时注重了译名实践经验的总结。邢杰（2014）认为，该书从描写出发，进而超越描写，构建了译名研究的中国传统翻译话语体系。③

---

① 张思洁.中国传统译论范畴及其体系[M].上海：上海译文出版社，2006：296-297.

② 王宏印.中国传统译论经典诠释[M].大连：大连海事大学出版社，2017：371.

③ 邢杰.描写及其超越—《中国传统译论：译名研究》评介[J].中国翻译，2014（6）：44-47.

2.2.1.5 中西译论比较研究

这方面的研究以中西译论总体比较为主,如邹东旗(1991)、周艳(1998)、李智、王子春(2005)等。一些学者通过比较中西译论,对各自的整体特点有了较深入的认识,如谭载喜(1998)。李靖民、徐淑华(2002)通过分析中西两大翻译体系中的研究模式,认为各有特色,各具优势,不能简单地以优劣区分,在研究方法上两大翻译系统应取长补短、相得益彰。① 朱桂成(2005)认为西方译论对我国译论的正面影响是拓宽了我们的思维视野,而其负面影响则是既导致了我们对民族译论记忆的淡薄,又束缚了民族译论的原创性,因此当务之急是在发现中西译论差异并寻求其间的对话,由此建构我们的原创性译论体系。② 也有学者对中西译论的具体理论进行了比较研究,如赵巍、石春让(2005)。这个方面一个新的研究动向是,有学者开始通过研究传统译论,用以反观西方译论的问题,例如王向远(2016)通过辨析传统译论中"翻""译"及"翻译"概念中所包含的丰富思想,发现"译"与"翻"是两种不同的运作方式,指出中国传统"翻""译"思想对解决持续已久的"可译/不可译"争论是有效的,可弥补西方译论的不足。③

其他涉及传统译论研究的重要著作包括:《20 世纪中国翻译思想史》(王秉钦 2004;2009);《中国翻译理论百年回眸》(文军 2005);《中国近代翻译思想的嬗变——五四前后文学翻译规范研究》(廖七一 2010);《隐身与现身:从传统译论到现代译论》(谢天振 2013);《译学研究叩问录》(张柏然、辛红娟 2016)等,兹不详述。

2.2.2 传统译论阐释研究的代表性成果

在二十世纪八十年代后期和九十年代,我国译界曾对继承传统译论与引进外国译论的问题产生了激烈争论。之所以出现这样的争论,很大程度上是因为对传统译论没有进行系统的总结和深入的研究。《中国传统译论经典诠释》(2003)是中国学者第一部传统译论研究专著。杨自俭在其序言

---

① 李靖民、徐淑华.中西译论研究基本模式对比[J].四川外语学院学报,2002(4):106-108.

② 朱桂成.中西译论对话的不可能、可能及其他[J].外语教学,2005(1):86-89.

③ 王向远.中国古代译学五对范畴——四种条式及其系谱构造[J].安徽大学学报,2016(3):67-80.

中认为,该书"在我国译学的研究领域有不可低估的开创性意义,特别是在传统译论的研究上,这本书不能不说是新时期开始的重要标志。"①罗新璋先生在写给作者的亲笔信中说,"尊作以现代学理阐发传统译论,拓展一片新天地,确乎具经典意义。…… 论说合理,令人信服,实近年译学研究中一大创获。"②该书代表了中国大陆翻译界对翻译学建设的一种思路。今日中国的理论翻译学已基本铸成了传统译论研究、西方现代译论研究和文学翻译批评研究三足鼎立的格局。在这个意义上,可以说传统译论研究已经确立了其学科地位,传统译论在一定程度上实现了在当代的新生,而该书着实功不可没。

据该书"内容提要",该书在学理上是一部隐含西方哲学史发展路径和运用解释学方法系统清理传统译论的中国理论翻译学专著①,涵盖了从东汉末期到当代,从佛经翻译到外国文学翻译的理论研究,约 2000 年的历史。全书精选道安、彦琮、玄奘、赞宁、严复、章士钊与胡以鲁、贺麟、金岳霖、钱锺书、傅雷十家有代表性的传统译论进行了详细解析和现代阐释,采用了历史评价、理论评判和理论创造转化三位一体的研究方法,史论结合、以理论批评为主,力图实现其基本论题、概念范畴、理论形态的现代转换。该书从外部即社会政治发展史角度把传统译论划分成古代、近现代、当代三个时期,同时又从内部即译学自身运演的发展过程和规律角度,把传统译论划分为肇始、古典、玄思、直觉四个阶段。作者从中清理出传统译论极有价值的十个方面的问题,包括质派文派、直译意译、音译意译、直译重译、译意译味、神似形似、翻译标准、可译性、境界、语言、译者,然后根据现代译论的总体问题设计或要讨论的范畴,将其转换和归纳为六个方面的问题,即本体论、方法论、认识论、标准或原则、主体性、可译性。通过比较发现,传统译论比较缺乏或严重缺乏翻译过程、效果评价、文体对应、语义转换、翻译批评等五个方面的理论问题。该书旨在挖掘和继承中国译学的遗产,促使其从古代形态向现代形态的理论转化,为建立中国现代译论准备条件。

该书出版后,在中国译学界产生了两方面的积极影响。一个是书评形

---

① 王宏印.中国传统译论经典诠释[M].武汉:湖北教育出版社,2003:2.

② 王宏印.中国传统译论经典诠释[M].大连:大连海事大学出版社,2017:356.

式的直接回应,如朱徽"让传统走进现代——评《中国传统译论经典诠释》"(载《中国翻译》2004 年第 5 期)、赵秀明"中国传统译论研究的新突破——评《中国传统译论经典诠释》"(载《外国语》2004 年第 3 期)。笔者曾在 2016 年 2 月 1 日检索"中国知网",发现该书在 2004-2015 年间学术论文参考文献中引用 421 次。第二个回应是对传统译论研究的直接推动,特别是南开大学翻译学博士生多人沿着传统译论经典诠释与现代转换的路子进行研究,取得了一系列成果。该书所引发的国内对传统译论的研究和讨论,部分纠正了翻译学建设全盘西化的单一倾向,形成了与引入西方译论和翻译研究学派相抗衡的一支学术力量,即中国翻译学学科建设的民族化研究方向。

2017 年,作者在初版基础上加以修订、扩充、提高、深化,新增 10 余万字,出版了该书新版。在新增部分,作者继承传统译论的人文精神,并利用其方法和资料,创造性地提出翻译笔法、翻译表现手法等概念,重新回顾和整理了有关传统译论的历史史料,从中清理出新的翻译理论问题,转化为新的翻译研究范畴,并追溯、分析和评析了中国翻译学的发展历程。

2.2.3 传统译论文献和研究成果外译

改革开放以来,中国学者用外文发表了少量的有关传统译论介绍和研究的论文。传统译论文献资料的外文翻译选本主要有两部,香港岭南大学陈德鸿的 Twentieth-Century Chinese Translation Theory:Modes,Issues and Debates(Benjamins2004)和香港浸会大学张佩瑶的 An Anthology of Chinese Discourse on Translation(Volume 1:From Earliest Times to the Buddhist Project,St.Jerome,2006;Volume 2:From the Late Twelfth Century to 1800,Routledge,2017)。后者是具有划时代意义的传统译论的文本编辑和疏解并以英文的形式呈现的成果。继承传统学术精神和善于吸收新的研究成果是这个选本的一大特点。当代传统译论研究成果的外译有王宏印《中国传统译论经典诠释》(2017)英文版 A Critique of Translation Theories in Chinese Tradition(2018),该译本是笔者主持完成的国家社科基金中华学术外译 2016 年度项目的成果。通过这个译本,英语读者不但可以知晓中国学者对传统译论的重要经典文献进行研究的方法和成果,也可以掌握中国翻译研究改革开放以来的发展轨迹和当下发展的基本状况。总体上,这方面的外译成果还是太少。

三 传统译论研究的发展前景

对于传统译论自身存在的问题,国内译学界已基本达成了一致的认识。除了当代翻译实践本身的进展和理论方法的进步外,已可以看出传统译论与现代译论和当下翻译学建设要求的明显落差。另外一个明显标志是,当代学者利用传统译论学术资源进行理论创新的成果,已经呈现出了综合得不能再综合的特征。然而,作为研究对象特别是阐释对象的传统译论,具有永远的重要价值,是中国现代译论建设的宝贵资源。由前文对改革开放以来传统译论研究的梳理,可知我国译学界已经取得了多方面的显著成绩。未来一段时期的传统译论研究可考虑在以下五方面加大力度:

(1)进一步展开对传统译论的系统性研究和对各家理论的深入研究,以编撰真正意义上的中国翻译理论史。这一方面应当注意解决下列问题:一是将理论史和实践史加以吻合,包括分期、开端和下限,使二者能够相互说明。二是可尝试以翻译评论和翻译方法为中介,力争说明理论与实践之间的联系。三是从二者相对发达的一面,说明理论在何种程度上依赖实践,反之亦然。四是说明中国翻译在中西文化交流史及汉族和少数民族交流史上的地位和作用。

(2)继续挖掘中国传统文化的译学遗产,使国学传统从古代形态向现代形态的理论转化得以完成,以建立起中国的翻译理论和中国翻译学派。为此,应避免两种倾向,一是按照西学框架或中国哲学范畴加以概念化解释,由于缺乏对相关原始资料的考证和中国翻译史的扎实研究,难以进入翻译理论本身的论题而浮于表面;二是重新钻入故纸堆,查阅和注释文献,特别是佛经翻译序跋等文献,将其依附佛经文本加以评论式的解释,或者重新提出分期或分类,表现出缺乏研究思路上的突破。同时也要避免把古代翻译理论局限在翻译批评的层面上,导致无法进行更高层次的理论提升或理性反思。要注意解决的问题是:首先是在翻译理念上深入挖掘文化资源,以期利用具有民族的原始的东方思维特征的思想原型构建新的翻译观。特别是着力从中汲取营养并以之为参照,整理出以言语操控为基础的文笔的继承和进步,再将译笔用以考察文学翻译史,从中整理出译笔的发明和继承机制。其次,在翻译方法研究上吸收中国文学艺术各门类技法层面的营养,尤其是提高和汉语有关的语言转换技能意识并完善汉外-外汉转换执行系统,使其能达到整个文本和各种文体的覆盖范围。三是在翻译评论上更新传统译论中的翻译原则和评判标准,力求建构一套适用而有效的新的评价标准和评价程序,形成以文学翻译及其评论为主体建构的传统译论研究优势领域。

(3)在传统译论和西方现代译论交融的过程中,努力使中西译论在理论上进行相互阐发,互相发明,以对中西译论的认识在学术互动中加深和扩展。可注意解决以下问题:一是以西方现代译学和哲学为参照框架,进一步对传统译论中的相关问题进行清理,寻找有价值的论题加以理论阐释,使之条理化和明晰化,以形成和国际译界对话的资格和条件。二是把传统译论中最有价值和特色的理论加以整理和提炼加工,主要是在原理基础上增加演绎系统和合理地逻辑推演,使其具有现代译论的明晰性特征和时代精神,成为现代译论的一部分。三是从传统译论或文论中吸取可用的概念,对于西方现代译论中相关问题进行对等阐释,发掘其中的隐秘意义,以便形成中西文化资源上的最佳结合。四是利用国学的训诂学优势和西方的语言学、解释学相结合,用中国的诗学和西方的诗学相结合,用中国传统文章学和西方的语文学和篇章分析相结合,等等。由此形成中西现代学术相互对接的统一基础,作为译学的理论资源和思路启发。

(4)传统译论有自身独特的本体价值与精神传统,需要从方法论和认知论的角度入手来呈现,而大脑神经与意识科学以及酝酿中的第四次工业革命为中国翻译理论体系的重新发现、认识与发展带来新的契机。① 在未来的传统译论研究中,可注意采用新的理论、方法和技术进行研究。同时,传统译论研究经过70年的发展,要求对其本身进行总结、反思。在这一方面,可以已取得的成果进行全面梳理,进行针对传统译论研究本身的元理论和方法论研究,以引导传统译论研究更好地发展。

(5)在让中国文化"走出去"的背景下,让传统译论的当代研究成果"走出去"已成为我国翻译界一个重要课题。在国家实施"走出去"战略、鼓励中华学术外译的有利形势下,努力发挥翻译界优势,和国外智力资源和出版机

① 温辉.中国翻译理论的本体价值与展望[J].上海翻译,2015(4):21-24.

构合作,不但要用外文在国外发表和出版传统译论学术研究成果,而且也要通过外译让更多的传统译论经典文献和当代传统译论研究成果走出去,进一步改变中国翻译理论进出口的逆差,让国外同行听到更多的中国翻译理论的声音,不但有助于国外翻译界了解中华悠久的翻译传统,同时也能促进中外翻译理论的双向阐释和建构作用,并最终为世界译学的普遍原理之建构做出贡献。

注释

① 近来有学者认为,《中国传统译论经典诠释——从道安到傅雷》一书的诠释方法是"以西释中",实属误读、误解。

作者简介:王晓农,博士,鲁东大学外国语学院英语系教授、硕士生导师、副院长,鲁东大学国家语委汉语辞书中心研究员。高廷,鲁东大学外国语学院外国语言文学 2020 级硕士研究生,方向为翻译理论与实践;孙子贻,鲁东大学外国语学院 2020 级翻译硕士研究生,方向为英语笔译。

中外文化交流中联络口译员角色研究①

一 引言

口译是发生在一定社会情境下的交际互动行为,而不是真空状态下的纯语言转换互动,因此,译员不可避免地受到自身社会文化背景的影响,如社会关系、习俗、约定和期待等,自觉或下意识地使自身行为符合社会对该职业的行为期待。这种与社会地位有关并起到行为约束作用的期待被社会学家称为"角色",这一概念对研究译员的职业表现起着重要作用。口译不仅仅是一种语言行为,更多的是一种跨文化交际的活动。除了负责双语的转换,译员还是跨文化交流的桥梁,要懂得交际中的文化常识和交际技巧,负责对文化的差异进行理解和再表达。

随着全球化发展及随之而来的频繁的人口迁移,联络口译在外交、文化、经贸、旅游、医疗和司法等领域的作用及重要性日益凸显,职业化进程加快,译员角色及其所引起的交际问题越来越受到社会和学界的关注。2013年,习近平总书记提出了"一带一路"构想倡议,"一带一路"沿线60多个国家使用的官方语言约60多种,这也意味着中华文化要与世界各种文化交汇、碰撞。语言是文化的载体,译员是文化的桥梁,联络口译面对面的交际

① 山东省教学科学"十三五"规划2019年度"高校外语教学专项"一般资助课题"《中国英语能力等级量表》在高校英语专业口译教学中的应用研究"阶段性成果,课题编号:BYGY201903。

互动特点使译员更多地参与到讲话双方的交流中,并在语言、社会文化、权力和地位等复杂因素交错的口译过程中所发挥着一定的作用,由此,联络口译员的角色也愈发重要,关系到国与国之间的政治、经济、文化交流,因此其研究视角也更加多样性。

本文从厘清联络口译与会议口译的区别入手,分析联络口译员角色差异产生的根本原因,然后通过梳理大量中外联络口译文献,从译员角色描述、角色期待和现实中的角色三个方面对联络口译员角色进行了探讨,旨在为联络译员在中外文化交流中,正确、科学地认识自身角色定位和行为模式提供一个理论借鉴。

二 联络口译与会议口译

2.1 联络口译的名称及定义

联络口译的说法来自它的英文"liaison interpreting","*liaison*"这个词在《新牛津英汉双解大词典》中的解释为"联系人或联络官",用它来命名一个口译类型,其实具有一定的模糊性,因为从根本上讲,任何形式的口译都是在进行"联络",因此,联络口译没有一个明确的定义,研究者更多的是对其进行描述[1]。如瑞典学者瓦登斯约[2]将联络口译称为"对话口译",认为这种口译形式是一种面对面的对话式互动,而非会议口译中隔离式的独白口译,译员通常在公共服务场合下工作,为那些无法用共同语言沟通的社会机构代表和普通人服务。简太尔等学者[3]则将发生商务、法律、医疗、教育、福利和移民等机构,或是在使用各主流语言和地方语言的人群之间发生的口译行为,以及在一些非正式场合产生的旅游、教育和文化联系的口译活动,通称为联络口译,译员以交传的方式当场进行翻译。

不同国家和地区对联络口译的叫法也不尽相同:在英国,联络口译被称

---

① 詹成.联络口译[M].北京:外语教学与研究出版社, 2010:2.

② Wadensjö, C.Recycled Information as a Questioning Strategy:Pitfalls in Interpreter-mediated Talk [A].In S.E.Carr, R.Roberts, A.Dufour and D.Steyn (eds.). *The Critical Link*: *Interpreters in the Community* [C].Amsterdam/ Philadelphia:John Benjamins, 1997:48.

③ Gentile, A.*et al.Liaison Interpreting.A Handbook* [M].Melbourne:Melbourne University Press, 1996:1.

为"公共服务口译";在加拿大,联络口译被叫作"文化口译",原因在于口译中交流的障碍主要源于对交际内容和方式中文化的不理解,译员需要去解释文化差别和误解。而在以瑞典为代表的北欧国家,联络口译被称为"对话口译",主要突出联络口译有别于会议口译的对话互动的特性,而场合则不限,几乎包括所有的法律、医疗、公共服务、商业外交等场景①。澳大利则一直使用联络口译这种叫法,其涵盖范围除了上述的法律、医疗和公共服务领域,还包括商务和旅游场合下的口译服务。

国内学者王斌华在《联络口译》一书中把联络口译描述成为一种工作模式,即由一位译员在同一场合中负责两种语言方向的口译,又称对话口译,广泛应用于外交会晤、商务会谈、旅游导览、医疗法律服务等场合②。北京外国语大学高翻学院任文教授的定义则能使读者更好地理解这一口译形式。她在总结已有定义,尤其是联络口译的基础上,结合移民国家和非移民国家的实际情况,提出了自己对这一口译形式的具体理解:联络口译是指发生在社区、译员、学校、法庭、警局、旅游景点、公司企业、生产或建设工地、政府服务部门、媒体机构、训练或比赛场馆等场合,有译员在现场或通过远程技术,主要以交替传译(有时也采用耳语翻译)的方式所进行的口译,包括在母语与外语之间、官方语言(或主流语言)与少数民族语言之间进行的口译,也包括同样场合下发生的手语翻译③。

尽管由于不同的历史背景、国情需求、传统风俗,联络口译存在名称使用上的分歧,但该口译活动的性质和涵盖内容却无本质区别,大都是发生在非会议场合,旨在帮助那些不能熟练使用所在国官方语言进行沟通交流的人们,使他们能够获得完全而平等的法律、医疗、教育、商务、旅游等社会服务。

2.2 联络口译与会议口译的区别及译员角色差异

联络口译和会议口译都是口译的一种形式,具有相同的口译本质,即把

---

① Mason, I.Introduction [A].In Mason, Ian (ed.).*Dialogue Interpreting*, *Special Issue of The Translator*, *Volume* 5, *Number* 2 [C].Manchester:St.Jerome Publishing.1999:147.

② 王斌华,伍志伟.联络口译[M].武汉:武汉大学出版社出版,2010:2.

③ 任文.联络口译过程中译员的主体性意识研究[M].北京:外语教学与研究出版社,2010:10.

一人用源语表达的信息转换成译语传达给另一人或多人,都是跨语言、跨文化的交际行为。二者都要求译员具有基本的口译技能,如听辨能力、记忆力、笔记能力等,都要求高标准的口译质量和遵循同样的职业伦理规范。但由于二者在具体的工作场合、参与方等方面的截然不同,导致了口译目的、口译模式、交际语境、译员角色等方面的较大差异。

联络口译的目的是帮助不通晓官方语言的人获得平等的公共服务,而会议口译的目的则是在持不同语言的人之间促成信息和思想的交流;二者参与方及数量完全不同,联络口译是双边的,译员一般面对面采取对话的方式进行传译,参与方通常为两人;会议口译是多边的,译员一人面对与会的多人,采取独白的方式进行传译①;二者的口译模式也不尽相同,联络口译主要使用短交传,而会议口译则是同传和长交传;口译的方向也不同,联络口译是外语到官方语言、官方语言到外语的双向互译,而会议口译则仅是一种语言到另一种语言的单向传译。二者之间的主要区别见表1。

表1　联络口译与会议口译对比

联络口译	会议口译
对话(通常是两名讲话人)	独白(1人对多人)
即席讲话(有一些可能是提前准备)	提前准备的讲话(通常有稿)
短话轮(相对而言)	持续的话轮
双向口译	单向口译

联络口译和会议口译在工作场合、口译方式和参与者等方面存在的差异导致了译员角色的不同。会议口译中译员的"显身性"最弱,最为隐身,充当着交流"管道"的角色。而在联络口译中,译员最为显身,成为积极参与交际活动的"第三方",比任何其他相对机械的口译形式都更加"人际化"。此外,联络口译还是典型的跨文化交际活动,其直接面对的是文化差异甚至文化冲突,译语表达必须符合目标语国家文化习俗,便于听众的理解;联络译

---

① Pöchhacker, F.*Introducing Interpreting Studies* [M].London and New York：Routledge, 2004:13-17.

员还是文化交际的直接参与者,负责沟通协调交际双方在文化理解方面的歧义,保证交流活动的顺利进行。有了译员参与的互动完全不同于独白式会议口译,交际过程或结果也会因译员表现或角色的不同而有所差异。

三　联络口译员角色描述

传统上对联络口译员的角色描述有两种:一种是保持中立的"语言译员"或者说是"管道"。"管道"一词源于"交际中的管道模式",由莱迪①首先提出,后来被普士②用来形容译员的角色,意为仅仅传输信息而用。忠实原语内容、完全准确地翻译讲话人每一句话被认为是译员唯一的作用。如澳大利亚的口译学者黑尔对多国的联络口译职业伦理规范进行了详细的对比和分析,发现大部分职业伦理规范都认同译员作为交流媒介的角色,而不支持译员充当"守门员""参谋""支持者"等角色。其中澳大利亚对法庭译员的角色作出了明确详细的规定,尤其指出译员不能提供文化解释服务,此类工作应由法庭成员来澄清解释③。第二种是完全参与到口译交际活动当中的"文化译员""文化掮客""文化协调者"和"提倡者/支持者"。"文化译员"的概念最早由加拿大的凯恩克洛斯在《文化译员培训手册》一书中提出的,她认为译员的角色除了作为"忠实的嘴巴",还应该是文化掮客或者客户的代表和支持者。"文化译员"不仅应能够准确地进行双语信息转换,而且还要掌握双语文化和专业领域知识,可以承担更多的角色,如调节者和支持者④。

除了上述这两种传统角色描述外,一些口译学者又提出了两种新的角

① Reddy, M.J.The Conduit Metaphor – A Case of Frame Conflict in Our Language about Language [A].In A.Ortony (ed.) *Metaphor and Thought* [C].London: Cambridge University Press, 1979:164-201.

② Putsch, R.W.Cross-cultural Communication: The Special Case of Interpreters in Health Care [J].*Journal of the American Medical Association*.1985, 254 (23): 3344 - 3348.

③ Hale, S.*Community Interpreting* [M].New York: Palgrave Macmillan, 2007:126.

④ Kaufert, P., Joseph M.Kaufert, Lisa LaBine.Research Ethics, Interpreters and Biomedical Research [A].In Sandra Beatriz Hale, Uldis Ozolins and Ludmila Stern (eds.) *The Critical Link 5: Quality in Interpreting – A Shared Responsibility* [C].Amsterdam/Philadelphia: John Benjamins, 2009:239.

色,即伙伴角色和显身不透光角色,认为译员是跨文化对话和互动活动中的合作者或构建者,即交际双方的伙伴。安吉莱丽则提出联络口译员的角色应该是显身但不透光的,不能完全透明或者隐身。一方面译员具有所有的社会和文化要素,能够和其他参与方共同构建交际互动场景,因此,他/她不是隐形的;另一方面译员又具有独自的理解和观点,在口译交际中,译员展示的不仅仅是语言知识和技能,而且还有其自身,这个自身不是完全透明的,而是半透明但不透光的,能够用其独自的理解和观点过滤掉或阻碍一些交际内容①。这也就是说角色的界限并不总是黑白分明的,有时候译员待在"灰色地带"也可以保证良好的口译质量。

更多的专家学者认为译员可充当多种角色,如文化掮客、文化中介、提倡者或支持者,认为传统的对立二分法,如"隐形"对"显身"、"机器"对"人类"、"中立"对"参与",不足以体现联络口译工作的复杂性。如内斯卡②认为上述传统意义上的角色都各有其合理之处以及大量坚定的支持者,与其争论孰是孰非不如从更加实际的角度把口译作为多种途径的互动,译员的角色取决于不同的场合,如下图 1 金字塔图形所示:

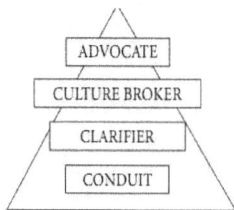

ADVOCATE
CULTURE BROKER
CLARIFIER
CONDUIT

图 1　内斯卡译员角色金字塔形图

大多数场合下,译员的角色是"管道",只需语句对应转换即可;在一些场

①　Angelelli, C.The Interpersonal Role of the Interpreter in Cross-cultural Communication: A Survey of Conference, Court and Medical Interpreters in the US, Canada and Mexico [A].In Brunette, L., Bastin, G., Hemlin, I.and Clarke, H.(eds.).*The Critical Link* 3: *Interpreters in the Community*.[C].Amsterdam/Philadelphia: John Benjamins, 2003:15-26.

②　Niska, H.Community Interpreter Training:Past, Present, Future [A].In Giuliana Garzone and Maurizio Viezzi (eds.).*Interpreting in the 21st Century: Challenges and Opportunities.Selected Papers from the 1ˢᵗ Forli Conference on Interpreting Studies*, 9-11 *November* 2000 [C].Amsterdam: John Benjamins, 2002:138.

合下译员需要做得更多,如遇到技术术语或文化术语,译员通常要加以解释以便听众能更好地理解,此时译员即为"解释者";而"文化掮客"和"提倡者"或"支持者"的角色则更具有争议性。实际工作中的译员有时不得不中断对话,解释一些特殊的文化事宜,避免导致双方的误解;"提倡"或"支持"意味着译员站在雇佣方或客户的一边,为其争取利益,如在商务谈判中扮演的角色。

瓦登斯约认为如果将口译看成是一种互动活动,那么有译员参与的对话就有其特定的交流原则,译员的角色也应是两种主要功能的集合体,一种是翻译,另一种是协调对话[①]。与瓦登斯约持相似观点的博尔顿也建议从两种角度来区分联络口译译员的角色:一是"直译互动场合",此时的译员选择充当"翻译机器"角色,轮流译出两个讲话人的每句话语,力求准确传达讲话人的意图,将话语的决策权交给双方讲话人。作为机器并不是隐身,而是更好地参与到互动中获得最准确的交流信息;二是"媒介互动场合",译员不是直接译出讲话人的每句话语,而是周旋于讲话人之间,决定哪些该译,哪些该省略掉,充当着"守门员"的角色。如在医疗口译中,省略掉患者的一些无关紧要的话语以节省医生宝贵的时间,同时添加给患者一些必要的、但是被医生省略的诊断或治疗信息[②]。

国内针对联络口译员角色的专门研究较少,其中具有代表性的观点主要有:梅德明[③]认为,联络陪同口译人员的任务就是在外事接待、旅游等事务中担任口译工作,在两种语言间提供双向交替传译,并在谈判中充当沟通人员或参加一些公关活动。在实际的联络陪同口译过程中,译员不仅仅是"传话筒""隐身者"和"中立者",而是能够"察言观色""见机行事",促进交际顺利进行的协调者。一位称职的译员,必须是既能成功地完成口译活动本身(语言的传译),又能出色地扮演好谈话参与者的角色。欧阳倩华[④]认为,联

① Wadensjö, C.*Interpreting as Interaction* [M].New York:Longman, 1998:35-52.
② Bolden, G.Toward Understanding Practices of Medical Interpreting:Interpreters' Involvement in History Taking [J]. *Discourse Studies* .2000 2(4).
③ 梅德明.口译进阶教程—联络陪同[M].北京:北京大学出版社,2008:57.
④ 欧阳倩华.政治性记者招待会中译员的人际协调功能[A],仲伟合主编:口译在中国:新趋势与新挑战—第七届全国口译大会暨国际研讨会论文集 [C].北京:外语教学与研究出版社,2010:213-225.

络口译员被称为交际活动中的协调者或中介者,会议口译则强调译员作为
中立的语言转换者所发挥的信息传递功能。詹成①指出,联络口译员在工作
中所发挥着人际关系功能,常常充当"陪同"的角色,如在外事活动、商务谈
判、社区服务等场合中陪同外交人员、商界人士、参观访客、医疗病患等,为
他们提供沟通服务。在联络口译中,由于情形复杂多样,交际双方地位和信
息的悬殊差异,译员需要发挥各种各样的人际关系功能。译员除了做好"翻
译"以外,还经常进行解释说明、信息把关、干预调停和协调帮助等,以确保
双方的沟通能够顺畅地进行下去。

四 联络口译员角色期待

众多研究表明,联络口译过程因受到社会交际、语境、语用等影响而变
得十分复杂,进而产生了一些限制性因素,如角色矛盾、职业忠诚、现场压
力、权力和距离的平衡等,最终影响到译员对自身角色以及社会对译员角色
的期待。比如在法庭口译中,译员的表现很大程度上取决于法官、法庭工作
人员、警官等各方的期待。一方面,法律要求译员必须"逐字逐句翻译"所听
到的一切;另一方面他们所受到的培训要求不能进行字对字的僵硬翻译。
一方面,法官希望译员保持中立,不偏袒,而另一方面却有时生恻隐之心希
望译员给被告以帮助。另外,联络口译员的自身素质也不尽相同,译员的语
言和文化能力、专业领域知识、交际能力等都会影响其互动和调解的角色。
有许多译员是临时的未经专业培训的,他们与职业译员能力的差异性也会
影响客户和使用方对译员角色的期待和判断。

1998 年欧盟开展了一个"欧洲联络口译调查"项目,对 13 个国家的 42
个口译服务机构进行了调查,其中有 18 家机构表明译员只可以翻译讲话人
原话,9 家机构认为译员可以充当"文化掮客"②。2000 年波赫哈克对奥地利
维也纳的 629 名医疗人员和社会服务人员就译员的素质和角色定义进行了

---

① 詹成.联络口译[M].北京:外语教学与研究出版社, 2010:3-4.
② Niska, H.Community Interpreter Training:Past, Present, Future [A].In Giuliana
Garzone and Maurizio Viezzi (eds.).*Interpreting in the 21st Century*:*Challenges and Opportuni-*
ties.Selected Papers from the 1st Forli Conference on Interpreting Studies, 9-11 *November* 2000
[C], Amsterdam:John Benjamins, 2002:133-144.

问卷调查,其中在使用方期待方面,有2/3的调查者认为译员的任务包括编辑作用,即简化使用方的语言和解释、概括客户的讲话;62%的调查者希望译员解释文化含义①。同一年,卡迪克对维也纳200名当地的法官就译员素质和角色进行了问卷调查,有85%的调查者希望译员替代法庭解释文化差异②。

英国口译学者富勒对英国地方法院的法官和译员进行了调查采访,发现地方法官们都希望译员尽量安静、不张扬、少介入以及尽量避免引人注目③。芬坦的研究也发现法庭中的律师都希望译员充当"机器"或"传话筒"的角色。他认为,在对立的法庭环境中,成功的关键在于对话语的控制,而这种控制往往掌握在原、被告双方律师手中。当律师通过译员与原被告交流时,部分话语控制权转到了译员手中,译员被认为是法庭权力的承载者,对法庭中的平衡的权力结构形成了挑战。尤其是当律师提问的时候,其希望通过"提问"来掌握主动,确立权威,但是这些"提问"中隐含的语用策略和效果,却往往被译员在译语转换过程中忽略,或者放弃,达不到预期的效果。因此,律师希望削弱译员的权力,使之角色隐身为"机器"或"传话筒"④。黑尔对悉尼的律师、医生的调查也证实了这一点,在问及所期待的译员角色时,有87.71%的律师和60%的医生选择了"译员应准确传译,将澄清或解释的责任留给客户或患者"。如果译员公开充当"中间人"或"守门人"的角色,编辑双方话语,失去了中立性,被调查的医生和律

① Pöchhacker, F. Language Barriers in Vienna Hospitals [J]. *Ethnicity and Health*. 2000(2).

② Kadric, M. Interpreting in the Austrian courtroom [A]. In R. Roberts, S. Carr, D. Abraham and A. Dufour (eds), *The Critical Link* 2: *Interpreters in the Community* [C]. Amsterdam and Philadelphia: John Benjamins. 2000:154-164.

③ Fowler, Y. The Courtroom Interpreter: Paragon and Intruder? [A]. In S.E. Carr, R. Roberts, A. Dufour and D. Steyn (eds.). *The Critical Link*: *Interpreters in the Community* [C]. Amsterdam/Philadelphia: John Benjamins, 1997:191-200.

④ Fenton, S. The Role of the Interpreter in the Adversarial Courtroom [A]. In S. E. Carr, R. Roberts, A. Dufour and D. Steyn (eds.). *The Critical Link*: *Interpreters in the Community* [C]. Amsterdam/Philadelphia: John Benjamins, 1997:30-31.

师都表示不再相信这样的译员①。可见医生和律师十分重视译员的准确性和中立性。

2003 年安吉莱丽对 64 名参加第四十届美国翻译协会大会的译员进行了现场调查,大多数译员认为自己或多或少应充当一定的角色,尤其是在建立信任、互相尊敬、交流信息和意图、解释文化差异、控制交际话轮以及建立互动联盟等方面。医疗译员比法庭译员和会议译员更希望显身。她随后又从人种学的角度审视了医疗译员的角色,发现大部分译员认为自己的角色要超出口译的范围,一些人认为要确保交流进行就要添加或省略原语信息,一些则认为自己是过滤器,要滤掉那些无用或冒犯的话语②。

2013 年,国内口译学者张威③对会议译员角色的自我认定进行了一次实证研究。其调查对象有 135 名译员,均参与过北京、广州、上海、成都等地次大型会议口译活动。调查结果表明,在口译实践中译员始终是交际行为的积极参与者,而且不断主动调整自身的定位,采取多种翻译策略,确保交际行为顺利进行。虽然这项调查主要针对会议口译员,但从一定层面上也反映了联络口译员的角色期待。

五　现实中的角色:矛盾与折中

专家学者、口译使用方以及译员自身对联络口译员角色的描述和期待各不尽相同,甚至相互矛盾。那么真实联络口译环境中的译员究竟扮演了怎样的角色?

英国的富勒④发现在法庭上大部分联络译员不会在行为上明显干扰或

①　Hale, S.*Community Interpreting* [M].New York：Palgrave Macmillan, 2007：146-152.

②　Angelelli, C.The Interpersonal Role of the Interpreter in Cross-cultural Communication：A Survey of Conference, Court and Medical Interpreters in the US, Canada and Mexico [A].In Brunette, L., Bastin, G., Hemlin, I.and Clarke, H.(eds.).*The Critical Link* 3：*Interpreters in the Community.*[C].Amsterdam/Philadelphia：John Benjamins, 2003：26.

③　张威.会议口译员职业角色自我认定的调查研究[J].中国翻译, 2013 (2).

④　Fowler, Y.The Courtroom Interpreter：Paragon and Intruder? [A].In S.E.Carr, R.Roberts, A.Dufour and D.Steyn (eds.).*The Critical Link*：*Interpreters in the Community* [C].Amsterdam/Philadelphia：John Benjamins, 1997：191-200.

中断庭审,但是他/她们却可以通过话语来显身并施加权力和控制。美国学者塞雷格森也发现译员远非所期待的那样谦逊隐身。从宣誓之时起,译员的在场就吸引了各参与方的注意。同时法庭的各方也未如自己所期待那样让译员保持中立或隐身,而是不断将注意力转向译员,如法官和律师经常直接询问译员而不是证人等,最典型的如"问下证人……"。有时,法官和律师将自身的责任转交给译员,让译员直接询问证人,甚至解决一些他们不能解决的问题;译员也通过不在意地改变律师问话的力度和意图,来影响律师所施加的权利和控制,甚至告诉律师如何提问,批评证人没有直接回答问题等①。

马来西亚的阿布拉黑姆的调查发现,许多马来西亚法庭允许译员作为被告的支持者或帮助人,因为被告往往都是不懂官方语言的弱势群体,不懂法律程序和术语,只能依靠译员的帮助。这些帮助包括辅导被告,告诉其如何法庭用语和表达选词,直接指示被告如何去做,提供语言的解释而不是表面的直译②。

在医疗口译方面,梅耶③观看了一段真实的医院治疗前医患之间碰头会录像,发现联络口译员竭尽所能做好语言口译,但是却缺少了医生所希望的交际技巧;而医生做到了语言的沟通,但是却忽略了文化的交流,结果是导致医患之间的交流出现到了障碍。在少有研究的精神理疗口译领域,波特发现译员还承担着合作方或者伙伴的角色,一方面提供语言和文化服务,另一方面起着交际和互动作用。译员的加入使二人治疗成为三人治疗,译员

① Berk-Seligson, S.*The Bilingual Courtroom: Court Interpreters in the Judicial Process* [M].Chicago: Chicago University Press, 1990:42.

② Ibrahim, Z.The Interpreter as Advocate: Malaysian Court Interpreting as a Case in Point [A].In Wadensjö Cecilia, Birgitta Englund Dimitrova and Anna-Lena Nilsson (eds.). *The Critical Link* 4: *Professionalization of interpreting in the community.Selected papers from the 4th International Conference on Interpreting in Legal, Health and Social Service Settings, Stockholm, Sweden, 20-23 May 2004* [C].Amsterdam/Philadelphia: John Benjamins, 2007:205-213.

③ Meyer, B.Medical Interpreting: Some Salient Features [A].In Garzone and Viezzi, M.(eds.).*Interpreting in the 21st Century: Challenges and Opportunities* [C].Amsterdam and Philadelphia: John Benjamins, 2002:78.

也被患者接纳,享有同理疗师同样的角色,不存在所谓的中立角色①。

西班牙的葛塞思对马德里医院的 100 名医疗口译使用者进行了调查,有四分之三的被调查者抱怨译员缺乏职业化,如经常同病人讲话而不口译,提供总结式译文,译入语不流利,缺少对医学术语和不同语域风格的认识等,大部分译员实际上充当的是调解者或中间人的角色②。戴维森的研究也证实了这一点,他发现现实中的大多数医疗译员充当了调解者或者说守门员的角色,往往不全部翻译双方讲话人的话语,而是根据与对话是否相关而取舍信息。如果他们认为医生的话语信息不全,便会擅自增加信息;有时会直接回答患者的问题,而不是翻译给医生由其回答③。

六 结论

目前,联络口译员角色仍是争论的焦点,对于译员是否能够,或者在何种场合下、多大程度上能够通过"非逐字"口译来协调交流,仍没有达成共识,也无定论。即便是有一个统一的行为规范准则,但在实际场合中译员对其角色仍然会困惑不知所然。一是因为译员自身的素质能力以及受培训程度不同,很多的联络口译员为志愿者或非职业译员;二是联络口译场合的多样性和复杂性,每个场合对口译程序、语言的正式程度以及译员参与的程度都有不同的要求。因此,需要根据不同的职业场合以及不同的服务对象来细分译员的角色。

此外,正如现实中的联络口译员角色是一种矛盾和折中的体现,笔者认为不妨对社区译员角色的描述和期待也采取折中的选择。角色是一个固定

---

① Bot, H.The Myth of the Uninvolved Interpreter Interpreting in Mental Health and the Development of a Three-person Psychology [A].In Brunette, L., Bastin, G., Hemlin, I.and Clarke, H.(eds.).*The Critical Link* 3, *Interpreters in the Community* [C].Amsterdam/Philadelphia: John Benjamins, 2003:25.

② Valero-Garcés, C.Responding to Communication Needs: Current Issues and Challenges in Community Interpreting and Translation in Spain [A].In Brunette, L., Bastin, G., Hemlin, I.and Clarke, H.(eds.).*The Critical Link* 3, *Interpreters in the Community* [C].Amsterdam/Philadelphia: John Benjamins, 2003:183.

③ Davidson, B.The interpreter as Institutional Gatekeeper: The Social-linguistic Role of Interpreters in Spanish-English Medical Discourse [J]. *Journal of Sociolinguistics* 2000(3).

的、事先已约定好且在互动过程中不再更改的概念。因此,不如尝试把角色区分为"活动角色"和"参与身份"或"立场"。活动角色是为保证完成某项特殊社会职业活动而事先定好的姿态,而"立场"则是由参与方选择的,是临时的、不断演变的。可以从参与方不断变化的话语中甚至一句话的起伏变化中觉察其立场。英国学者梅森则建议用"定位"来代替"立场"一词,认为"角色"是相对静止的概念,意味着参与方从某种程度上被局限在事先制定好的行为模式中。而"定位"则是谈话的一个动态特点,不断变化并受各参与方的交流协商限制。随着对话的进行,各参与方不断定位自己,同时也被其他人所定位①。梅森试图将关注点从传统上相对静止的译员"角色"概念,引到更加宽泛的"定位"概念上。他认为"立场"可以是讲话人个人的选择,就像对话中的代码转换,而"定位"则是一个互动性质的概念,它随着交流的发展而演化,是所有参与方共同交流协商的结果,可以随时被接受或因拒绝而替换。

作者简介:刘建军,硕士,鲁东大学外国语学院英语系副教授、硕士生导师,鲁东大学国家语委汉语辞书中心研究员。

---

① Mason, I.Role, Positioning and Discourse in Face-to-face Interpreting [A].In De Pedro Ricoy, R., Perez, I., Wilson, C.(eds.).*Interpreting and Translating in Public Service Settings: Policy, Practice, Pedagogy* [C].Manchester:St.Jerome Publishing, 2009:52~73.

一部中国翻译研究学术论著外译的佳作
——评《中国传统译论经典诠释：从道安到傅雷》英文版

一

    中国的译论已有两千多年的历史。如何系统理清中国传统的中国译论，促使其国学传统从古代形态向现代形态的理论转化，以继承和发扬中国传统文化的译学遗产，并通过翻译向域外译界传播和交流，是当代中国翻译理论建设需要解决的一个重要课题。① 已故著名翻译学者、南开大学外国语学院教授王宏印先生的《中国传统译论经典诠释：从道安到傅雷》即是国内译界第一部系统清理中国传统译论、促使其从古代形态向现代形态的实现理论转化的翻译理论研究专著。该书初版作为国家"十五"重点图书"中华翻译研究丛书"的一种由湖北教育出版社 2003 年出版。该书问世以后在国内译学界引起了很大反响，促使形成了与引入西方翻译理论和翻译研究学派相抗衡的一支学术力量和一个学科方向②，为 21 世纪以来中国理论翻译学形成中国传统译论阐释研究、西方现代译论研究和文学翻译批评研究三

---

    ①   王晓农.令文义圆通，使微言不坠：鸠摩罗什佛经翻译"圆通论"诠释[J].《中国翻译》,2021(2):29-36.

    ②   王宏印.中国传统译论经典诠释：从道安到傅雷[M].大连：大连海事大学出版社，2017:352.

足鼎立的基本格局做出了巨大贡献①,从而确立了中国传统译论(以下简称"传统译论")的学科地位,使传统译论在一定程度上实现了在当代的新生。

2016年,鲁东大学外国语学院王晓农教授依据该书翻译、申报了国家社科基金中华学术外译项目并获得立项,成为该类项目设立以来批准立项的第一个翻译学论著外译项目。原作者王宏印先生考虑到该书初版以后国内译界经过十多年的发展又取得了不少新成就,需要加以总结,同时通过希望通过该书的英译向国外读者介绍中国悠久的翻译理论和当代中国译学的新发展,"旧事重提不为、己推陈出新见功力、筚路蓝缕不止息",②经过一年的努力,在原书基础上新增十万字,于2017年在大连海事大学出版社出版37万余字的新版《中国传统译论经典诠释:从道安到傅雷》,观之颇有焕然一新之感。新版在翻译理论、翻译史编撰、译学方法论和学科建设诸方面都有新的开拓和贡献。全书释旧出新、融西立中,以促进传统译论的国学传统从古代形态向现代转化和传统译论在当代翻译学科建设中的更生,体现了独特的中国学术精神和风格气派。③ 王晓农教授英译依据的原作即这一新版,其英文版题为 *A Critique of Translation Theories in Chinese Tradition:From Dao'an to Fu Lei*,于2018年由美国学术出版社出版、发行,该学术外译项目也于同年顺利结项。

二

《中国传统译论经典诠释:从道安到傅雷》(以下简称《诠释》,均指新版)分为上下两编。从内容上看,上编为全书主体部分,在内容上涉及从东汉道安到当代傅雷,从中国的佛经翻译到外国文学翻译的理论研究约两千年的历史。作者选择了十家有代表性的译论进行了详细解析和现代阐释,旨在现实其基本论题、概念范畴和理论形态的现代转换。《诠释》这部分完善了初版论述框架的内在逻辑,充实了中西译论的比较阐发和翻译学科建

---

① 王晓农.释旧出新 融西立中——王宏印《中国传统译论经典诠释》新版述评[J].上海翻译,2018,(6):83-88.

② 同上。

③ 同上。

设思考等内容。下编主要是纳入作者本人近年来利用中国传统文化资源进行新译学尝试的成果,涵盖对佛经翻译传统的新思考、中国当代译学建设的策略和发展趋势,及其本人关于文学翻译笔法、表现手法和翻译标准的构建探索等内容。纵观全书,不仅自始至终贯穿着对传统译论的理论思考和现代诠释,而且旁征博引,有大量古今文献特别是佛教翻译话语的引用和评析。在表述上呈现古今杂糅的近代汉语学术散文风格,既有对某些专题的逻辑严密、话语严谨的细致论述,又有颇具高屋建瓴性的视野宏阔的理论概括。《诠释》的这些特征使其英译颇具难度。译者王晓农教授曾师从作者王宏印先生攻读博士学位,对该书的内容甚为熟悉,又有长期从事古今学术汉译英的实践经验,该书英译可谓"得人"。

王宏印先生曾提出,就文本翻译而言,原文本原则上可大致分为再现类和表现类两类,他依据两类文本的翻译特征对严复"信达雅"译论进行了当代诠释,并相应提出了再现和表现两种翻译策略和方法。①原著就其作品类别而言,总体上属于再现类论著。译者在译后记中指出,在翻译过程中,译者给自己设定的翻译要求是:

落实"信达雅"三个字,具体则是按照王宏印教授以再现类作品翻译为对象就"信达雅"翻译原则进行的新诠释来操作,即在事理上,追求客观、完整、缜密,在语言上,追求准确、流畅、鲜明,在风貌上,追求简约、匀称、统一。落实到语言转换上,我力求使术语的英译和注释明确有序,句子语义明确而行文晓畅,篇章则根据上下文做必要调整,包括有些地方的简化、改写,甚至不译。另外,注意了英语学术论著所要求的格式规范问题。相对于中文版的夹注模式,英文版采用了脚注,并增加了不少解释性、信息性的注解。同时,正文行文中也有一些增加的文字,使译文意思显豁、易懂。总体上,译文与原文相比,显得"厚重"了些。②

由以上译者就翻译思路的说明基本上可知其主观上的翻译策略和取向。《诠释》英文版基本上保留了原作的文本和副文本格局,即保留该书初

---

① 王宏印.文学翻译批评论稿(第二版)[M].上海:上海外语教育出版社,2010:164.

② Wang, X.-N.(trans.).*A Critique of Translation Theories in Chinese Tradition:From Dao' an to Fu Lei*[M].Salt Lake City, USA:American Academic Press, 2018:314-315.

版序言和前言、上编、下编、后记,在文本构成上的不同主要体现在副文本层面译者增加了正文前的缩略语表和正文后的参考文献、术语表和译后记,以及正文中将原文的夹注改为当页脚注,而且在脚注数量上有相当的增加,总数达 278 个注释。增加的脚注主要涉及对原文个别地方的内容或词语的解释说明,如英文版脚注对作为术语的"中国传统译论"(P7①)、"西域"(P18)、"温故而知新"(P197)的注解;对翻译用语和译法的说明,如英文版脚注对"孔子和儒学"(P10)和"轴心时代"(P214)的翻译说明;对内容的增补,如对"卦"的注解(P86)以及少量译者对原文内容的评论,如 P216 脚注 217。下一节仅结合少量典型例证就原文正文的英译进行简要分析,主要考察译者的翻译思路和译文现实的一致性问题。

三

对一部译作的评析可以有不同的视角,包括描述性和规定性视角、内在视角和外在视角等。本节基本上属于采用描述性的内在评价角度,主要从译者本人所依据的主观翻译策略,即王宏印先生对再现类文本翻译"信达雅"的诠释所说的,在事理上,追求客观、完整、缜密;在语言上,追求准确、流畅、鲜明;在风貌上,追求简约、匀称、统一,通过典型译例分析其客观落实情况,考察译者是否较好实现了自己的英译目标。

(一)事理

学术论著的翻译,其再现性翻译策略在事理再现上的要求是译文应做到对原文的思想、理论、原理、概念、观点等内容方面的客观、完整和缜密的再现。这是学术翻译最基本的要求,也是学术翻译的基本特征。下面对《诠释》第一章中的一段原文和其译文进行比较分析。

例1

原文:文质概念,在不同的时代和不同的语境内,甚至在不同作者的表述里,例如,在道安和梁启超的论说里,可能不完全是一回事,加之后人的揣测,更加强了这一问题的复杂性。这从下面一段话里可以分析出来:

---

① 本文用"P"标记的页码均指 *A Critique of Translation Theories in Chinese Tradition*:*From Dao' an to Fu Lei* (Salt Lake City: American Academic Press, 2018)内的页码。

　　道安译经于直译原则之坚持,实是汉时译经"弃文存质"宗旨再唤起。"好文好质,隐表南北分气之殊。虽谓直译意译两派,自汉代以对峙焉可耳"(梁启超:《翻译文学与佛典》,上海古籍出版社 2001 年版,第 181 页),"文""质"之争,时来久矣! 自汉以来,"直译""意译",各执一端,阵垒分明。(《中国佛教翻译史稿》,王铁钧著,中央编译出版社,2006 年,第 105 页)

　　……

　　《中国佛经翻译史稿》作者王铁钧的论述,也具有类似把文质之分等同于直译意译的论说倾向,可见这一问题,在今天中国译界已经形成普遍的以西方现代直译意译概念替代中国古代文质概念的势头。好在王铁钧并非完全混同,而是保持了历史语境下的文丽派与意译派的相提并论和术语互换。这样,至少在理论的表述上,还是有所保留的。①

　　译文:In different ages and different contexts, and even in the statements by different authors, such as those by Dao'an and Liang Qichao, the conceptions of *wen-zhi* are not probably identical. The guesses by later scholars, not all well grounded from time to time, add to the complexity of the issue. This inconsistency can be observed in the following remarks.

　　Dao'an's adherence to *zhiyi*(直译) principle for translating Buddhist sutras is actually the resurrection of the purpose of translating Buddhist sutras for "dropping *wen*(文) and retain *zhi*(质)" prevalent in the Han dynasty. "The liking for *wen* or *zhi* implicitly manifests the difference in ethos between the north and the south of China. Though we say there are the two schools of translators today, i.e. the *zhiyi* and the *yiyi*(意译), their opposition to each other already began since as early as the Han dynasty."[8] So prolonged is the dispute between *wen* and *zhi*! Since the Han dynasty, *zhiyi* and *yiyi* have been pitted against each other, each holding a pole.[9]

　　……

---

　　① 王宏印.中国传统译论经典诠释:从道安到傅雷[M].大连:大连海事大学出版社,2017:20.

As shown in the above quotation from Wang Tiejun 王铁钧, author of *Zhongguo fodian fanyi shigao* 中国佛典翻译史稿（A Draft History of Chinese Translation of Buddhist Sutras）, he also tends to equate the distinction between *wen* and *zhi* with that between *zhiyi* and *yiyi*. This is symptomatic of a mentality wide-spreading in contemporary Chinese translation community which takes the ancient Chinese *wen-zhi* concepts for something as meant by the modern Western *zhiyi-yiyi* concepts. Fortunately, Wang does not confuse them out and out, for he puts *wen-zhi* and *zhiyi-yiyi* side by side in the specific context and thus at least theoretically he leaves some leeway.

［8］Liang Qichao, "Literature in Translation and Buddhist Sutras," in *Studies in Buddhism：Eighteen Essays*. Shanghai：Shanghai Chinese Classics Publishing House, 2001：202-279.

［9］Wang Tiejun, *A Draft History of Chinese Translation of Buddhist Sutras*. Beijing：Central Compilation & Translation Press, 2006：105.[①]

上例所引原文通过引述近代和当代学者的论著主要论述了学界存在的混淆古今翻译概念的现象,但也并未完全否定有关学者的观点,而是中肯地加以评论。译者对原文事理层面的处理可以认为是客观、完整、缜密的。译者通过拆句(如原文第一句的译文)、替代(如使用 inconsistency)等处理方法以及使句式多样化,准确再现了原文的理论思想和观点甚至语气。文中专有名词的译法,斜体的使用,文中夹注统一换为脚注,信息准确,呈现方式规范、统一,使其颇具学术气象。

（二）语言

在语言上,再现性翻译要求译文通过语言操作在遣词造句谋篇上构建起准确、流畅、鲜明的译文语言。其中,鉴于汉英两种语言的本质差异在造句的机制不同,原文英译的句法转换对译文文本构建具有重要意义。这里

---

① Wang, X.-N. (trans.). *A Critique of Translation Theories in Chinese Tradition：From Dao'an to Fu Lei*［M］. Salt Lake City：American Academic Press, 2018：22. 译著原文均为 Times New Roman 字体,本文为区别起见,译例内部的引文译文用不同字体标记,原脚注置于译例译文部分的下方。

从《诠释》"绪论"部分选取一例,考察译者的译文造句特点,以观译文文本的语言特征。

例2

原文:中华民族是一个具有丰富的人文传统的民族。多源头、多民族、多语言的多元一统的中华文明,在经过了先秦时期诸子百家的激烈争鸣以后,归入了秦汉大一统的政治格局。①

译文:The Chinese nation is a nation with abundant humanistic heritage and the Chinese civilization is a civilization of multi-ethnicity with multi-sources and multi-languages. Following the pre-Qin contentions heated among various schools of thoughts was a political pattern of unification in the Qin (221-206 BC) and Han (206 BC-AD 220) dynasties.②

本例原文是讲传统译论呈现的基本特征之所产生的中国文化背景和特点的一段话的前三句。译文对原文进行了结构转换,其特征是对原文的信息进行重组(如对原文第二句的拆句),对原文并置的词语按照其内在逻辑关系区分出层次(如"多源头、多民族、多语言的多元一统的中华文明"),对原文论述上存在的漏洞进行了弥补(如增补"and thereafter",采用"the Indian subcontinent"),采用了词类的转换(如"Ideologically")、倒装句式(译文第二句)和英文特有句式(如用"saw"做谓语动词)等。这一系列操作的结果,使得译文具有很强的可读性,达到了准确、流畅、鲜明的要求。

(三)风貌

这里的风貌是指译文的整体而言的。在风貌上,再现性译文追求的是简约、匀称、统一,基本属于交际修辞的范畴。《诠释》的写作风格总体上是当代汉语学术语言风格,同时在不同的部分也具有明显的古今文体杂糅的特征。下面从下编第一章中选取一段话,与其译文进行比较分析,企以一斑而窥全豹。

---

① 王宏印.中国传统译论经典诠释:从道安到傅雷[M].大连:大连海事大学出版社,2017:4-5.

② Wang, X.-N.(trans.).*A Critique of Translation Theories in Chinese Tradition:From Dao'an to Fu Lei*[M].Salt Lake City:American Academic Press, 2018:10.

例 3

原文:甜熟:"甜熟"是一个中国绘画用语,与"生辣"相对立。所谓"生辣"就是风格化和陌生化,相反,"甜熟"则是一种套路,一种因为驾轻就熟而形成的翻译体,一种看到什么就知道怎样处理的翻译熟路。这种译文的优点似乎是流畅而自如,文通字顺,但是给人以太多翻译的痕迹,或者某某人译笔的感觉。例如,所有的古典诗词的英译,一碰到"凭栏"就 lean on the balustrade,而不管当时有没有"栏杆"可凭,或者有没有必要凭栏,例如"无事莫凭栏"。同理,一遇到"空"字,就想到了要译成什么什么 vainly 或 in vain。有匠气,无思想,徒见技巧,而且玩得很熟,甜熟是也。①

译文:*Tianshu* 甜熟 (skillfulness).The "skillfulness" is usually employed in Chinese painting criticisms, opposite to "estrangement" (*shengla* 生辣).In Chinese painting terminology, "skillfulness" points to the adept use of a set of fixed skills, while "estrangement" refers to personal stylization and defamiliarization.Here "skillfulness" is used to mean a translator's way of translation he has developed fully from his skilled practices of translating too many similar things and getting too familiar with them, indicating a well-trodden track to him, who knows, the moment he sees the original, how to do it.Speaking of the advantage of his translation, it seems to be well-worded and smooth to read, but it always shows too many identifiable signs of translation or is indicative of his individualized pen for translation.For example, in translating classical Chinese poems into English, whenever he meets *pinglan* (凭栏, lit., "lean on a balustrade"), he always renders it to "lean on the balustrade," regardless of whether there is any "balustrade" one can "lean on" in the context or whether there is any need for one to "lean on" a "balustrade," as in the case spoken of in *Wushi mo pinglan* 无事莫凭栏 (lit., "Do not lean on the balustrade for no reason." [208]).By the same token, the sino-graph *kong* 空 (vainly; in vain) is always put into the English adverb "vainly" or adverbial "in vain." Thus, strong in

---

① 王宏印.中国传统译论经典诠释:从道安到傅雷[M].大连:大连海事大学出版社,2017:299.

craftsmanship yet weak in thought, he plays only with the skills and that very skillfully.

[208] The poetic line "Wushi mo pinglan" is from a poem by Li Yu 李煜 (937 - 978), the third ruler of the Southern Tang state during imperial China's Five Dynasties and Ten Kingdoms period.①

本例原文是作者在论述晚近的文学翻译作品不尽如人意的一些特征时分析的第五种情况。这段文字既有客观描述和学术术语,又有辛辣的评论,白话之间杂入文言语句、英文词语。译文很好地处理了各类话语成分的关系,通过运用多种翻译技巧和句间衔接手段,使全文向现代英语转化,同时又保留了原文字里行间的辛辣气息,读来毫无斧凿之痕迹,可谓达风貌之简约、匀称、统一之要求。

有以上译例分析可见,译者总体上达到了自己设定的再现原文事理、语言和风貌的翻译目标,可以说是一部中国当代翻译研究学术论著英译的佳作。当然,这部译著个别地方也存在不严谨乃至错误之处。例如,在译后记中傅雷英文译名 Fulei,与封面和正文中的写法 Fu Lei 不一致(P314);在参考文献中,《中国传统译论研究的新突破》作者为赵秀明(Zhao Xiuming),误写为"严秀明(Yan Xiuming)"(P300)。希望译者在本译著再版时去除这些"微瑕",使之成为"白璧"。

总之,A Critique of Translation Theories in Chinese Tradition: From Dao'an to Fu Lei 总体上可谓达到了《中国传统译论经典诠释:从道安到傅雷》英译者追求的事理、语言和风貌的翻译目标。该译著的出版必将有助于继承和发扬中国传统文化的译学遗产,向英语世界彰显独特的中国学术的精神和中国翻译学派的风格气派,能够为中华学术的译学成果走出去、为中国译学界和国际译学界的学术交流牵线搭桥,为世界译学的普遍原理之建构做出贡献。

作者简介:曲磊,硕士,鲁东大学外国语学院英语系副教授、硕士生导师,鲁东大学国家语委汉语辞书中心研究员。

---

① Wang, X.-N.(trans.).*A Critique of Translation Theories in Chinese Tradition: From Dao'an to Fu Lei* [M].Salt Lake City: American Academic Press, 2018:201.

论英语 MTI 研究生语言和翻译基本功训练
——兼评介《英语专业研究生句法与翻译基础》

一 引言

国务院学位委员会 2007 年 1 月批准设置翻译硕士专业学位(即 Master of Translation and Interpreting,简称 MTI),2007 年开始试点招生。这是中国翻译学科发展史上的一件大事。今年,全国 MTI 试点院校已达到 215 所。MTI 教育实施以来已取得了很大成就,但也存在不少问题。就英语 MTI(本文 MTI 主要涉及英语 MTI)而言,其中最突出的莫过于学生的英语语言和双语翻译的基本功都比较薄弱。本文将对这个问题进行探讨,并对有助于解决这个问题的《英语专业研究生句法与翻译基础》(2014 年出版)一书加以评介。

二 从学术化到应用型

英语本科专业已连续几年被教育部列为就业难"红牌专业"。其原因非常复杂,但也不难理解。从英语专业学生的英语应用能力来说,合格的学生并非多数。本书第一作者李玉陈教授,在该书"前言"中开门见山:"20 世纪 80 年代初,我注意到,英语语言文学专业大多数本科生使用英语没有把握,具体表现是用不成句:读不成句,听不成句,说不成句,写不成句,译不成句……学生读、听、说、写、译不能成句的首要原因就在于他们没有清晰、明确的句子概念,不知道英语句子该是个什么样,既不可缺少什么,也不可多出什么。"①(以下引自本书的内容出处仅给出页码)至于英语专业硕士生的表现,他发现,"百分之八十以上的研究生使用英语不能成句,百分之五十以上的研究生读不懂英语文学和学术原著,学位论文中只要是自己动笔写的部分,语言错误较多,论文答辩中的表现更是令人尴尬。"(第1页)笔者近年来在参与研究生教学和指导的过程中,也深有同感。

李玉陈(第7页)认为,这种现象与英语专业脱离实际、搞空头学术化有关。现在高校几乎一律以教师论文数量及发表论文的刊物档次为硬指标评聘职称,以致真才实干的渊博之士逐年减少;至于教学质量,竟有主事者反问:"现在还有谁考虑教学质量?"加之上上下下的既得利益者又故意夸大英语专业研究生"学理论、搞科研、写文章"的重要性,这无异于雪上加霜。和其他专业研究生不同,外语专业研究生必须首先解决好外语问题才能顾及其他,顾及其他也才会有建设性意义。拿英语专业研究生来说,英语不过关,读、听、说、写、译(以难度为序)都不能成句,甚至连英语文学原著和学术原著也读不懂,还学什么理论?搞什么科研?写什么文章?正如一些学生所说,"本以为学到了很多东西,但一接触实际就觉得什么也不会了。"这就道出了当今高校英语专业教学的弊病之所在。一方面每年有大量本科生和研究生毕业,另一方面合格的英语人才缺乏。国际译联副主席、中国翻译协会黄友义副会长2009年11月17日在《人民日报》发文提出"中国真正合格的'中译英'人才不足百人",并称"只有提高翻译的高等教育水平,才能满足未来对于翻译人才的需要"②;上海翻译家协会副会长黄源深教授也指出,今日翻译界人才断层,"青黄不接"③。这虽与社会大环境有关,但主要还在于三十多年来英语专业教学不在英语上精益求精,而在外来的语言学理论上大做文章,以致学生英语应用能力低下。

MTI的增列,标志着外语教学的"回归"。这既是契机,也是挑战。MTI教育以培养应用型、高层次、专业化翻译人才为目标,这是设立MTI专业学

---

① 李玉陈,李彦文.英语专业研究生句法与翻译基础[M].济南:山东大学出版社,2014:1.

② 黄友义.翻译是桥梁也可能是屏障[N].人民日报,2009-11-17.

③ 陈熙涵.文学翻译人才青黄不接 参赛译文难传达原作美感[N].文汇报,2008-12-15.

位的初衷。中国翻译协会前副会长李亚舒认为,翻译硕士学位未来或许有助于拉起一支合格的译者队伍。① 如果英语 MTI 研究生教育,能率先拨乱反正,以务实求真精神,即以"务翻译之实事,求双语之真知"精神,培养称职的口笔译工作者,实属中国外语教育之幸。

三　目前 MTI 研究生教学的问题

2011 年全国 MTI 教指委对上海外国语大学和南京大学两所综合改革试点单位的中期验收发现,存在的不足主要表现在办学理念、教师队伍建设和实习基地建设三方面。② 所谓"办学理念"问题,实质就是重理论、轻实践,忽视、甚至鄙薄基本功训练。何刚强(2016)指出,我国翻译专业研究生教育存在着"四重忧患"伴"三关失守"的问题,其中就有语言不过关的问题。③ 在MTI 教学中,学生实践机会少,理论和实践课时安排不合理。④ 目前 MTI 研究生教学方式方法多与学术学位研究生类似,特点是"三多""三少""一缺失":课程多,听课多,理论多;独立钻研少,课外读书少,语言实践少;基本功训练缺失。这"一缺失",正是 MTI 研究生培养质量问题的根本之所在,以致学生在校学习期间,通过二级口译或笔译翻译专业资格(水平)考试的寥寥无几,大多数培养单位难以达到培养目标要求。

上述问题,有些可通过行政管理、规章制度和导师(组)改进工作质量的办法来解决。但作为 MTI 专业基础之基础的英语基本功和翻译基本功的训练则必须采取切实有效的措施。照理说,学生通过了入学考试,就意味着英语和翻译基本功达到了要求。然而,学员入学后的表现却远非如此;而课程设置和教材使用所预设的前提——学生的英语应用能力已经过关——实属幻觉。笔者自指导 MTI 研究生以来,在几所高校观察发现,有相当一部分学

---

① 董洪亮, 曹玲娟, 巩育华."零翻译"何以大行其道(解码)[N].人民日报, 2014-4-25.

② 何其莘.翻译硕士专业学位建设的三大难点——从综合改革试点单位中期验收谈起[J].东方翻译, 2012 (1).

③ 何刚强."四重忧患"伴"三关失守"——我国翻译专业研究生教育何去何从?[J].上海翻译, 2016 (2).

④ 尚亚宁.我国高校翻译硕士专业发展:现状、问题与对策[J].现代教育科学, 2011(4):74.

生的英语和翻译基本功不合格。如果不进行补课,学生专业翻译训练和其他方面业务素质的培养就不具备坚实基础,将来能否从事翻译工作就令人生疑。从笔者接触到的选择汉译英实践作为毕业翻译项目的学员提交的译文初稿来看,语言和翻译错误过多,其他方面的问题也多归结于基本功问题。

MTI 教学是正规的高校翻译教育,不同于翻译职业培训。在正规教育体制里,教英语和教翻译要提倡精讲多练、严格要求,学英语和学翻译要讲究理解深透、表达准确;教与学都要上规矩。学习英语和学翻译最终要落实在"表达准确"上,否则不能算是"学有所成"。李玉陈指出,翻译理论可以开拓译者的视野,使其翻译实践活动建立在更加自觉、更加自信的基础上,但归根结底,翻译是个实践问题。① 从培养目标来说,学员毕业时须要具备能够拿出合格译文的能力和一定的定稿能力,否则不能说达到了培养目标。MTI 教学的实践性不言而喻,其中首要的一环就是强化基本功训练。因此,必须充分认识翻译基本功训练的基础地位,否则基本功不过硬,其他都谈不上。

在目前情况下,要达成英语基本功是 MTI 专业基础之基础这一共识尚有困难。现职英语专业教师是 MTI 师资的主力,而英汉双优,既懂翻译理论又具有较高翻译实践能力和水平,同时又胜任翻译实践课教学者,犹如凤毛麟角,其中汉英翻译教师和口译教师尤为稀缺。至于同声传译,则更得从头做起。因此,存在 MTI 学位教育可能很快被"理论化""学术化"的危险。最令人担忧的是,现在越来越多的专业教师持有"译学"博士学位,极有可能自觉或不自觉地把"翻译"这样一种高级语言技能当作"译学"这样一门跨学科的学问来教,从而将哲学社会科学诸多门类及分支的论述和盘托给刚起步迈进翻译门槛的 MTI 学生,不仅自己鄙薄翻译实践以免因被误认为不懂或讲不了"译学"而"自惭形秽",而且在客观上误导学生重空谈、轻实干,不能胜任翻译实务。

四　从加强翻译基本功训练开始

从道理上讲,入学新生翻译基本功差,就应实事求是地首先(比如在第

---

① 王晓农.基于认知语言学的语篇翻译研究[M].成都:西南交通大学出版社,2011.

一学期)着力给他们补好翻译基本功这一课。其他暂且免谈或少谈。师生都应放下架子,借此机会共同提高各自的英语知识和技能,并在以后的教与学中把不断提高自己英语应用水平,尤其是汉译英,当作头等大事常抓不懈。翻译基本功训练犹如练武术,一招一式含糊不得,务必使学生做到基本概念清楚、操作行为规范、各项技术熟练,以保证他们英语、翻译行为的可接受性,这样才能为进入专业训练和专业译者一系列素养的培养打下坚实基础。

翻译基本功训练可分为英语知识梳理和英汉互译基础训练两部分。英汉两种语言的实质性差别不在用词而在造句,无论是说、还是写和译,其过程主要是选择和确定英语句子结构的过程,也就是造句的过程。因此以句法为支点,可撬动对整个英语知识的重新认识;在英语应用方面,不妨以汉译英为支点,把知识转换为技能。句法对汉译英的重要性从成篇的译作中可以看得很清楚。学生存在的普遍问题是句式贫乏甚至单一,突出问题是句式汉语化:一句话中并列成分堆砌,甚至多得首尾不能相顾,读者因找不到它们之间应有的语义关系而不知所云。究其原因,都可以归结到一点:对英语句法缺乏全面认识和理解。学习者用词的问题基本上可通过网络资源得到解决,而造句则纯属自己的独立工作,不能靠现查、现问来解决。因此,翻译基本功训练可围绕英语句法和汉译英来组织。

学习者翻译能力的提高是一个动态渐进过程,包括入门期(掌握基本翻译技能)、能力发展和熟练期(进一步获取并完善翻译能力,开始有意识地作出翻译决策并应用翻译技巧,然后发展到在翻译中发现问题、解决问题并熟练运用翻译策略)和职业专长阶段(进一步具备了从事翻译职业的能力)。①此即所谓"技""艺""道"逐步进阶的过程。根据"教学翻译"和"翻译教学"的概念区分②,翻译基本功训练是从"教学翻译"过渡到"翻译教学"的训练,主要在第一和第二期进行,为第三期进一步夯实基础。按现行一般做法,MTI专业翻译教学可分三阶段:第一阶段是课堂教学,主要目标是培养学生

① 王晓农.论翻译专业能力与外语专业翻译教学[J].唐山师范学院学报,2009,(1):159.

② 刘和平.再论教学翻译与翻译教学—从希拉克信函的翻译谈起[J].中国翻译,2000,(4):42.

专业翻译意识和各种翻译技能的分解教学;第二阶段模拟翻译实践,主要在课堂上进行;第三阶段专业实习。① 翻译基本功训练应在第一阶段作为必修课程展开。MTI 研究生培养单位可适度调整现在第一阶段的教学内容和方法,以突出翻译基本功训练。

推动中华文化走向世界、彰显中国文化软实力的重任,责无旁贷地落到中译外译者身上。因此,作为高层次翻译人才培养项目,应重点加强 MTI 笔译汉译外的教学和研究。在翻译基本功训练基础上,可进一步将汉译英分出,作为专业方向,针对性地培养汉译英译员。有些学者已认识到这个问题,如孔令翠、王慧(2011)在就克服 MTI 教育存在的问题而提出的对策中,专门提出加强汉译外训练的问题。② MTI 教学必须与翻译市场要求接轨,教学目标不能降低。在两到三年学制内和现有教学模式下,要达到汉译英的教学目标非常困难。为改进教学质量,在 MTI 英语笔译教学框架内,不妨分出汉译英方向进行严格训练,才能有望通过 MTI 教学提高汉译英人才培养的质量,对解决中国长期存在的翻译方向失衡问题真正做出贡献。这就更加突显强化英语基本功训练的重要性。

在上述大背景下,《英语专业研究生句法与翻译基础》(*Fundamentals of Syntax and Translation for Chinese EFL Graduate Students*)应运而生了。

五 《英语专业研究生句法与翻译基础》评介

李玉陈、李彦文著《英语专业研究生句法与翻译基础》,2014 年由山东大学出版社出版。笔者结合上文内容,对本书的产生和完善作一评介。

5.1 从讲义到成书

本书第一作者李玉陈,早年在北京外国语学院受过优质的英语教育,练就了过硬的基本功、严谨的学风、务实的才干和原创精神。这些素质,在本书中随处可见。例如,作者对英语语调的论述(第 16–17 页):

---

① 柴明颎.翻译硕士专业学位教育:一种较为宏观的思考[J].东方翻译,2012,(1):11.

② 孔令翠,王慧.翻译硕士教育发展的困境与思考[J].学位与研究生教育,2011(8).

However, the significance of intonation is not confined to spoken English. Intonation, according to our understanding, can bevocal or mental. Mental intonation, which is receptive as in reading and listening, or pre-productive as in speaking and writing, is no less important than vocal intonation, which is productive as in speaking or interpretative possibly in reading. So in practice, English intonation is part of English syntax for Chinese learners, in the sense that the listener and the reader as well resort consciously or subconsciously to intonation for the meaning of an utterance/sentence intended by the speaker/writer. In other words, the reader cannot obtain an understanding of a written sentence merely from its graphic presentation of syntactic structure without his interpretation by mentally or vocally assigning intonation to the sentence, just as the listener cannot place the correct interpretation on any spoken utterance without taking intonation into account.

李玉陈教授从教四十多年,对基本功的重要性理解弥深,并一直关注、思考中国的英语教学问题。针对国内高校英语教学领域自 20 世纪 80 年代以来出现的种种弊端,他不但撰文抨击,也努力思索一个他个人可以实施的解决办法。在这一过程中,他开始意识到英语句法在英语教学、特别是高阶英语教学中的重要地位和对学好、用好英语的关键作用。[①] 他认为,从应用出发来考察,句法是英语语音、语法和词汇三要素间的交汇点;以应用为目的,突出句法的轴心作用,把语言三要素融为一体,在句子层次上研习英语、培养听说读写译的技能,就能扎扎实实地打下学好、用好英语的基础,就能有效实现知识向技能、技能向应用的转换。[②] 因此,他萌发了为英语专业学生撰写一部能产生实效的英语句法教程的想法。但句法毕竟只是英语知识体系中的一个分支。像英语专业这样的技能型-应用型专业,知识只有与技能结合才有生命力,教学才能产生实效。句法的最佳技能搭档非翻译莫属,因为从过程上讲,翻译做的就是句子的文章,要的就是组句和炼句的功夫;

---

① 李玉陈.汉英翻译教学务实谈—兼论英语专业的定位与定向[J].山东外语教学,1999,(1).另见李玉陈.英语教学务实录[M].山东大学出版社,2020:41-49.

② 李玉陈:英语教学新思路[C].济南:山东友谊出版社,1998:340.另见李玉陈.英语教学务实录[M].山东大学出版社,2020:143.

一句对一句、一句扣一句地进行。

该书前身曾以讲义形式于1999-2004年在山东大学英语专业不同类型的研究生班中用过六轮(其间增订过五次)。学生一致反映,通过本教程学到了真正有用的东西。该书作为教材和教学参考书广为省内高校英语教师采用,也有省外教师用作教学参考书。该书出版十年以来,原作者和李彦文博士进一步对该书进行了增订。前后十五年,现版本的修订部分涉及2004年版二分之一以上内容,纯新增内容占现版本百分之三十五。

5.2 内容和结构

本书除"前言"、"后语"、Introduction 和 Conclusion 外,正文包括四个部分:

第一部分是"走近英语句法(Approaching English Syntax)——对英语句法的表层认识",由3章组成。第1章阐明句法定义,提出句法教学的原则、方法和过程及对学生在不同阶段的具体要求和目标,即基本要求是"基本概念清楚""语言行为规范""务实技能熟练";高级要求是"各类知识广博""业务能力多面""应对方法灵活",最终目标是"专业融会贯通""个人见解独到"(第3页),并澄清了不同层次句法单位的基本概念。第2章通观句子的方方面面,通过分析和比较,揭示英语在句法结构上区别于汉语的主要特点。第3章专论作为英语句法重要组成部分的语调及其与句子意义间的关系,其中不乏作者的独立见解。

第二部分"学习英语句法(Acquiring English Syntax)——对英语句法的初步剖析",共5章,从句法聚合关系的视角对英语句子成分主、谓、宾、补、状的形式和功能逐个加以分析,并对它们在使用中的交叉作用和边缘属性进行综合探讨,旨在帮助学生达到融会贯通,既见树木,也见森林,并进而逐步形成学生自己的独立见解。

第三部分"掌握英语句法(Assimilating English Syntax)——对英语句法的深层理解",包括句子嵌入、句型、句型转换和句子的文体修辞等内容;亦即由句子最小单位过渡到句子超外形修辞效果,以便学生由小而大、由少到多、由简及繁地消化、吸收英语句法的主干内容。特别值得一提的是,句型一章不仅选录了400个常用句型及相关例句,而且在许多最常用句型下面详细列出了适用于这些句型的同类中心词,给读者提供了非常宝贵的参考资料。

第四部分"应用英语句法(Applying English Syntax)——学习和掌握英语句法的目的",共五章,全面、深入探讨了句法在英汉互译,特别在汉译英中的应用,并就翻译对中国人学英语的意义、翻译的性质、原则和过程,提出了自己的见解。本部分对各类句子的译法和译例做了分析和比较,从而总结出一套行之有效的以单句为框架、以意义单元为基础、以直译为主意译为辅的翻译原则、方法、步骤和技巧。其中 A Chinese - English Translation Workshop 一章既谈翻译,又做翻译,体现了作者"谈是引子,做是关键,悟是目的"的理念。

除了贯穿全书的十大观点(见 Conclusion 部分),最重要的就是作者关于中国语境下英语教与学的理念,即在正规英语教育体制里,学英语,要讲究理解深透、表达准确;教英语,要提倡精讲多练、严格要求。本书的"前言"和"后语"非常值得一读。在"前言"中,作者阐释了自己关于"教"的理念;在"后语"中,作者阐释了自己关于"学"的理念。

5.3 评介

本书是一部从中国人的视角,专为中国学生用英语撰著的高阶实用英语句法与翻译教程。本书渗透着作者的个性特征,其形式呈现出他的个人风格,传递了他对英语句法与翻译的理解和思路、凝聚了他 50 多年学英语、教英语和用英语的心得。

该书作者给本书的定位并非一部真正意义上的学术专著,属"技艺"类,不属"学术"类(前言第 3 页)。前辈曹务堂教授认为:"本书是一本选题独到,视角新颖,在山东外语学界不可多见的实实在在的学术专著。"所谓"实实在在的学术专著",以我的理解,就是"真正有用的学术专著",关键在一个"实"字:正视实情,分析实况,联系实际,讲求实用,注重实效。同时,一部"实实在在"的专著,还应具有科学性、原创性等要素。本书不仅达到了这些要求,且不乏"趣味性"。从整体上看,本书有理论、有实践,其内容切合特定条件下特定读者的需要,使他们读了(学了)有用而且用得上,既注重专业基础(长远需要),又兼顾专业特点(直接需要),呈现出新视角、新观点和新取向,也体现了新构思、新形式、新方法。

　　与同类著述相比，本书在整体上具有不少原创特色，例如：结合中国学生学、用英语的特点和需要，从应用出发、以应用为目的，在如何认识句子各成分的形式和功能方面提出了一系列新观点，在构思和表述上都有突破和创新；把翻译作为句法的一部分来处理是本书在高阶英语教学方面的一个根本性突破和创新；特别重视在英语教学各层次上常被忽略的一些至关重要的句法现象，其中对具有普遍实用和交际价值的小句的形式、功能、应用及翻译等问题的分析、论述和结合实例的深入探讨填补了当今英语教学中的空白；本书采用的语言素材，形式上长短结合，结构上繁简兼顾，内容上古今搭配，风格上雅俗并重，并力求"贴近实际，贴近生活，贴近群众，贴近自然"，使其不仅可学、可仿，而且有用、有趣，寓教于鲜活的素材之中；在英汉互译方面提出了在特定语境中以句子为主体的一整套翻译原则、方法和技巧，确立了"句对句"翻译的认知和操作体系，并以大量译例加以演示和说明，书中出现的译例译文，除注明译者的外，都是作者自己完成的，体现了作者的翻译观。

　　特别值得一提的是，作者在书中广泛使用对自译译例的"注释"、对他译译例的"评论"和对不同译文的"比较"，讲解细腻、准确、精辟，构成本书最精彩的看点。另外，书中例句译文体现了不同的语言风格。例如，书中引用的约·阿狄生作品中的句子，汉译风格与其他译例的译文风格迥然不同。阿狄生文稿的写作时间相当于清康熙晚期，时隔将近三百年，因此作者尝试用一种不同于现代书面语的语言风格译成汉语。为方便教学和学生自学，本书还提供了复习练习与综合测试样题和参考答案。

　　纵观全书，作者力图让学生牢固确立英语句法概念和掌握足够句式并应用于实践，尤其是用于汉译英。本书阐明的句法精义对任何英汉互译包括文学翻译都具有重要的实践意义，因为翻译最终要落实到语言转换操作上。翻译中用词问题现在基本上可通过网上资源和工具解决。然而，造句不能现用现学，必须在一定时段内解决充足的句式储备，到需用时才能得心应手，使学生在汉译英时能够产出"符合英语句法且具有可读性的"（syntactic and readable）[①]英语句子。有鉴于此，MTI 研究生必须及早在句法

---

　　① Wang, X.-N.(trans.).*A Critique of Translation Theories in Chinese Tradition：From Dao'an to Fu Lei* [M].Salt Lake City：American Academic Press，2018:315.

上下功夫,一口气把句法和句式掌握起来,并有意识地应用于翻译和写作。

本书也存在一定局限性。对语义问题,特别是因形式转换引起的语义差异问题,本书分析必然受到限制。无论是句法还是翻译都是以单句为主体进行阐释的,对形式衔接和内容连贯这两个调节句间关系的至关重要的因素难以作充分探讨。本书论述的翻译原则和策略、方法和技巧,主要针对全译,但在翻译实践中,译文和原文的关系是复杂的,未必都属本书关注的这种句法关系,也可能需要译者酌情在句子和语篇层面上做一些加工。另外,本书"句法"部分,内容属纲要型,可能给人一种跳跃式进阶的感觉。这些都需要教师在教学中,结合具体情况"借本演义,借题发挥",从而收到"启发思路,指点方法"之功效。

六　结语

MTI 尚处于试点阶段,出现一些问题很自然。关键是要及时发现问题,及时采取切实措施,及时解决问题。在诸多问题中,基本功训练缺失最为突出,而《英语专业研究生句法与翻译基础》正来得及时。从现行教材来看,外研社 2009 年以来出版的 MTI 系列教材未含此种针对基本功训练的教材。因此,笔者建议,作为补充,MTI 试点单位将《英语专业研究生句法与翻译基础》用作第一学期必修课教材,以强化英语语言和双语翻译的基本功训练。

作者简介:陈鸣,博士,鲁东大学外国语学院英语系讲师,鲁东大学国家语委汉语辞书中心研究员。李静羽,鲁东大学外国语学院 2020 级翻译硕士研究生,方向为翻译理论与实践;刘冉冉,鲁东大学外国语学院 2020 级翻译硕士研究生,方向为英语笔译。

文化与传播研究

汉字的传播对韩国语言文字的影响①

中国与朝鲜半岛陆路相连的地缘为交流提供了天然的便利条件,而悠久的交流历史也充分说明了这一点。从文献记载看,其交流起点可追溯到春秋战国时期,朝鲜半岛内陆续出土的战国钱币可以证明这一点②。然而,汉武帝元封三年(前 108 年)汉四郡的设立通常被认为是汉字汉文化对朝鲜半岛影响的标志性的历史节点。先进的中原汉文化传入朝鲜半岛后给当地带来相当大的文化冲击,尤其是汉字。汉代汉字在中国已经是非常成熟的文字,而这时朝鲜半岛还没有自己的文字,因此文字带来的影响是可想而知的。汉字传到朝鲜半岛之后当地人开始用汉字接受和记录新事物新概念,借用汉字记录自己的语言,最终在 15 世纪利用汉字构字原理创制出自己的民族文字。尽管有了自己的民族文字,汉字的影响始终伴随着韩国的语言文字及文化。

一 汉字传播对韩国文字的影响

汉字对韩国文字的影响是潜移默化的,开始直接借用,后来借音、借义,再后来对汉字进行改造,最后创制出自己的民族文字。这些文字符号不是一次性完成的,通过其定型轨迹我们可以看到汉字影响。

① [基金项目] 汉语辞书研究中心 2018 年度开放课题——"韩国谚解类字书的汉字释义研究"(CSZX-YB-201810),本研究得到国家语委汉语辞书研究中心资助。
② 陆锡兴.汉字传播史[M].北京:商务印书馆, 2018:446.

1.1 汉字的借用

1.1.1 音读与释读

自借文字以来汉文掌控书面体系的传统在朝鲜半岛一直持续到19世纪末。汉文掌控书面体系的传统在朝鲜半岛一直持续到19世纪末。这就导致言文不一致的局面,即上层知识分子书面语用的是汉文,而口语用的是自己的民族语言。于是引起口语和书面语之间相互渗透,其中书面语对口语的渗透更甚,目前韩国国语中留存的庞大的汉字词便是其结果。

汉字是当时他们能接触到的唯一的文字,因此用汉字记录韩国固有词是不可避免的事情。用汉字记录韩国固有词有两种方法,一是借音的方法,二是借义的方法。借音采用的是假借的方法,即用汉字音记录韩国固有词中的相似音,这种读法叫音读。如地名"買忽一云水城",这里"買忽"就是音读,是借汉字音记录的韩国固有词,"水城"便是它的释义。另一种方法是借义,这种方法是写的汉字,读的时候用对应的固有词来读。这种通过音和义两种途径寻求记录方法是借用过汉字的周边其他民族曾经都使用过的方法,说明这是行之有效的方法,也反映文字的两大功能——记音和记义。

1.1.2 誓记体与吏读

固有词当中实词暂且可以通过音读和释义的方式解决,但是记录一段话、系统记录一种语言就捉襟见肘。汉字是记录汉语的文字符号,终归是适合记录汉语,用来记录韩国语需要解决的问题比较多。首先是语序问题,汉语和韩国语的语序是不同的,于是出现"誓记体"表记,即书写文字用的是汉字而叙述语序是韩国语语序。如"过失无誓"等表述,用汉语正常语序应该是"誓无过失"。另外一个问题是语法形态的标记问题,于是誓记体之后便出现吏读的表现形式。吏读又叫吏吐、吏道、吏书等。吏读主要通行于吏胥之间,这是在"誓记体"文章中添加语法形态,使文章更加通俗易懂的方式。在高丽朝和朝鲜朝,吏读主要用于公私文书,是吏胥的专用书面形式。这种表述方式一直沿用到19世纪末。

1.2 对汉字符号的改造与重组

1.2.1 口诀的使用

口诀是为了记录韩国语当中的语法形态而形成的一类文字符号,一开

始主要借用部分汉字来表示特定的语法形态,比如"伊""隐""尼""罗"等分别对应的是韩国语当中的"이""은""니""라",后来为了避免混淆出现简化了的略字,"伊"写作"亻""隐"写作、"尼"写作"ㅏ""罗"写作"亽"等。这类的口诀字跟日本片假名的取字原理相同,而且部分口诀字跟日本片假名形状也相同。

1.2.2　韩国国字的创造

汉字经历了漫长的历史过程逐渐走向成熟,韩国人借用汉字的过程中对汉字有了更深的了解,开始利用汉字的构字原理创造新字用来记录自己语言中特定的事物或特殊的音,他们把这类汉字叫作国字,又叫固有汉字。具体如下:

合音字

这类汉字是利用汉语语音的反切原理制造出来的字。如:

㗆:加(韩音 ga)+ 乙(韩音 ŭl)= gal

㐗:奴(韩音 no)+ 乙(韩音 ŭl)= nol

乭: 石(韩音 dol)+ 乙(韩音 ŭl)= dol

㪺: 加(韩音 ga)+ ㄱ(韩音 k)= gak

㪏: 加(韩音 ga)+ㅇ(韩音 ng)= gang

㪳: 斗(韩音 du)+ㅇ(韩音 ng)= dung

㪱:加(韩音 ga)+ㅅ(韩音 s)= gas

这类汉字所用符号有汉字符号也有韩文符号,总之利用反切原理记录韩文中特有的音,成功解决了无法用现有汉字准确记录当地实际读音的问题。

会意字

还有一类字是会意的方法制造的字,如:

畓水田,从水从田的会意,韩音为 dab

夻大口鱼,从大从口的会意,韩音为 hua

形声字

在汉字的发展历史中形声字的出现是汉字成熟的主要标志。形声字的出现给汉字提供了无限组合的可能。李运富在《论朝鲜文化对汉字系统的影响》①一文中对中国古书对朝鲜文化的记载做了详细介绍,文中介绍跟朝鲜半岛古地名、政治体制、渔产、社会生活有关的朝鲜固有汉字。至于这些固有汉字出自中国人之手还是本地人创造学界有所争议,但是可以肯定的是这些汉字是专为记录朝鲜半岛特定事物、概念或现象而创制出来的。比较典型的新造字是渔产类的汉字,如"鮧、魵、鱸、鯛、鲜"等。这类汉字显然是利用形声原理造出的新字。

1.3 对汉字的突破——自创文字"训民正音"的出现

汉字毕竟是适合记录汉语的文字,记录形态复杂的韩国语存在诸多不便。而且由于言文不一致导致书面语和口语的脱节,文字成为上层阶级的专利,很难在民间普及下去。于是到15世纪中叶,朝鲜朝第四代王世宗召集集贤殿的学士创制出新的文字"训民正音",尽管受到崇尚汉文化势力的极力反对,1446年新的文字正式颁布。

关于新文字"训民正音"的起源,有多种说法,主要争议比较集中在以下四个学说:(1)象形说;(2)中国古篆说;(3)梵文说;(4)八思巴文说②。这四种学说各有各的理由和道理,韩国倾向于认同"象形说",多数学者否认韩文来自其他文字的学说,主张其原创性。"象形说"也就是象形发音器官说,韩文字母的形体是模仿该字母发音时发音器官和发音部位的形状而成的。如牙音ㄱ,象舌根闭喉之形;舌音ㄴ,象舌附上颚之形;唇音ㅁ,象口形;齿音ㅅ,象齿形;喉音ㅇ,象喉形;半齿音Δ,亦象舌齿之形。

陆锡兴认为韩文的"象形器官说法肯定有道理,不过它并非制字的来源,而是制字形体的设计目标","形体来源与形体制作要求是两回事,象形是于形体的来源"③。他认为,韩文的起源还是"中国古篆",首先,《训民正音》郑麟趾的跋明确叙述"殿下创制正音二十八字,略揭例义以示之,名曰'训民正音',象形而字仿古篆"。而且此"古篆"并非我们熟悉的大篆和小篆,而是更早的"仓颉书""夏禹书""鲁司寇仲尼书"。他进而对这些古书中的字形与"正音"文字符号进行比较,进一步证明它来源于中国古篆。

---

① 李运富.论朝鲜文化对汉字系统的影响[J].江西师范大学学报,2018 (1).
② 姜信沆.訓民正音研究[M].首尔:成均館大學校出版部,1999:84-85.
③ 陆锡兴.汉字传播史[M].北京:商务印书馆,2018:467

韩文创制于15世纪,这时周边多个民族已经拥有自己成熟的文字,因此综合考察周边民族的文字以此为基础进行创造是完全可以的,而且这也是出现各种起源说的主要原因。我们暂且不谈其起源,单看字的组合和结构方式,"正音"明显是受到汉字的影响。"正音"是表音文字,也就是音素文字,但它并未采用线性排列,而采用二维组合方式,其结构跟汉字基本相同,主要采用左右结构和上下结构的方式,其整体形状也是保持方块。"正音"又是音节文字,一个方块字便是一个音节,这样跟汉字的对应关系一字对一字非常整齐,在这一点上区别于日本的假名。

"正音"的创制过程中汉字的影响非常大,但也有自己独创的部分。比如,汉语的语音标注是反切法,即二分法,而"正音"采用三分法,分为初声、中声、终声,语音切分到音素,往前迈了一步。又如,元音符号的制作采用天地人三分法,结合太极阴阳理论,形体简便使用起来既直观又合理。

二 汉字传播对韩国语言的影响

汉字的接受和使用自然影响其语言。众所周知,韩国语当中存在大量的汉字词,据统计汉字词的数量占韩国语词语的65%。即使到了现在,因英语外来词的大量使用,汉字词的使用受到一定的影响,但是基本词汇依然离不开汉字词,尤其是历史、地理、法律等人文学科大量术语是由汉字词构成。

中韩交涉将近两千年的历史当中,汉文化的渗透始终伴随着整个历史过程,其对语言的影响也是不言而喻的。朝鲜半岛三国时期已经建立教育制度、编纂史书、佛教传入、出现各种碑碣文和文学作品的记录等,这一切说明这一时期汉字汉文化在朝鲜半岛已经相当普及。

如果说从汉四郡的设立到三国时期是接触汉字汉文化、借用汉字词的阶段,那么统一新罗时期是大量接受汉字词并开始生成汉字词的时代①。在韩国第一批转换成汉字词的固有词基本上是地名、官职名、人名等专用名词,主要是为了满足记录之需,后来随着人们熟练掌握汉字汉文,其他类汉字词也开始逐渐增加。

---

① 成煥甲.固有語의漢字語代替에관한研究[D].中央大學校大學院國語國文科博士論文, 1983, (6):14.

汉字词的大量产生逐渐影响韩国语当中的固有词,大量的固有词开始被汉字词所取代。考察汉字词替换韩国固有词情况,大体有以下几个情况:(1)韩国语中的单音节固有词当中带有抽象意义的低频词容易被同义汉字词替代;(2)音节比较长的固有词容易被汉字词替代;(3)新造复合词当中留存下来的通常为汉字词,固有词被淘汰。

汉字词的大量使用是中韩两国的交流比较频繁的结果。汉字词替代固有词的原因我们可以归纳为以下几个方面:

(1)语言的经济性

语言的经济性是任何一种语言中普遍存在的原则。汉语中的词多数为单音词或者双音词,而韩国语的词语音节普遍长,这些长音节很容易被简便而精确的汉字词所取代。如:

가난ㅎ히 →凶年   ㅂ룸마즌병 →中风

가ㅇ면히 →丰年   너러바회 →磐石

나랏말ㅆ →国语   녀름지슬아비 →农夫

(2)形态上的稳定性

韩国语固有词当中有些词由两三个语素组合而成,由于每个语素的音节比较多,这类词词长通常会比较长,造成结构上不稳定,这类词语使用频率也不高,容易被言简意赅的汉字词所替代。

아븨동싱누의 →姑母   모도흐르다 →河流

아븨동싱누의남진 →姑母夫   겨믄갓나히 →少女

아ㅇ아자븨겨집 →叔母   졉어싱각ㅎ다 →谅解

(3)造词能力的强大

汉字作为表意文字每一个字凝聚着丰富的内涵和信息,因此其造词能力强,视觉上的区别特征显著,久而久之就替代部分固有词。

(4)为了避免同音干扰

同音现象是每个语言都会面临的问题,为了避免同音干扰每个语言都有各自的解决办法。比如,汉字中形声字的大量出现便是解决同音现象而采取的有效的方法。韩国固有词也有同音问题,如果没有汉字的干扰,也许会采用加大词长或其他方法解决同音问题。但是因为有汉字,遇到同音时

自然而然从汉字中寻求帮助,结果汉字词逐渐增加。如:

바람1: 壁　　　　　적시다1: 犯하다
바람2: 风　　　　　적시다2: 浸
보람1: 表迹　　　　묻다1: 访问하다
보람2: 效　　　　　묻다2: 问
　　　　　　　　　　묻다3: 埋
오래1: 门　　　　　자라다1: 足하다
오래2: 久　　　　　자라다2: 成长

(5)文化上的优势

在两种文化的交流当中相对先进的上位文化容易渗透到下位文化。文化的传播自然带动语言文字的传播,因为新的概念、新的事物往往体现在语言文字上。词汇是承载这些信息的最直观的载体,因此在朝鲜半岛汉字词的大量产生是历史的必然,也是不可阻挡的趋势。

总之,从历史角度考察,汉字对韩国的语言和文字带来了相当大的影响,这种影响一直持续了近2000年的历史。直到20世纪中叶,汉字在朝鲜半岛遇到的新的命运。

三　韩国对汉字政策的变更

韩国借用汉字以来一直把它尊为国字,尽管15世纪创制出自己的民族文字韩文,韩文的地位始终排在其次,甚至被称为"谚文",即下层老百姓使用的文字。这种现象到了1945年朝鲜独立之后有了革命性的转折:1910年朝鲜沦落为日本的殖民地,接受了长达36年的殖民统治,这一时期日本汉字词也大量进入朝鲜语,同时日本又限制朝鲜语的使用,其语言文化受到前所未有的摧残和迫害。因此,"二战"结束日本投降撤出朝鲜半岛之后,他们要重建家园,重新找回民族精神、树立民族文化成为国家振兴的重中之重。韩国国民对日本的殖民统治深恶痛绝,于是摆脱日本的影响,从语言中驱逐日本外来词,醇化民族语言文化的呼声得到全民的呼应,也就这个时候汉字自然而然被归为外来之物成为众矢之的,从此汉字失去往日的光辉走向坎坷的道路。

3.1　对汉字的排斥

在特定的政治历史环境下,韩国于1948年制定了《韩文专用法案》(法律第六号）。该法案深得民心,在国民情绪的影响下持续实施五十年之久,起到了积极的作用。比如,固有词得到了净化,文盲率明显下降等。当然,其负面影响也是显而易见的。由于汉字教学的缺乏,学生对课文的理解力受到影响,图书馆收藏的大量书籍成为死葬,英语外来词的趁机而入带来用词的混乱,韩国与中、日两国之间经济、政治、文化等方面的交流受到阻碍等。

韩国对中小学的语文政策反复多变,导致中小学教育缺乏一惯性。韩国对中学教科书汉字表记变迁情况可以分为以下几个阶段①:(1)汉字并用期(1945—1964.8);(2)部分汉字混用期(1964.9—1970.2);(3)汉字废除期(1970.3—1975.2);(4)部分汉字并用期(1975.3—)。语文政策的不稳定造成不同年龄段对汉字的认知参差不齐,造成"文字代沟"②。据1992年针对首尔为中心的十七个大学的1505名一年级学生进行的汉字能力测试统计,大学生的汉字水平平均分数才54.25分。用汉字写对自己学校名称的学生有709名,只占47.1%,用汉字写对自己学科名称的学生687名,只占45.6%。

3.2 汉字的复苏

1992年中韩建交之后,韩国对汉字的重视度逐渐提高,这从韩国国内汉字考试人数的增长速度中可以看到。随着中国影响力的提高,越来越多的韩国人开始重视孩子的汉字学习,各种汉字学习班应运而生,汉字考试机构从过去的一两家,到了2012年已经增加到12家。由韩国语文会主持的"全国汉字能力检定试验"是其中最为权威的汉字等级考试。据该检定会提供的数据,在韩国报考汉字等级考试的人数逐年递增,1994年报考汉字等级考试的人数超过1万人,2000年超了10万,到了2005年人数急剧上升,报考人数突破了100万。据金银嬉统计,2013年参加各类汉字考试的应考人数达到150万人③。

---

① 李應百.資料를통해본漢字·漢字語의事態와그教育[M].首尔:亞細亞文化社,1988:3.
② 全香兰.中韩字词比较及研究[M].成都:西南交通大学出版社,2015:68.
③ 金殷嬉.韩国汉字教学现状[J].励耘语言学刊,2013(10).

　　尽管汉字重新受到韩国社会的重视,但是韩国的语文政策始终没有把汉字教学纳入正轨课程。韩国的中小学课程中能够接触到汉字的科目有汉文课和中国语课,这两个科目都列入选修科目,非必修课。韩国国内汉字学会等学会的学者群和民间团体一直在为普及汉字教育而努力,但是反对汉字教育的呼声也不容小觑,以致韩国教育部始终举棋不定不敢采纳汉字议案。

　　总而言之,汉字传播到朝鲜半岛之后对其语言及文字带来了巨大的影响。但是由于社会历史原因韩国一度排斥汉字,制定韩文专用政策,最终导致汉字从书面中消失。任何一个国家或民族,为了增强民族自尊心崇尚自己的民族文化制定政策、采取相应措施是无可厚非的事情,只是韩国以废除汉字的方式解决问题难免走得有点极端,这必然会导致文化上的断层。安承德在《汉字教育论》中写道:"汉字在我国经历了近1500年的历史,如果成就'韩文专用'的成功,同样需要跟汉字使用历史相当的时间。"①汉字是韩国绕不开是课题,政策的导向会起到重要的作用,韩国的汉字教育任重而道远。

　　作者简介:全香兰,博士,鲁东大学国际教育学院副教授,鲁东大学国家语委汉语辞书中心研究员。

---

① 安承德.漢字教育論[M].首尔：亞細亞文化社，1993；367.

孔子学院在中外文化交流中的发展方向
——以法国卢瓦尔孔子学院为例

前言

作为我国汉推小组办公室(孔子学院总部)①在世界各地范围内设立的推广汉语和传播中国文化的机构,孔子学院是我国教育进行改革开放并走向世界的产物,也是我国与世界各国进行教育交流及合作的成功典范。2013年习近平主席提出了"一带一路"倡议,要求充分发挥我国与其他国家之间的双多边机制,借助区域合作平台,发展与相关沿线国家的经济合作伙伴关系,共同打造政治互信、经济融合、文化包容的利益、命运和责任共同体。孔子学院在该倡议背景下,既要肩负起倡议的实践先锋任务,又要搭建起连接我国与其他国家文化交流的桥梁。

一 "一带一路"倡议、中外文化交流和孔子学院之间的关系

1.1 "一带一路"倡议与中外文化交流

1.1.1 中外文化交流是"一带一路"倡议顺利实施的浸润剂

"一带一路"倡议提倡政策沟通、道路联通、贸易畅通、货币流通和民心相通,而民心相通是五通的基础。在经济全球化的今天,不同国家的人民之

---

① 2020年7月更名为中外语言交流合作中心。

间能否相互认同各自的历史和文化,认可和彼此接收各自的传统习俗和三观是国家间相互关系得以友好发展的基本。所以,民心相通是"一带一路"倡议能否深入有效实施的关键,而中外文化交流又是民心相通的一个重要手段。"一带一路"倡议下国际贸易与交流是主流,中外文化之间的交流具有先期和先天优势,不同国家人民间文化的交流早已浸润于千年的历史,把加深中外的文化交流作为先遣队,,能够快速架起合作交流的平台,并能有效深化国际贸易与交流,推动有关技术标准的对接和交流合作规则的制订。也能根据不同国家文化的差异性,积极构建不同形态的国际贸易与交流合作发展平台,进一步丰富交流合作的形式①。

1.1.2 "一带一路"倡议是中外文化交流的助推器

"一带一路"倡议的提出,为中外文化交流指明了新的前进道路,新丝绸之路涵盖的广大亚非拉国家,是以往我国对外文化交流相对较为薄弱的环节,"一带一路"倡议下中外文化交流有了新的努力重点,大力加强与亚非拉国家人民友好交流力度,是现阶段我国文化交流的重中之重。随着信息技术的不断发展,当前社会文化交流的方式方法变得更加多样化,在"一带一路"倡议的牵引和带动下,中外文化交流如何充分发挥当前的信息技术优势短时间内在新丝绸之路沿线调整机制、统筹资源、梳理渠道、夯实平台、打造品牌和加强传播成为急需解决的问题之一。

1.2 中外文化交流与孔子学院

1.2.1 中外文化交流是孔子学院建设与发展的缘由

进入 21 世纪以来,中国的政治影响力不断增强,经济实力大幅增长,但中华文化在中外文化交流中一直处于"文化贸易逆差"的状态,西方国家的文化输入远远超出我国文化的输出,甚至仍有个别西方人对中国的了解还停留在晚清时期,中国文化在很多国家仍属于边缘部分,一方面是经济的迅猛发展,中国的发展势头引来了世界各国的关注,以至于各国开始重视与中国之间的交流与合作,国际社会方面对汉语的需求空前增长,出现了"汉语热"。另一方面是文化交流的倒灌状态,严重影响着我国在世界民族之林的

---

① 隗斌贤."一带一路"背景下文化传播与交流合作战略及其对策[J].浙江学刊,2016（2）.

地位与作用。因此,要提高国际影响力,就必须增强中华文化的吸引力,提高我国的"软实力",推动中华文化走出国门。孔子学院应运而生,成为传播中华文化的平台。孔子学院的建立和发展也是我国政治、经济、文化等诸多因素共同作用的结果。

1.2.2 孔子学院建设与发展是中外文化交流的有效途径

自 2004 年起,我国开始在海外设立以教授汉语和传播中华文化为宗旨的非营利性教育机构——孔子学院。十几年的时间,各个孔子学院充分利用自身的优势,开展了丰富多彩的教学和文化活动,逐步形成了各具特色的办学模式,成为各国汉语爱好者学习汉语、了解当代中国的重要场所,深受欢迎。世界各地的孔子学院在教授汉语的同时,因地制宜地开展戏剧、民间艺术展览等各式各样的文化活动,让汉语学习者在轻松的氛围中感受中华文化的博大精深,感知中华上下五千年文明的魅力。因此,孔子学院推动了中华文化与世界各国文化的交流,是世界了解中国文化的窗口,并逐渐树立我国积极和谐的大国形象,逐步成为深化中外文化交流的有效方式,并拓展了中外文化交流的有效范围[1]。近十年来,孔子学院的建立和迅速发展也充分证明了中华传统文化的魅力和吸引力。

二 孔子学院发展情况分析

2.1 孔子学院发展现状

从第一所孔子学院于 2004 年在韩国建立以来,截至 2018 年底,全球已有 154 个国家和地区建立了 548 所孔子学院、1193 个中小学孔子课堂和 5665 个汉语教学点,中外专兼职教师 4.6 万名,累计面授学员 1100 多万人,举办的各类文化活动吸引上亿各国民众参与体验,构建了全球最多样化的国际语言教育网络。

2.2 孔子学院设立方式

孔子学院的设立方式为三种:国内外机构合作、孔子学院总部授权特许经营、总部直接投资。现阶段主要以中外合作方式建设孔子学院,而该种运

---

① 戴俊红.孔子学院的文化交流意义与可持续发展[J].人民论坛,2015 (11).

营模式正体现了"一带一路"倡议的中外合作精神。

2.3 孔子学院特色运营

2.3.1 运营模式各不相同

设立在不同国家、不同地区的孔院也各有各的特色,比如法国目前共设立了 17 所孔子学院,其中有 6 所是协会性质的孔子学院,以法国卢瓦尔孔院为例,该孔院是根据《法国 1901 协会法》设立的一所协会性质的孔院,法方合作单位有昂热市政府、卢瓦尔大区政府、昂热城郊共同体、昂热大学、西部天主教大学、曼恩卢瓦尔工商会。而很多设立在法国大学的孔院,其法方合作单位主要就是高校。

法国的每一所孔子学院都有一所国内的合作高校或者国内合作机构,卢瓦尔孔院的中方合作单位是鲁东大学,中法双方建立了严格的中法联合理事会制度,共同参与该孔院的发展和规划,昂热市国际关系副市长为该孔院的理事会主席,鲁东大学校长为理事会副主席。

2.3.2 人员构成

各孔子学院内部一般设有中外方院长各一名,中外方教师以及行政人员。比如卢瓦尔孔院中方正式人员包括中方院长 1 名、中方教师及海外志愿者 2-3 名,法方正式人员包括法方院长 1 名、法方文化主管 1 名、实习生 1 名,另外还根据课程设置情况外聘华裔书画教师 1 名。中法方正式员工在数量上基本各占一半。中法文化差异和融合在孔子学院这个平台以及人员关系上得到了具体又生动的体现,既有各种矛盾,又有相互包容和融合,既各具特色,又互为补充,中西方巨大的思想和文化差异可能会在双方人员的交流合作中引出各种问题,但是通过交流和磨合,能否在内部形成和谐的工作氛围,能否成为真正意义上的团队,能否在运行过程中发挥各自的特色取长补短,会成为孔院顺利发展与否的重要因素。这是典型的"新时代中外文化碰撞交流"方式的直接体现。

2.3.3 教学活动特点

孔子学院最重要的一项工作就是向世界各地的汉语学习者提供规范、权威的现代汉语教材;提供最正规、最主要的汉语教学渠道。在以前的法国,中文连小语种都算不上,而现在已经成为法国的第五大外语。

2.3.4 文化活动特色

除了中文教学之外,传播中国文化也是孔院的一项重要任务,而且随着"一带一路"倡议的提出,孔子学院不仅仅宣传中国的传统文化,也会以各种形式向法国的民众展现当代中国的人民生活、经济发展、环境保护、现代艺术等涉及中国方方面面的东西,尽可能让法国民众了解一个全面的中国。比如:卢瓦尔孔院在 2017 年共举办大小活动 173 场,包括邀请中法方专家学者举办了 9 场次学术报告和讲座,涉及中国旅游、风水、哲学、诗歌、茶文化等,为当地大中小学举办各类文化体验活动 94 场,与当地政府机关、文化和商务机构合作 24 次,比如昂热市政府每年举办的 Made in Angers, les Accroches Coeurs 艺术节、昂热新人电影节以及在 2017 年"世界电子科技论坛 WEF"等,还与昂热大学及其旅游管理学院、当地工商会、昂热旅游局举办了"国际旅游节研讨会"等,举办大型音乐会 3 场、展览 4 场等。2017 年参加卢瓦尔孔院文化活动的人数达到 14979 人次。

2.3.5 来华交流项目

除了教学和文化活动之外,国家汉办也积极响应"一带一路"倡议,为全球热爱中文和中国文化的人们或机构创立了许多来中国学习交流的项目,比如新汉学项目、孔子学院奖学金、夏令营、教育工作者代表团等,卢瓦尔孔子学院自 2015 年至 2018 年的 4 年时间里,共推荐 39 名法国学生通过各类奖学金前往鲁东大学学习,组织了 49 名法国学生参加鲁东大学夏令营项目交流,推荐 2 名法国高校教师成功申请新汉学项目来我国访学等。另外,卢瓦尔大区是法国重要的葡萄酒产区,烟台市也是整个亚洲唯一的国际葡萄酒城,卢瓦尔孔院充分考虑两个地区的特色,于 2018 年组织了首次教育工作者访华团,并邀请昂热市政府高等教育处、国际交流处、昂热大学、昂热高等农业学校、工商会等部门的高级负责人来烟台考察,与鲁东大学协商共建"葡萄酒学院"。

三 "一带一路"倡议下孔子学院在中外文化交流中的发展方向

3.1 "一带一路"倡议下中外文化交流的特点

3.1.1 文化交流的环境较为复杂

首先,政治环境较为复杂。"一带一路"倡议沿线所涉及的国家众多、区域广阔,各国的国情区别较大,政府对"一带一路"倡议的认识程度参差不齐,以及非传统安全威胁和地区热点等问题有增无减,这些都为文化交流带来一定的挑战。其次,文化差异和宗教冲突较为突出。"一带一路"倡议沿线国家制度、宗教和文化的差异较大。历史也一再告诉我们,民族文化习俗和宗教信仰存在冲突的情况下,对文化交流是极为不利的。再次,个别西方敌对势力带来一定的阻碍。个别西方国家出于一己私利随意散布"中国威胁论""中国新殖民主义"等敌对言论,为"一带一路"沿线国家与中国之间开展文化交流埋下了"钉子",为国家间的人文交流带来一定的阻碍。

3.1.2　文化交流与经济合作互为依托

在全球经济复苏较为缓慢的大背景下,提出"一带一路"倡议是顺应世界发展大势的一项有利举措,对于沿线国家的经济发展能够起到"强心剂"的作用,有利于沿线国家间开展经济合作,有利于推动沿线国家经济的共同发展,是各国经济发展的重要推动力,尤其是世界经济格局进入大调整、大变革的新阶段,沿线各国正处在经济转型升级的关键阶段,开展经济合作大有裨益。为了更好地与各国之间开展民心相通,中国人应学会"做好己学和彼学",在全面掌握中华文化的基础上,认真学习其他国家的文化与信仰,并且要相互借鉴融合,不断地创造跨文化交流的有利机会。沿线国家深入经济合作能够较好地促进国家间和民族间的互信互通,较好地为文化交流打好基础,而各国间的文化交流和互动又可以反过来促进经济合作的深化,使经济合作更加稳固,从而形成文化交流与经济合作互为依托、互相促进的良性循环。

3.1.3　文化交流的范围更广更深

文化交流涉及物质、非物质文化遗产、文化艺术作品以及文献资料等。参与文化交流的部门和人员包含博物馆、图书馆、文化馆、有关社会组织和企业等。"一带一路"倡议下沿线国家较多,文化差异性突出,各国在尊重自身民族文化的基础上,加强不同民族之间应有的文化尊重,共同维护和促进文化的多样性,并在遵循民族文化一律平等、民族信仰广泛认同的基础上,尊重差异、包容个性、和平共处,使各国、各民族之间的文化交流范围更广更深。

3.2 "一带一路"倡议下孔子学院的使命任务

3.2.1 加强沿线各国对中国的充分了解

"一带一路"沿线各国文化差异较大,并且其中很大比例的国家以往与我国合作交流并不多,要更好地实施"一带一路"倡议,开展深入广泛的文化交流势在必行。孔子学院作为我国对外文化交流的外延触角,在"一带一路"倡议下让各国更加充分地了解我国的人文历史、民族文化特点和改革开放伟大成就,以更快更好地促进各国间民心互通,构筑起各国人民间的互信桥梁,是孔子学院新时期的一个重要的使命任务。

3.2.2 促进沿线各国人民间的沟通交流

"一带一路"倡议下国家关系的促进与发展,经济合作是有力的支撑,而民间的文化交流则是助力。"一带一路"的发展也是我国汉文化蓬勃发展的一次重要机遇。作为致力于传播和发展中华文化的孔子学院,有责任肩负起各国人民间的文化交流,为文化交流打好基础,探索文化交流的模式,深入开展与"一带一路"沿线各国的科技教育、文化艺术、特色旅游等方面的友好交往,提高各国人民对我们中华文化的接纳度,充分发掘沿线各国青少年对中国文化的兴趣,从而使汉文化在更大的范围内实现有效地传播和发展,使我国汉文化"求同存异""和而不同"的包容思想广为传播①。

3.2.3 促进世界多元文化发展

孔子学院的志愿者和教师作为中国的文化使者,将汉语带到世界各地,让更多的外国朋友能够通过专业的师资队伍学习汉语,了解中国文化。同时,外派教师也需要认真学习当地的语言,积极融入当地的文化。通过双向了解和交流,让汉语更为广泛深入地为当地人所接受,才能促进汉语在当地得以广泛传播。我们传播汉语的目的是加强中国与世界各国的沟通交流和平友谊,使中国能够更好地融入世界大家庭,同时也为了与世界各国人民一起共创人类语言文化绚丽多彩、交相辉映的美好世界。在世界多民族文化共同繁荣的大背景下,积极提升中华文化软实力,进而为推动构建人类命运共同体提供内在的驱动力。

---

① 周洪双,李晓东.孔子学院:拓宽中外语言文化交流之路[N].光明日报,2018-12-07.

3.3 "一带一路"倡议下孔子学院的运行建议

3.3.1 以可持续发展为牵引,提高孔子学院的建设质量

当前,孔子学院在世界各国以每年三四十所的速度平稳增加,体现了平稳发展、保质保量的发展理念。而孔子学院是建设在他国之上的新生事物,其面对的是较为复杂的本土文化环境。因此,要实现孔子学院的可持续性发展,就必须在当前发展现状的基础上,提高每一所孔子学院的建设质量,打好每一所孔子学院发展的根基,建设一所、成熟一所,宁缺毋滥。

3.3.2 以传统文化为特色,积极传承中华传统文化

传统文化的传承关乎国人对本土文化的认同感,中华传统文化历史悠久、内容丰富,有许多值得重视和继承的精华。孔子学院的建设发展提醒人们,我们不能妄自菲薄,唯西方文化是瞻,而忽略了自身优秀文化的传承。我们应该积极主动传承中华民族的传统文化,并不断进行提炼升华,再创辉煌。

3.3.3 以教学质量为根本,打造一支专业的教师队伍

在孔子学院的建设发展过程中,我们充分借鉴了法语联盟、歌德学院、塞万提斯学院等的经验,同时结合自身特点开拓了我们的特色。然而在教师队伍建设过程中,孔子学院主要采用轮换制的任教方式,总部外派中方院长,派遣教师和志愿者是其主要的师资来源,这种方式的缺点是教师任期短、流动性大,不利于教学经验的总结提高,不利于长期稳定的发展。因此,建设专业化的教师队伍和教学体系显得尤为重要。国家汉办开创了许多鼓励海外国家的教师和学生来华进修对外汉语教学专业,期望培养一批孔子学院所在国的本土汉语师资,但是很多致力于教授汉语的外国留学生取得的该文凭或证书并不能直接得到本国教师资格体系的承认,因此,在对外汉语教学资格认证政策的高层次对接显得尤为重要。另外,国内派出的教师大多来自国内各高校,在赴任前的统一培训缺乏较强的针对性,教师赴任后不能够较为专业地投入到孔子学院的教学工作中,甚至有些教师需要孔子学院进行二次教学培训和语言培训。另外小语种对外汉语教师的缺乏也成为制约很多孔子学院发展的因素。建议今后的教师培训以国别为单位进行组织,建立小语种对外汉语教师资源库,打造专业的教师队伍。

3.3.4 以传播推广为基本,加强语言教学与文化传播的有机结合

孔子学院作为汉语和中华文化的推广机构,必须兼顾语言和文化两个主要方面的教学,使其他国家的人们通过学习汉语逐步了解中国的文化,使中华文化能够得到有效的传播。孔子学院在发展的十多年中,取得的成就令人瞩目,但是由于师资条件的限制,其文化传播能力较弱。中国文化博大精深,但由于传承的断裂和一些历史原因,目前需要建立一套有效的跨文化交际话语体系。孔子学院在推广汉语和传播中华文化的过程中,还要向世界展示中华文化的历史积淀,让国外的学习者和爱好者更深入地了解中华文化。

3.3.5 以推广成效为根本,精心打造一批品牌教材

编写和选择合适的对外汉语教材是困扰孔子学院一个瓶颈。目前,孔子学院的汉语教材多是以中国本土对外汉语教学团队为主开发编写的,尽管语种较多,但是较为突出的缺陷是忽视了教材使用国家人群的文化背景、学习习惯以及跨文化交际的禁忌,在实际的教学过程中,很多教材并不受国外学习者的青睐。因此,在对外汉语教材的开发和使用方面,建议可以充分调动各孔子学院及其一线对外汉语教师的积极性,根据教材使用国家的具体情况、汉语学习者的年龄、学习目的、学习习惯,并结合各个孔子学院的教学特色,以国内外高校为依托组建教材开发中外专家组,精心开发和打造一批有针对性的品牌教材。

作者简介:王暖,学士,鲁东大学外国语学院法语系讲师,鲁东大学国家语委汉语辞书中心研究员。

教育教学研究

外语教育与当代中国故事讲述①

关于近现代中国外语教育的发展历程,胡壮麟先生结合自己的亲身经历,首先提到的是 20 世纪初殖民色彩的外语教育活动,其次是 20 世纪 50 年代的俄语热,接着是粉碎"四人帮"后的英语大发展。② 李传松先生在回顾中国近现代外语教育的文章中认为,从 1862 年京师同文馆成立后出现过六次高潮。即,第一次高潮出现在 1862 年至 19 世纪末的洋务运动时期,第二次高潮在 1919 年前后(1911 年清华学堂的成立),第三次高潮是 1945 年抗日战争胜利后,第四次是新中国成立初期的俄语热,第五次高潮出现在 1964 年的《外语教育七年计划纲要》,第六次出现在"文革"后。③

胡、李两位先生的回顾与总结让我们基本上认识了近现代中国的外语教育所走过的路以及各个历史时期外语教育的特点。受此启发,笔者欲从国家发展规划的角度来探讨近现代中国外语教育发展历程以及"走出去"发展规划背景下的高校专业外语教育走向。

一 外语教育与国家发展规划的关系

外语教育与国家发展规划,这两个看似风马牛不相及的概念,实质上有

---

① [基金项目] 2016 年山东省研究生教育创新计划项目——外语类硕士生专业能力监测指标体系的研制(SDYY16109)。

② 胡壮麟.中国外语教育六十年有感[J].中国外语, 2009 (5).

③ 李传松.中国外语教育史初探[J].北京第二外国语学院学报(外语版), 2006 (8).

着极为密切的关联。

首先,无论是古代,还是当代,任何一个国家的发展规划中都离不开与其他国家、民族的交往。古代中国虽然是东方最强大的国家,但处理与周边国家、民族之间的政治、经济等各方面关系始终是国家发展规划的大课题。张骞出使西域、王昭君出塞、文成公主入藏、裴世清出使日本、郑和下西洋、明日贸易等均是历史上具有国家发展规划意义的活动。

其次,在与周边国家、民族交往过程中,首先遇到的就是语言不同而带来的交流不畅问题。于是,自然就需要通晓外族语言的人做翻译工作。关于翻译,宋末元初人周密(1232—1308)在《癸辛杂识后集·译者》中解为:"译,陈也;陈说内外之言皆立此传语之人以通其志,今北方谓之通事。"显然,那些通晓外族语言的通事就成为各个时代的国家对外交往战略实施的参与者。基于这个理由,培养通事自然也就成为国家层面的一项工作了。笔者以为,外语教育也就由此产生。虽然历史文献上少有关于培养通事的记载,但某种形式的外语教育一定是存在的。否则,中国与周边国家、民族的交流就无法顺利开展。到了清代,的确出现了专门的外语教育机构——俄罗斯文馆。清康熙年间设立的俄罗斯文馆,就是为政府与俄罗斯的外交往来培养俄语专业翻译人才的。这样看来,外语教育的产生与国家发展规划特别是对外关系规划实施密切相关。

当然,纵观中国的历史,我们发现,外语及外语教育不仅服务于国家、民族间外交活动的开展,而且服务于政治、经济、军事、文化等各领域交流事业。例如,中国从东汉至宋代的佛经翻译、明末清初的科技翻译、鸦片战争后的西方学术翻译、新中国成立初期来自苏联的科技、经济、管理、学术等翻译,这些工作自然都是由受过外语教育的人完成的。

基于以上论述,可以肯定地说,外语教育的兴起源于国家发展规划需要,并始终为国家发展规划服务。

二 中国近现代史上的国家发展规划调整与外语教育的变迁

纵观近现代中国的历史,从国家发展规划的角度看,经历了5次大的调整,即19世纪中后期的洋务运动、20世纪50年代的苏联模式、20世纪80-90年代的"引进来"模式、21世纪初前后10-15年的"引进来兼走出去"模式、2013 年提出的"走出去"模式。在国家发展规划的调整及实施过程中,外语及外语教育又经历了怎样的起伏呢?

2.1　洋务运动背景下的外语教育兴起

19 世纪中后期兴起的洋务运动,作为近代中国第一次大规模模仿、实施西方工业化的运动,某种意义上讲,就是当时的国家发展规划,而这一规划的实施,首先遇到的巨大难题就是外语人才短缺问题。为了培养外语人才,1862 年,清政府设立了中国第一所外语学校——京师同文馆①。后又出现了上海广方言馆(1863)、广州广方言馆(1864)、武昌自强学堂(1893)等外语教育机构。而且,政府还向国外派遣留学生直接学习西方的语言、技术等。之后出现的留学日本潮、国内日语教育热,以及清华学堂、教会学校等外语教育机构的建立都是洋务运动的关联产物。洋务运动虽然以甲午战争的失败而宣告失败,但给中国打开了西学之门,同时培养了一批外语人才。严复(1853-1921)、顾维钧(1888-1985)、颜惠庆(1877-1950)、邓世昌(1849-1894)等就是其中的佼佼者。该时期的外语工作者的主要任务是译介西方的以军事为主的制造技术、管理、训练等方面的论著。当然,也有诸如《天演论》这样的西方学术论著被译介到了中国,让中国的知识分子大开眼界。

可以说,中国近代的第一波外语教育热是因洋务运动这一国家发展规划而产生和发展的。反过来说,外语教育作为洋务运动的一部分,直接参与了这一国家发展规划的实施。

2.2　效仿苏联背景下的俄语教育热

中华人民共和国成立后的 20 世纪 50 年代,在"苏联的今天就是我们的明天"的口号下,中央政府确立了效仿苏联模式的国家发展规划。国家建设方针"一边倒"的需求之下,全国掀起了学习俄语的高潮。外语教育界也呈现出俄语一枝独秀的景象。据胡壮麟先生介绍,清华大学、北京大学等高校的外语专业中虽然也有英语、法语等专业,但"国家人事部明确规定,凡是学俄语毕业的,加 10 元工资……许多英语教师改行教俄语"。② 外语教育领域的这一现

---

① 雷钧.京师同文馆对我国教育近代化的意义及其启示[J].现代教育科学,2002(7).

② 胡壮麟.中国外语教育六十年有感[J].中国外语,2009 (5).

象,真实地反映了当时的国家发展规划的特点。不过,外语教育界的这一格局维持的时间并不长,1959年中苏关系的破裂,带来了俄语一统天下局面的崩塌。后来的局面大家都很清楚了,20世纪60-70年代,由于国家发展规划方向的迷失,国内外语教育也随之失去了发展的方向和动力,几近消亡。

2.3 "引进来"背景下的外语教育重振

20世纪80年代初,国家确立了"对外开放"的国策,为此"引进来"成为20世纪80-90年代末的国家发展规划。"引进来"发展规划的主要目标是引进欧美等发达国家的先进科学技术、企业管理模式、学术理论和方法等。当然,这一战略的顺利实施首先就离不开外语的支撑,中国的外语教育也因此迎来了重振的机遇。在外语教育政策方面,据说是在外语教育界老先生与教育部的商讨后,确定了"让英语先行一步,其他外语语种跟上"[1]的政策导向。于是,英语教育迅速成为义务教育、高等院校普通外语和专业外语教育的主流,英语因此也几乎成为中国外语教育的代名词。

2.4 "引进来兼顾走出去"背景下的外语教育繁荣

1998年前后,实施了近20年的"引进来"为主的国家发展规划逐步向"'引进来'和'走出去'相结合"[2]的方向转变。前面也提到了,"引进来"主要是要引进欧美国家的先进技术等,而因为几个英语国家(当然也包含部分德语、法语等国家)的技术先导特点所带来的直接需求,就是英语要承担译介、对外交流等任务。因此,经过近20年的积累,中国的英语教育特别是高等学校的专业英语教育的发展几乎达到了当年俄语的程度。而当"走出去"被纳入国家发展规划后,情况迅速发生了变化。"走出去"首先意味着中国的企业要到国外去,但去向并非都是英语国家,也有法语、西班牙语、日语、俄语、阿拉伯语等国家和地区。语种需求的多元化,推动国内的外语教育特别是高校专业外语教育逐步走向"多元",许多高校设置了日语、法语、俄语、韩语、西班牙语、德语等专业。近十几年发展的结果,高校专业外语教育的格局发生了很大变化,外语系从"英语系"变成了真正意义的"外语系"。

---

① 胡壮麟.中国外语教育六十年有感[J].中国外语,2009(5).

② 江泽民.全面建设小康社会,开创建设中国特色社会主义事业新局面(中国共产党第十六次全国代表大会上的报告)[M].北京:人民出版社,2002:26.

需要特别指出的是,1999 年开始的普通高校招生规模的扩大①更是大大地推动了高等院校专业外语教育的发展。不仅是综合类院校、文科类院校,就是很多理工类院校也成立了外语系,开展普通专业外语教育。经过近 15 年的发展,如今的外语专业成为很多高校的第一规模专业。当然,近年来出现的外语专业毕业生就业难问题也成为困扰外语专业的大课题。这也暴露了专业发展缺乏顶层设计意识和前瞻性预判的巨大问题,其中的因素既有国家层面的,也有地方层面和高校自身层面的。

通过回顾近现代史上国家发展规划的调整与实施所带来的国内外语教育的变化,一方面使我们深切体会到了外语教育与国家发展规划之间的血肉关系,另一方面也提醒我们的外语教育,要跟上国家发展规划的步伐。

三 "走出去"呼唤外语教育的回应

2010 年 10 月 18 日通过的《中共中央关于制定国民经济和社会发展第十二个五年规划的建议》中提出,"加快实施'走出去'战略",引导各类所有制企业有序到境外投资合作②。2013 年,中国提出共建"丝绸之路经济带"和"21 世纪海上丝绸之路"的倡议,即"一带一路"构想。2015 年 3 月 28 日,国家发改委、外交部、商务部联合发布了《推动共建丝绸之路经济带和 21 世纪海上丝绸之路的愿景与行动》③。显然,从"十二五"开始,中国国家发展规划已经从"引进来"发展成了"走出去",而"一带一路"倡议正是实施"走出去"国家发展规划的具体化。

自"一带一路"倡议提出到现在,时间虽然不长,已经有 50 多个沿线国家积极响应,表示愿意加入这一宏大构想中来,与中国一道走共同发展、共同富裕之路。可见,这一倡议顺应了沿线国家的国情民意。在这一背景下,笔者大胆预测,中国外语教育也将迎来"第七次高潮"。

---

① 教育部.面向 21 世纪教育振兴行动计划(摘要)[J].中国高等教育, 1999 (6).

② 人民网.中共中央关于制定国民经济和社会发展第十二个五年规划的建议[EB/OL].[2015−09−20].http://politics.people.com.cn/GB/1026/13066190.html.

③ 新华社授权发布.推动共建丝绸之路经济带和 21 世纪海上丝绸之路的愿景与行动 [EB/OL]. [2015 − 03 − 28]. http://news. xinhuanet. com/finance/2015 − 03/28/c ＿ 1114793986.htm.

从以往的经验看,无论是"引进来",还是"走出去",都离不开专业外语人才的参与,否则国家发展规划是难以顺利实施的。既然如此,那么在新的国家发展规划面前,高等院校的专业外语教育又将做出怎样的回应呢? 换言之,新的国家发展规划为高等院校的专业外语教育提出了新的课题,我们该怎么办?

笔者认为,高等院校的专业外语教育应该首先思考以下几个问题:

第一,需要我们做什么。在"走出去"背景下,从国家层面来说,什么需要"走出去"或者能"走出去"的问题,既是国家决策层要研究的,也是我们专业外语培养单位选择回应的大前提。就是说,"一带一路"倡议实施的具体需求决定了我们高校专业外语教育的专业方向和教育内容。

第二,我们能做什么。"一带一路"沿线60多个国家,40多个语种,涉及能源、矿产、建筑、航运、海运、公路、铁路、商务流通、农业、制造业、通讯、信息、法律、税务、投融资、生态环保、旅游、文化产业等诸多领域。这些领域的中外合作与交流都需要有相应的人、财、物的参与才能实现。而且,各领域的合作与交流都需要专业外语人才的参与。

不过,就国内高校外语专业的现状而言,无论是北外、上外、西外这种专业外语类高校,还是北大、南开这种综合类高校中的外语院系,其语种、专业方向、师资队伍、培养专长等方面都是有限的。在这个问题上,可以说谁都不是全能选手。因此,如果想参与"一带一路"倡议实施并在其中获得一席之地的话,各类各层次高校的专业外语教育单位都要搞清楚我们自己能做什么或者通过整合教育资源可能做什么。这也是个大前提。

第三,我们怎么做。简单地说,就是创建和打造适合国家新发展规划需求的专业方向,培养合格的专业外语人才。为此,提出以下两点建议供决策者参考:

一是跳出"语言文学"的圈子,依照"一带一路"倡议实施的需求设置专业方向和课程体系;二是打破外语专业与理、工、管、商、旅、法等专业的壁垒,开放办学,为其他院系的涉外专业构建专业外语教育的平台。

当然,达成以上目标,最关键的是要有符合相应专业方向要求的优秀教师队伍。为此,高校外语专业在确定了新专业方向后,抓紧打造优质的教研团队就成为最紧迫的任务了。

四　结束语

前面的论述表明,外语及外语教育在中国近现代的各个时期的国家发展规划转折期都做出了实时回应,作为国家对外关系的重要组成部分,在推动新国家发展规划实施中发挥了巨大作用,凸显了外语及外语教育极高的应用价值。而且,近年来,国家层面也在推动复合型、应用型专业外语人才培养的相关教育改革,实际上这也是意识到了前面提到的高校专业外语教育存在的问题,希望外语教育特别是高校专业外语教育做出调整,为国家的实际需求培养专业人才。同时,既然新的国家发展规划已经确立,面对即将到来的"第七次外语教育高潮",高校专业外语教育的发展方向调整与转型也就成为必需的工作重点了。即是说,高等院校专业外语教育如何做出回应,以配合、辅助、推动国家发展规划的顺利实施,是现阶段面临的最大课题!

补充一点,在本文写作过程中,为了了解国内相关研究状况,笔者对CNKI的学术期刊网库进行了主题词搜索①,综合统计结果如下:

主题词	数量	比率(%)
走出去	33301	20.74%
走出去战略	4022	2.51%
一带一路	120411	75.00%
文化走出去	2027	1.26%
中国文化走出去	698	0.43%
教育走出去	89	0.01%
外语教育走出去	2	0.00%
日语走出去	0	0.00%
日语教育走出去	0	0.00%
合计	160550	100%[②]

---

① 本文搜索文献数据时间下限为2019年3月8日。

② 该数据实际为99.95%,四舍五入为整数。

从 CNKI 数据看,"走出去"已经成为国内关注的大热点。不过,从关注的角度看,宏观层面的较多,微观层面的较少。从国家发展规划的高度讲,外语教育或许算是微观层面的问题。但实际上,国家发展规划的实施,特别是"一带一路"倡议的顺利推进离不开外语教育特别是高等专业外语教育的支撑,因此值得学术界特别是外语教育界的高度重视。

最后,我们回到本篇的主题——外语教育与当代中国故事讲述。笔者以为,这个主题中的"外语教育"可以说是包罗万象,而且我们放眼"一带一路"倡议的实施会发现,外语教育大有可为!同时,有一点值得注意,外语教育不能把眼光仅仅停留在某一语种国家的本土上,一定要放眼世界。在有中国投资的国家和地区自然就有中国文化走出去的空间,这些空间里的交流和沟通需求,一定为广大外语人才提供了用武之地。无论是外语人才的培养人——高校外语专业,还是被培养人——学生首先要建构起这个"世界外语意识"。即是说,要有国际化大视野。凡是"一带一路"沿线国家和地区的人需要了解、引进、利用以及我们需要"走出去"的中国元素都是"中国故事"的组成部分。这其中,既有中国的技术、管理、投资、产品,也有中国人的世界观、价值观、思想、文学、艺术、风俗等;既有现代流行元素,也有古代传统基因。这一切的"中国故事",都需要学好外国语的人讲给外国朋友听。2015 年 9 月 23 日,习近平在西雅图出席侨界举行的欢迎招待会时的讲话中,希望每一位旅美侨胞"积极主动宣介中华文化,讲好中国故事"①。那么,高校外语专业更有义务肩负起培养更多能够"讲好中国故事"的专业外语人才的历史责任。

当然,外语教育作为国家发展规划的一个组成部分,需要国家层面的顶层设计,如何适应国家新发展规划的需要而做出方向的调整是个大课题。只有国家层面调整和设计好了,地方、高校才能根据各自的实际情况做出相应调整。2018 年 4 月,国家颁布了《外国语言文学类教学质量国家标准》。可以说,这是国家层面在外语教育领域顶层设计的一部分。就山东省而言,作为儒家文化的发祥地、东北亚"海上丝绸之路"的重要起点之一,如何推动

---

① 习近平.在西雅图出席侨界举行的欢迎招待会时的讲话[EB/OL].[2015-09-25].http://world.people.com.cn/n/2015/0925/c1002-27632490.html.

省内高校培养出能讲好当代山东故事的专业外语人才,也是亟待破题的大课题。

作者简介:王晓东,博士,鲁东大学外国语学院日语系教授、硕士生导师,鲁东大学国家语委汉语辞书中心研究员。

"一带一路"视域下地方高校
国际化法语人才培养探索

一 引言

"一带一路"即"丝绸之路经济带"和"21世纪海上丝绸之路",这一重要倡议标志着我国构建全方位的开放新格局,这就要求我们培养一批拥有国际视野、通晓国际规则、能够参与国际事务与国际竞争的国际化人才(张小红,2018:102)。① "一带一路"各国之间的合作交流都必须以语言互通为前提,外语人才的培养对这一倡议的有效实施起着重要的桥梁作用,这对地处"一带一路"倡议节点城市的高校法语专业提出了更高要求。传统的语言教学模式较为单一,培养的学生往往缺乏外事、经贸等方面的专业能力,难以满足"一带一路"背景下对法语人才的需求。因此,应结合区域经济发展,创新法语人才培养模式,提高人才培养质量,为社会输送符合"一带一路"要求的国际化应用型法语人才。

二 "一带一路"视域下地方高校法语专业面临的机遇

第一,作为古代东方海上丝路首航地,烟台在融入"一带一路"国家发展中具有历史文化、交通物流、对外开放等多方优势,如今,这些优势正叠

---

① 张小红."一带一路"背景下新型国际化外语人才培养路径[J].西华大学学报,2018(4).

加发力,帮助烟台沿着"一带一路"路线图抢占先机。商务部西亚非洲司副司长曹甲昌曾表示,"烟台的外向型经济在全国都是领先的,烟台的企业不管在欧美还是在东南亚甚至在西亚、非洲都有非常良好的合作,对'一带一路'的沿线国家可以起到很好的示范作用。"第二,目前,烟台市与64个沿线国家均有贸易往来,境外投资涉及基础设施、商贸服务、远洋渔业、能源合作、农业加工等10多个领域,烟台已拥有10大滨海新区、5处一类开放口岸,与70多个国家和地区的100多个港口直接通航,并成为世界化肥出口第一港以及中国进口铝土矿第一港;曾获评"2016年度中国'一带一路'最具活力城市";烟台作为"一带一路"倡议节点城市,与法语国家尤其是非洲国家关系密切,法语在非洲国家和地区的使用范围极广,烟台有几十家对非洲出口企业,并且遍及多个行业,在几内亚、喀麦隆、突尼斯、阿尔及利亚、刚果金、刚果布等国开展了业务;烟台市的龙口港是中国对非出口贸易的第一口岸,烟台港与国内外公司共同投资建设了几内亚博凯内港码头,并且联合开发铝土矿,在这些法语国家进行投资和承建项目时,国际化应用型法语人才起着重要的桥梁作用(孙传月、高举敏、孙维屏,2018:136)。[1]第三,迄今为止,在烟台成立的法国独资或中法合资的企业与机构数量达八十余家,主要从事酿酒、机械制造等,如:拉菲酒庄、法国科孚德机电、玛努尔高温合金有限公司、道达尔公司、迈夫诺达机械设备等;作为亚洲地区唯一的"国际葡萄·葡萄酒城",烟台的葡萄酒产业发展迅速,在国际上的影响力越来越强;烟台又位于环渤海蓝色经济区的重要位置上,良好的投资环境,吸引了越来越多的法国企业前来投资(高举敏、孙传月,2013:12)。[2]截至目前,烟台与法国的双向投资项目达78个,其中法国在烟投资73个项目,合同外资1.91亿美元,实际利用外资1亿美元。例如:法国玛努尔工业集团公司投资的烟台玛努尔高温合金有限公司,总投资4567万美元;科孚德机电(烟台)有限公司由法国科孚德控股有限公

① 孙传月,高举敏,孙维屏."一带一路"战略下基于需求导向的"法语+"人才培养模式构建[J].湖北函授大学学报,2018 (5).

② 高举敏,孙传月.面向区域经济发展的法语应用型人才培养模式研究-以鲁东大学为例[A].曹德明.中国法语专业教学研究[C].上海:上海社会科学院出版社,2013.

司独资兴建,总投资 2082 万美元,注册资本 833 万美元;烟台在法投资项
目 5 个,涉及机械制造、葡萄酒、环保、钟表、零售等多个领域。例如:烟台
台海集团以 9800 万美元并购法国巴黎玛努尔项目;烟台中泰科技投资
130 万美元的环保处理设备项目;烟台海德股份有限公司投资 127.66 万美
元的 PVI 新能源动力研发中心项目;烟台悦庄酒业有限公司投资 2.64 万
美元的酒具设备销售项目。当前烟台正在加快转方式调结构,推动产业优
化升级,与法国在装备制造、海洋、航空、葡萄酒、旅游等领域合作空间广阔
(李娜,2016:214)。① 烟台已经成为山东省特别是沿海地区对外开放的高
地,外向型经济越来越凸显,国际化法语人才的需求量越来越大。因此,培
养"一带一路"视域下国际化法语人才是烟台经济发展对地方高校提出的
必然要求,同时也符合鲁东大学"应用型、有特色、国际化"的办学目标。

三 "一带一路"视域下地方高校法语人才培养现状及面临的挑战

目前地方院校法语专业人才培养面临诸多问题:培养模式存在一定的
趋同性,专业课程设置偏重语言、文学类课程,而"一带一路"背景下所需的
国际化法语人才,不仅应具备扎实的法语语言文学知识,还需具有开阔的文
化视野。因此,应开设更多的文化类课程,提升学生的跨文化交际能力;实
践教学体系不够完善,尤其是海外实践基地较为缺乏;具有国际视野的教材
也相对不足。因此,地方高校需要进一步认清这些不适应性。那么,地方高
校法语专业如何在"一带一路"背景下结合区域经济的发展,重塑人才培养
新理念,重构人才培养新模式,提升法语专业人才跨文化交际能力,无疑是
摆在我们面前的一项具有挑战性的课题。目前,烟台的法语人才培养主要
依靠鲁东大学这所地方高校,在人才培养方面同样存在一定的问题。随着
我国经济的快速发展和全球化进程的不断加快,地方高校法语专业培养国
际化应用型人才,是区域经济发展的必然要求,因此,有效培养适应社会需
要的国际化应用型法语人才已成为地方高校的当务之急,法语人才培养体
系必须结合"一带一路"和区域经济发展作出调整,实施高素质、国际化复合

---

① 李娜.高校应用型双语人才培养与地区经济发展衔接的模式探索[J].高教学
刊,2016(8).

应用型人才培养机制。

四 "一带一路"视域下国际化法语人才需求特征

4.1 跨文化能力强的法语人才

"一带一路"背景下,培养高端国际化人才已经成为国家的需求。2010年7月颁布实施的《国家中长期教育改革和发展规划纲要(2010-2020)第48条提出,要开展多层次、宽领域的教育与合作,提高我国教育国际化水平,要培养大批具有国际视野、通晓国际规则、能够参与国际事务和国际竞争的国际化人才。具体而言,国际化人才是具有专业知识、外语特长、跨文化沟通能力,富有全球视野、民族情怀、创新精神、人文素养、信息素养等的高端人才。[①]跨文化能力是国际化人才最核心的能力之一,并作为"外语类专业的核心能力指标之一"被纳入《高等学校外语类专业本科教学质量国家标准》的培养规格。跨文化能力培养必须渗透到整个人才培养模式之中。孙有中指出跨文化能力的核心内涵为:尊重世界文化多样性,具有跨文化同理心和批判性文化意识;掌握基本的跨文化研究理论知识和分析方法;熟悉所学语言对象国的历史与现状,理解中外文化的基本特点和异同;能对不同文化现象、文本和制品进行阐释和评价;能得体和有效地进行跨文化沟通;能帮助不同语言文化背景的人士进行有效的跨文化沟通。跨文化能力是当下全球化进程中必备素质和能力之一。[②]"一带一路"倡议离不开国际化法语人才的支撑,语言相通是任何交流的基础,而跨文化能力是"相通"的保障,因此,国际化法语人才的培养不仅要注重语言能力的培养,更要加强跨文化能力的提高,从而帮助企业进行跨国沟通,提高企业在国际环境下的竞争实力。烟台也正是抓住"一带一路"视域下作为沿海节点城市的机遇,进一步推动区域经济的发展,加强与法语国家的合作,提高学生国际化视野,培养具有较强跨文化能力的高素质国际化人才。

---

① 王雪梅.从对接国家战略视角探索外语类院校培养国际化人才的思路[J].外国语文, 2014,(2):158-159.

② 孙有中.外语教育与跨文化能力培养[J].中国外语, 2016,(3):17.

4.2 应用型法语人才

随着"一带一路"建设的推进,国际间的合作和跨国企业越来越多,应用型法语人才已经成为很多企业选拔外派的一个基本条件。应用型法语人才指的是能将法语专业知识真正运用到实际生活、工作中的技能型人才。"一带一路"倡议给外语类人才提出了更高的要求,他们不仅需要过硬的专业知识,更重要的是要将专业知识能力运用到社会实践中。[①]鉴于烟台优越的地理环境,与法语国家交流也非常密切,单纯掌握一门法语已经不能适应市场的需求,迫切需要掌握如经济、贸易、管理、金融、旅游等专业知识,即需要具有基本的法语交际能力,又在相关领域学有所长的应用型法语人才。

4.3 复合型法语人才

"一带一路",视域下国与国之间的交流首先从语言沟通开始,但是在具体的业务交流中,还需要具有较高的综合能力,能够促进参与双方业务开展的复合型法语人才,即需要法语专业人才参与到金融、基建、旅游、文化等各类合作中,灵活运用专业知识处理各项业务,促使双方良好沟通,推动彼此良好发展。这类人才不但拥有在某些专业技能方面的才能,而且还拥有符合国际化交流的沟通技能、协调双方关系的能力、优秀的合作能力、对于紧急发生的问题能够及时解决的能力等。[②]

五 "一带一路"视域下地方高校国际化法语人才培养模式构建

5.1 构建国际化法语人才培养课程体系

在国际化外语人才培养过程中,应科学建构课程体系,使人才培养符合区域经济发展的需求。根据国际化外语人才的培养目标、培养规格,结合学校特色开设相关课程,并将培养目标和要求具体化;各课程之间有序可循、联系密切;所设课程与国际事务、国际规则等密切相关,突出专业特色,扩大

---

① 徐治国,唐塘,刘国佳."一带一路"战略下外语人才培养措施初—以四川省部分高校为例[J].教育教学论坛,2016(50):225.
② 王艺静."一带一路"背景下国际化外语人才培养研究[J].高教月刊,2016,(9):2.

国际合作办学规模,丰富课程体系;课程设置注重提高学生国际意识、扩大国际视野;所设课程有利于提升学生的跨文化交际能力、培养学生的创新能力和批判思维能力等。①

5.2 构建具有国际视野的高素质教师队伍

加强师资队伍建设是培养国际化应用型法语人才的有力保障,地方高校应加大力度引进具有国际视野的师资队伍,强化教师的综合素质,打造一支教学水平过硬、教学经验丰富、具有国际视野的高水平师资队伍。教师在具备扎实的法语专业知识的同时,可以选修经济、贸易、国际关系等其他学科知识,从而具备更为开阔的视野和广泛的知识面,或结合学校政策,通过离职、在职国外进修、暑期研修、访问学者、师资交换等方式进一步提高教师国际化视野。

5.3 校企联合,强化学生实习实践

国际化法语人才的培养离不开实践能力的提升,实习实践也是培养复合型人才的必由之才路,因此,必须提升实践环节在人才培养中的比重。外语学习者除了学习书本知识以外,必须实地学习,让学习内容变得生动形象,把枯燥词语赋予鲜活意义,这样才能活学活用,有的放矢。②地方高校法语专业应按照专业人才培养目标的要求,将理论知识与社会实践相结合,社会实践是知识向能力转化的环节,培养学生的创新能力和创业精神,为学生走向社会提供切实可行的帮助。实习实践基地可进一步提高实践性教学效果,因此,要加强校企深层合作,和国内外企业建立实习和实训基地,安排和指导学生实习并开展专题讲座,邀请企业专家参与教学改革,使课程内容及目标更贴近社会行业,使学生在真实环境中学到技能。③

5.4 扩大对外交流,培养高素质跨文化交际人才

"一带一路"沿线国家的文化传统、风俗习惯等方面都各具特色,只有通

---

① 陈欣.从跨文化交际能力视角探索国际化外语人才培养课程设置[J].外语界,2012,(5):75-76.

② 杨云升."一带一路"建设与外语人才培养[J].海南师范大学学报,社会科学版,2015,(9):133.

③ 毛琰虹."一带一路"背景下应用型外语人才培养的创新模式研究[J].齐齐哈尔师范高等专科学校学报,2018,(3):10-11.

晓相关国家和地区的文化差异,才能在对外交流中避免误会。因此,地方高校法语专业需要加强对外交流,定期举办跨文化专题讲座,增强学生的跨文化能力;进一步扩大中、外办学规模,加强交流与合作,使教学内容、方式与真正国际接轨,使学生深入了解法语国家的文化传统、风土人情,尤其是直观地感受法语国家的文化与本国文化的差异与冲突,提升语言交流和文化互通能力;同时加大跨文化类课程的数量:如演讲技巧、法国影视鉴赏、中法文化对比、法国社会与文化等,培养学生的跨文化意识,提高学生的语言综合应用能力。

六　结语

"一带一路"倡议的提出给高校外语人才培养提供了重要的发展机遇,同时也提出了诸多挑战。作为"一带一路"建设的重要参与者,外语人才对"一带一路"倡议的实施意义重大,必须更新观念、与时俱进,构建国际化复合型外语人才培养模式。作为地处"一带一路"节点城市的地方院校,更要充分认识到培养国际化复合型外语人才的重要性和紧迫性,创新人才培养模式,既培养学生的听、说、读、写、译能力,又在教学中融入贸易、商务、文化、等相关专业课程;加大与法国高校联合办学,积极引进优质课程资源,组织各类中法交流活动,实现教育资源的互补与共享;加大国内外校企合作和实习实践力度,将企业的国际化理念融入教学实践;重视跨文化交际和文化学习,从而为区域经济发展培养更多具有良好的语言基本功、扎实的专业知识与技能、具有国际视野、通晓国际规则、能够参与国际事务和国际竞争、具有创新能力、分析和解决问题的能力以及跨文化交际能力等国际化复合应用型法语人才。①

作者简介:高举敏,硕士,鲁东大学外国语学院法语系副教授,鲁东大学国家语委汉语辞书中心研究员。

---

① 庄智象,韩天霖,谢宇.关于国际化创新型外语人才培养的思考[J].外语界,2011,(6):77.

"一带一路"背景下韩国语教学策略研究

——以听说课教学为例

一 引言

　　韩国虽不是"一带一路"的沿线国家,但 2015 年中韩 FTA 的生效为"一带一路"背景下的中韩经贸合作提供了制度基础。2017 年 5 月,韩国代表团参加了在北京举办的中国"一带一路"高峰论坛,①12 月中韩就共建中韩产业园达成重要共识②。随后 2017 年 12 月 15 日,中国国务院正式对外发布《国务院关于同意设立中韩产业园的批复》,同意在江苏省盐城市、山东省烟台市、广东省惠州市分别设立中韩产业园。③ 中国商务部也强调,中韩产业园要建设成为中韩对接发展战略、共建"一带一路"、深化中韩服务贸易和投资合作的先行区。④ 可见,"一带一路"建设为中韩两国提供了合作的新框架和交流的新渠道,也为韩国语专业学生就业带来了新契机。那么在这种背景下,国内韩国语教学该采取何种教学策略才能为"一带一路"倡议的实施

---

　　① 朱敏洁.韩媒:韩代表团参加"一带一路"峰会 习近平特别抽出时间面谈[EB/OL].[2019-05-19].https://www.guancha.cn/Neighbors/2017_05_15_408422.shtml.

　　② 中华人民共和国商务部.中韩产业园[EB/OL].[2019-05-19].http://yzs.mofcom.gov.cn/article/zt_zhcyy/column01/201805/20180502749105.shtml.

　　③ 中国政府网.国务院关于同意设立中韩产业园的批复[EB/OL].[2019-05-19].http://www.gov.cn/zhengce/content/2017-12/15/content_5247404.htm.

　　④ 中华人民共和国商务部.中韩产业园[EB/OL].[2019-05-19].http://yzs.mofcom.gov.cn/article/zt_zhcyy/column01/201805/20180502749105.shtml.

输送合格人才,促进中韩两国的合作呢？本文将以听说课为例,围绕这一问题展开分析。

二　高校韩国语听说课教学现状及教学目标

以 2019 年为准,除高职院校外,现在全国共有 123 所大学开设有韩国语专业。① 但由于目前在韩国语专业就业市场上,僧多粥少,国内面临朝鲜族竞争,韩国语专业毕业生语言优势较小,学生面临着岗位数量小于求职人数的尴尬现状,且不少学生是被"调剂"到韩国语专业的,故缺乏学习韩国语的积极性。具体到听说课教学中,则主要存在以下两个问题。

第一,教材(教学资源)与社会需求联系不紧密。目前的韩国语听说课教材存在内容更新不及时,课程资源缺乏时效性、创新性、生动性,难以为"一带一路"建设输送具有国际化视野的国际关系战略型、经济合作实用型等复合型人才。

第二,教学方式单一,把听说课当成单纯的听力课来上。目前,国内听说课上采取的教学方法基本如下:①借助听力教材,练习式。学生边听录音边做书上练习题,最后教师给出答案,进行核对。其流程可简化为以下四部曲:听资料—做题—对答案—再听资料。学生在整个教学过程中处于被动接受的位置,学习积极性下落,整个课堂沉闷,有效性值得质疑。②借助韩文影像资料,理解式。在授课过程中,有些教师为提升学生兴趣,在课程中引入韩国电影、电视剧、娱乐节目等内容,但实际上因学生听力水平有限或所选内容语速过快,学生的听懂率并不高,所以学生们的注意力都集中在画面情节上,更加忽视了听说,于是听说课就变成了电影欣赏课,听说课也就失去了其开设的真正意义。

2019 年 2 月,针对学生对现行听说课的要求,笔者曾做过一次问卷调查,调查对象为鲁东大学韩国语系一、二年级学生。调查结果显示:很多学生认为,与老师播放的冷冰冰的音频或韩国电影、电视剧等视频资料相比,更希望听到的是授课教师真实的、难度适当的韩国语表述;希望听说课(听力课、视听课)上能够有更多用韩国语发言的机会;在学习语言知识的

---

① 2019 哪些大学开设有朝鲜语专业[EB/OL].[2019-05-19].

同时,最好能够同时学习到文化方面的内容,以便为以后跨专业考研或择业预热。

基于此,笔者认为,大学韩国语听说课教学首先从宏观上应制定以下目标与策略。

第一,从就业(考研)的角度进行教学。换言之,就是要让学生认清"一带一路"对人才需求的新形势,了解韩国语的重要性,从而调动其学习主观能动性。在强调学习韩国语的重要性时,可告诉学生以下两点。首先,在择业时,"韩语+业务"有机结合的复合型人才更有优势。比如,当今朝鲜半岛研究是个热门话题。如能掌握韩国语,那么从事朝鲜半岛研究相关工作就能更有优势。其次,本科阶段的韩国语学习,仅仅是个入门阶段。即使对韩国语不感兴趣,但为以后的工作、学习计,学好韩国语也并不吃亏。本科毕业后尽可以韩国语为跳板,进行别的专业的深化学习。比如,历史专业和国际关系专业的很多从业人员,尽管专业不是韩国语,但其韩国语水平都很高,甚至很多人掌握多门外语。

第二,教学中要注重提高学生的跨文化意识。如上所述,"一带一路"背景下的国际交流为韩国语专业提出了更高的人才培养要求,因此,在教学过程中,特别是在教材(教学资源)缺乏时效性、文化元素时,就需要向学生输入大量文化素材,增强学生的时政意识。具体在授课时,教师可在进行课文知识点(比如语法、词汇)讲解的同时,通过例句等形式,向学生传输朝鲜半岛相关政治、历史、国际关系、国际贸易等文化领域的基础知识。

第三,将听力材料和教师讲述相结合,营造生动的体验式的课堂环境。只有为学生进入角色提供实际交际情景和环境,才能使学生积极地参与其中,从而提升学生的语言应用能力。在教学过程中,教师自身应开拓视野,扩展思路,提高驾驭教材的能力,在学生练习听力的材料中寻找可以谈论的话题,以学生周围实际发生的事物为例子进行听说教学。

三 "一带一路"背景下韩国语听说课教学

下面让我们来具体探讨一下在韩国语听说教学过程中可采取的微观教学策略。为营造生动的体验式的课堂环境,增强学生的跨文化意识,教师在教学过程中,应把多种教学活动(如表演、抢答、竞猜等)综合在一起,根据学习内容不同开展不同的课堂活动,给学生创造机会进行实践,并将时政、文化元素穿插其中,让学生在学习过程中发挥其积极性和主动性,"以用促学,以学促用"。具体有以下策略。

3.1　听后表演

听后进行表演练习,不仅可以检验学生是否听懂,而且还可以与口语相结合,从而给学生提供一个实践的空间,让学生参与到实际语言交际中去,激发学生的兴趣,促进听说能力的提高。

<例1> 听后行动

> 动作进行前:
>
> 让学生在做这个指令之前,先说明一下自己将要怎么行动。
>
> 教师:걸어요.
>
> 学生1:걷겠어요.
>
> 教师:~씨가 뭐 할 거예요?
>
> 学生们:~씨가 걸을 거예요.
>
> 动作进行中时:
>
> 教师:지금~씨가 뭐 해요?
>
> 学生1:저는 지금 걷고 있어요.
>
> 动作结束后:
>
> 教师:~씨가 뭐 했어요?
>
> 学生1:저는 걸었어요.
>
> 学生们:~씨가 걸었어요.

上述练习可锻炼学生识别使用不同时态的能力。通过这种练习可在缺少语言环境的条件下,为学生创造课堂真实的语境,让学生既能练习到听力,还能练习到会话,有听有说,使听、说技能共同发展,提高口语交际水平。除此之外,教师还可以根据实际情况给出很多不同的指令,如,일어서서 이리 오세요.연필을 들어보세요.가방에서 책을 꺼내세요.책을 펴세요.창문을 여세요,等。

<例2> 听后画图(完成表格、找地图、排列顺序、留言、填空等)

> 教师：큰 사과 그림을 그려 주세요.
>
> (学生画完以后)
>
> 教师：그것이 무엇이에요?
>
> 学生：이것이 큰 사과예요.
>
> 教师：그것이 누가 그린 사과예요?
>
> 学生：이것이 제가 그린 사과예요.
>
> 教师：큰 것이 더 비싸요? 작은 것이 더 비싸요?
>
> 学生：큰 것이 더 비싸요.

在做听力之前，首先把准备好的与听力相关的资料，如表格、图画等资料分发给学生，让他们在听的过程中，边听边做记录。等听过之后，再根据所作简单记录把听过的资料进行简单的复述或者其他会话练习。另外，即使是一般听力教材上提供的听后答题等类型，也不要只是简单地对对答案就结束，可以做进一步延伸，让学生指出错误所在并讲出正确的句子。

3.2 听后抢答

调查显示，中国学生对元音(어与오，여与요,오与우，애与에，왜与웨、외,요和유)以及紧音(ㄲ、ㄸ、ㅃ、ㅆ、ㅉ)与对应的松音的(ㄱ、ㄷ、ㅂ、ㅅ、ㅈ)的区别感到比较困难。而且松音(ㄱ、ㄷ、ㅂ、ㅈ)与对应的送气音(ㅋ、ㅌ、ㅍ、ㅊ)的区别对中国学生来说也较难掌握。在初级阶段教授学生们难以区分的发音时，可以通过发音对比训练来实施，这种方法可以有效提高学生们辨音与准确发音的能力。

<例1> 判断发音异同

> 给出的单词或音节发音相同时，让学生们说'같아요'，不同时让学生们回答'달라요'。
>
> 1.教师：굴, 꿀　　　　　　1.教师：짜다, 짜다
>
> 2.学生：달라요.　　　　　2.学生：같아요.
>
> 1.教师：영, 영　　　　　　1.教师：욱, 역
>
> 2.学生：같아요.　　　　　2.学生：달라요.

上述练习由教师给出发音极为相似的两组单词或音节，让学生判断其

发音是否相同。如果相同,则说"같아요",如果不同,则说"달라요"。但需要指出的是,在发音训练中,与其训练单个辅音或元音的发音,不如进行元音、辅音结合之后的音节或单词训练更为有效。

<例2> 选择正确发音

教师:토끼
学生:앞의 거요. (토끼, 도끼)
教师:뿌리
学生:뒤의 거요. (부리, 뿌리)

这组练习是让学生听完教师给出的发音后选择正确发音。这种练习与上述"<例1>判断发音异同"结合使用,可有效避免发音练习的单调与枯燥。另外,需要指出的是,教师给出单词的时候,如果能够附以图画则更能诱发学生兴趣。

教师:따다
学生:앞의 거요. (따다, 타다)
教师:타다
学生:뒤의 거요. (따다, 타다)

辨音是有效模仿的先决条件,在练习发音之前,应先进行听音、辨音训练。在教授发音过程中,首先收集一些学生们难以区分的发音,然后让学生进行反复听、辨练习,对训练学生正确掌握语音是非常有效的。不过,笔者在实际教学中经常听到一些学生讲某个发音在课堂上连续练了十多遍也没取得满意效果。其实在这种情况下,告诉学生发音练习是一个长期持续的过程,与其集中训练,倒不如每天持续练习会更加有效。另外练习发音时,让学生先认识到自己的发音有误也是很有必要的。当然,这时教师要指明这种偏误或错误普遍存在,并非个别现象,从而减少学生的心理负担和挫败感。

3.3 听后替换练习

<例1> 师生互动

教师:어제 학교에 갔어요.
学生(全体):어제 학교에 갔어요.
教师:(伴随身体动作)다시 한 번.
学生(全体):어제 학교에 갔어요.
教师:(举起卡片或者指向已经写好的单词)좋습니다.그러면 도서관
学生(全体):어제 도서관에 갔어요.
教师:(举起卡片或者指向已经写好的单词)회사.
学生(全体):어제 회사에 갔어요.

这种教师与全体学生的互动练习,可培养学生的自信。对性格相对内向或对自己发音不太有自信的学生来讲,这种方法可以减少其心理负担和挫败感。这种师生整体互动与教师、学生一对一互动结合使用,会有效提高学习效率。此外在这种单词替换练习中,可将时政、文化元素穿插其中,并利用韩国语中汉字词较多的特点,指导学生掌握韩国语单词的造词原理,提高学生的学习成就感。如,学习过"유럽(欧洲)""아시아(亚洲)"等词后,就可指导学生掌握"동유럽(东欧)""서유럽(西欧)""남유럽(南欧)""북유럽(北欧)""동아시아(东亚)""서아시아(西亚)""동북아(시아)(东北亚)""동남아(시아)(东南亚)"等词。

<例2> 教师指导下的分组练习

教师:잘 들으세요.어제 간 곳은 어디예요? -어제 간 곳은 영화관이에요. A 팀은 질문하세요.B 팀은 대답하세요.
(教师通过身体动作告诉 A 组可以开始了。)
A 组:어제 간 곳은 어디예요?
B 组:어제 간 곳은 영화관이에요.
教师:좋습니다.(通过卡片或者别的方式向 A 组出示'오늘-가다',向 B 组出示'야구장'。)그러면, A 팀은 오늘, 가다, B 팀은 야구장.

A 组:오늘 가는 곳은 어디예요?
B 组:오늘 가는 곳은 야구장이에요.①……

这种分组集体训练除可达到减少学生心理负担的作用外,还可调动学生的学习积极性,激发学生兴趣,培养学生之间运用韩国语进行会话的习惯。分组可按照男、女生进行分组,也可按照所坐位置进行分组。不过,在组与组之间营造出一种轻松的比赛气氛,对提高学习效果是最为有效的。

3.4　听后游戏

通过游戏指导学习不仅能调动学生的积极性,而且能给学生留下深刻的印象。因此通过游戏练习语法、词汇或发音也是一种有效的教学手段。

<例1> 造句游戏

在学习单位名词"개、명、마리、권、장、병"等时,教师可事先准备一些图片。游戏规则为,教师说一句,学生在此基础上持续添加新内容。当然事先要告诉学生们游戏规则,即前面人已经说过的不可反复使用。

教师:책상이 두 개 있어요.
学生1:책상이 두 개, 의자가 네 개 있어요.
学生2:책상이 두 개, 의자가 네 개, 책이 열 권 있어요.…

通过以上方式展开游戏,直到有学生出现失误为止。这种造句游戏在初级阶段还可以作为一种有效的单词复习手段使用。再如:

教师:사과 한 개를 먹었어요.
学生1:사과 한 개, 토마토 두 개를 먹었어요.
学生2:사과 한 개, 토마토 두 개, 배 세 개를 먹었어요.…

<例2> 看图游戏

教师不向学生展示图片内容,而让学生进行推测。当然可以告诉学生图片发生的地点(比如说在客厅)。

---

① 以上示例在教授动词的冠词形(간/가는/갈 곳)等替换练习时效果是比较好的。

教师:이 그림에는 여자가 한 명 있어요.그 여자는 지금 무엇을 하고 있어요?

学生 1:텔레비전을 보고 있어요.

教师:아니요, 텔레비전을 보고 있지 않아요.

学生 2:신문을 읽고 있어요.

教师:아니요, 신문을 읽고 있지 않아요.

学生 3:일하고 있어요.

教师:네, 일하고 있어요.어떤 일을 하고 있어요?

……

这组游戏可锻炼学生使用'-고 있다'语法造句的能力。需要巩固某一语法现象时,使用上述游戏是非常有效的。

通过游戏进行学习可以调动学生们的学习兴趣和热情。能够应用到听说课教学之中的游戏还有很多,除以上介绍的几种方法外,还可通过成语(单词)接龙、听后记录主要内容并转述、分角色表演、采访等各种形式灵活地展开教学,让学生想听想说,也有内容可听可说,从而有了参与各种实践的兴趣和愿望。

3.4 电视剧或者电影等影像资料的听说学习策略

当通过电影、电视剧等资料进行授课时,教师主导下的反馈活动是非常必要的。具体教育方案可以通过听后复述、听后模仿、听后演剧等形式进行。

(1)听后复述:可检查学生对内容的理解程度。在此过程中,可向学生提出跟内容相关的一系列问题。比如,可让学生就剧中主人公的性格、形象等进行描写说明。

(2)听后模仿:在听后复述的基础上进行。在学生听取并复述过资料内容后,给学生分发台词并让学生熟读,然后让学生们根据场景和所学的台词回忆录音内容,进行模仿。这时可适当地降低或者抹掉录音。需要指出的是,台词的学习过程是极为重要的,且在学习台词的过程中,对于日常生活中使用频率较高的台词可通过翻译等多种形式加以学习、确认。①

---

① 在笔者针对鲁东大学学生实施的问卷调查中,很多同学针对这一点提出了要求。他们希望教师在授课过程中能把实际生活中经常使用的表达通过各种形式进行教授。

(3)听后演剧:在学生对资料内容已经相当熟悉的情况下,可让学生们分组对影像资料中出现的名场面进行表演。

四　结语

"一带一路"建设为韩国语人才提供了新的就业市场,也为韩国语教学提出了更高要求。在"一带一路"背景下,"韩语+业务"有机结合的复合型人才,如国际关系战略型、经济合作实用型人才等,是未来市场、社会需求的重点。基于这种背景,为改革完善大学韩国语听说课,提高其教学实效,本文对韩国语听说课的教学现状和教学目标进行了反思和研究,并从微观层面探讨了具体的教学策略。

首先,本文认为大学韩国语听说课教学从宏观上应制定以下目标与策略。(1)从就业(考研)的角度进行教学。(2)教学中要注重提高学生的跨文化意识。(3)要将听力材料和教师讲述相结合,营造生动的体验式的课堂环境。唯有此,才能调动学生学习韩国语的积极性,为"一带一路"建设输送合格人才。

其次,在实际教学过程中,把多种教学活动(听后表演、听后抢答、听后替换练习、听后游戏、听后复述、听后模仿、听后演剧等)综合在一起,并将时政、文化元素穿插其中,通过教师与学生或者学生之间的互动练习,形成一个良好的言语交际循环模式,在这种模式下,交际双方不断进行角色互换,说了听,听了说,使学生在一种真实或接近真实的语境中进行交际性训练,是提高学生听说口语交际能力的有效途径。

【作者简介】张宝云,博士,鲁东大学外国语学院韩语系讲师,鲁东大学国家语委汉语辞书中心研究员。

论中外合作办学高校院系党建工作的挑战与对策
——以鲁东大学蔚山船舶与海洋学院为例

一 新时代文化交流背景下中外合作办学的逻辑内涵

"新时代教育扩大对外开放进程,'一带一路'倡议不仅更新和活化中外合作办学思想,也衍生出新的发展逻辑"。①随着汉语言国际影响力日益提高和我国文化软实力的不断增强,教育国际化迈入发展快车道。新时代中外合作办学不仅要引进来,更要走出国门受教育,重点是在教育全球意识下,受教育者不忘本,不变色。文化的交流是双向的,我国高校中外合作办学在享受教育国际化带来的国外优质资源、平台与师资的同时,要面向国内、牢牢扎根于中国特色、底色,更新教育理念,提高办学质量,造就为我国社会主义建设服务的国际化人才。中外合作办学在教育国际化的背景下,在文化交互日益加深的新时代,要担负起新的使命要求,与全球一流的教育优质资源开展合作办学,在教育开放化模式下加快完善教育体制改革。

《关于做好新时期教育对外开放工作的若干意见》文章中指出:"通过完善准入制度,改革审批制度,开展评估认证,强化退出机制,加强信息公开,建立成功共享机制,重点围绕国家急需的自然科学与工程科学专业建设,引

---

① 吴坚."一带一路"倡议下中外合作办学新逻辑、新形态与新方案[J].新时代中外合作办学, 2019.

进优质资源,全面提升合作办学质量"。①近年来,我国涌现出一批具有独立
法人资格高等教育中外合作办学机构及非独立法人资格的中外合作办学机
构,如:长江商学院、上海纽约大学、昆山杜克大学,以及中山大学中法核工
程及技术学院、东南大学–蒙那什大学苏州联合研究生院。鲁东大学不断创
新、优化中外合作办学人才培养模式,认真研究新时代中外优秀中外合作办
学体系,与韩国蔚山大学积极推进"2+2""3+1"合作办学项目,2013 年,经
教育部批准,设立鲁东大学蔚山船舶与海洋学院(以下简称"鲁大蔚山学
院")。自《中外合作办学条例》颁布以来,鲁大蔚山学院是我国在地方院校
设立的第一个具有非独立法人性质的中外合作办学机构,并于 2017 年顺利
通过教育部中外合作办学院校评估。鲁东大学蔚山船舶与海洋学院引进、
融合、创新优质教育资源,涵盖一流学科、一流专业、一流的教育管理理念和
教育方法、一流师资,实现了教育"以开放促改革"的效果并稳步发展至提质
增效新阶段。根据《山东半岛蓝色经济区发展规划》,烟台市所属的山东半
岛蓝色经济区拥有"建设具有较强国际竞争力的现代海洋产业聚集、具有全
球一流水平的海洋科技教育核心区、海上火箭发射平台"的国家战略定位。
烟台市是山东省新旧动能转换与自由贸易区创新发展三大核心城市之一。
2019 年国家批复的山东自贸试验区所涵盖的济南、青岛、烟台三大片区。凭
借这些优势,作为理工科学院的鲁大蔚山学院从党建引领、师资引进、文化
融合、学研相长等四大方面着力打造办学特色,成为通过中外合作办学培养
应用型人才以服务于我国东部沿海区域经济发展的先锋。

二 活化中外合作办学党建引领工作必要性

在多元文化交流的国际大环境下,我国新时代中外合作办学代表了教
育层面的中国战略及意志。随着我国每年出国留学人数以及来华留学生人
数规模的不断扩大,留学市场、地域延展至世界各地,跨地域、跨文化、跨宗
教等层面的交流已成为国际教育隐性交流。而随着适应异文化能力的增
强,留学生的世界观、价值观等难免会受不同文化的影响,这同时反映了教

---

① 中共中央办公厅、国务院办公厅.关于做好新时期教育对外开放工作的若干意见[EB/OL].[2016-04-29]

育国际化背景下,文化交流在意识形态领域所产生的影响。对于面向国内
的中外合作办学,其作为我国教育事业的重要组成部分,必然要反映中国特
色,遵守党和国家的教育方针。在借鉴世界一流大学办学治校经验基础上,
建设成为具有鲜明中国特色,展现我国深厚文化自信,培养拥护党的路线方
针政策,具有红色底色,全心全意为国家社会主义建设发展服务的各类人
才。对于作为中外合作办学教育培养对象的青年群体,让他们在新时代文
化交融日益加深的背景下,坚持接受正确思想的引领及爱国教育的引导,在
全球化大背景下,与党同心同行,心中爱党、敬党,自觉拥护党的领导,实现
自我社会价值,使得中外合作办学高校强化党建引领更为必要。

2017 年 7 月,《中组部、教育部党组关于加强高校中外合作办学党的建
设的通知》提出明确要求,"设立中外办学机构和项目,应坚持党的建设同步
谋划,党的组织同步设置,党的工作同步开展"。① 鲁大蔚山学院坚持中国共
产党的领导,坚持社会主义办学方向,为进一步加强确立党建在中外合作办
学中的基石性、保障性作用,学院党支部着眼培育基层教师及学生党建创新
性项目,在培养具有语言及工科应用型人才基础上,推动党建工作引领作
用,培养高质量人才,打造三全育人特色党建品牌。鲁大蔚山学院以党建为
抓手带动领导班子和教师队伍建设,把意识形态工作贯穿教育教学全过程,
同时积极发挥学生党支部在学院党建工作中的重要作用,加强学生思政引
领,不仅充分发挥党建育人对学风建设的导向作用,更确保了党的建设与学
院发展相辅相成、相互促进。

三 中外合作办学党建工作面临的主要挑战

在教育国际化进程中,不论是"教育走出去"抑或是"引进来",中外合作
办学模式受制度、地域、文化等因素影响,各具特色。国外办学理念、教学过
程、学生管理等方面与国内各大高校在办学治校方法上有所不同。中外合
作办学的特殊性是复杂的、系统的。其复杂性同时也体现在中外合作办学
党建工作各个层面上。

---

① 见《中组部、教育部党组关于加强高校中外合作办学党的建设的通知》(中组发
[2017]13 号)。

3.1 学校层面的党建挑战

目前我国国内中外合作办学形式多种多样。制度层面,国内高校中外合作办学更多是由校党委会领导下的校长负责制。办学模式及管理层面上,不论是国内具有独立法人的中外合作办学机构,还是非独立法人的中外合作办学机构以及各大高校党委领导下设的二级学院,多注重于中外合作办学的过程管理,以及合作办学效益,而对于具有思想精神引领的党建工作,在避免出现意识形态问题的前提下,存在着一定程度的流于表面的现象。党建工作是中外合作办学育人体系的重要组成部分,更是统领育人工作的灵魂。"其育人功能具体体现在引领导向、渗透凝聚、约束规范、教育提高四个方面。"①优化健全党建育人体系,提高党建在育人方面的实效性,是我国中外合作办学各级党组织须肩负的政治责任。"中外合作办学双方必须提前充分沟通,将建设党组织、开展党的工作作为审批的必备条件。"②

3.2 外籍教师党建工作挑战

中外合作办学高校合作模式要点在于引智、引资、引办学理念。引资不仅包含引进先进文化资源优势,也包括引引进国外优秀师资。当前,国内中外合作办学师资模式多为合作院校互派,多语言授课。在教学语言上,外国教师一般不精通汉语,在教学过程中必然存在语言交流不畅的问题。为解决这一问题,目前国内各大高校均采取配备中方助教配合外教进行中外合作专业教学工作。助教工作内容聚焦师资的课程管理及生活事务性辅助,而对于外国师资的宗教信仰意识形态等缺乏了解,外教教学中意识形态的反渗透意识不强,不够重视学生课堂情况反馈。其次外籍教师对中国意识形态相关法律法规知之甚少。课堂是我们进行思政教育的重要载体,而无论是外国教师在中国课堂上给学生授课,还是中国学生在国外修读课程,都缺乏课堂思政内容,缺少中国特色社会主义理论及党性培育引领,这也是中外合作办学党建工作面临的挑战之一。

---

① 张军.加强党建工作是办好中国特色社会主义大学的根本保证[J].红旗文稿,2016,(2):28-29.

② 同上。

3.3 党员发展时空管理挑战

在学生党员培养、发展流程上,国内中外合作办学专业与其他学院没有差别。一般大一下学期进行入党积极分子选拔,大二下学期培养思想先进、品学兼优的预备党员。鲁东大学与韩国蔚山大学开展 2+2、3+1、4+0 中外合作办学模式,大部分中外合作办学学生在大二、大三学年选择到国外学习。如何做到入党积极分子、预备党员出国不断联,保持红色底色,打破时间空间障碍,加强党员培养管理是中外合作办学常见思政问题。在入党的思想认识上,部分学生对入党产生两种错误认知:一是认为入党对其出国深造造成影响,面临签证被拒,以及国外生活学习受阻;二是由于在国外学习,党组织关系需要找组织挂靠,办理程序比较麻烦,这些错误进而影响学生入党积极性及热情,导致学院党员发展比例不高。学生面临的现实问题还在于:一般而言,国外学习期间,学业压力巨大,部分学生还面临经济问题,导致学生没有时间与精力开展党组织相关活动,在党员发展过程中就导致其党性不强,参加活动懈怠,缺乏主动性与创新性问题。对于已发展的党员还存在责任感不强,部分党员无法很好地发挥党员榜样示范带头作用,党员先进性得不到充分发挥。

在部分院校中外合作办学学生党员发展过程中,共青团组织推优力度仍有待加强,推优要进一步加强制度化、规范化,才可确保学生党员发展质量。当前在对于已留学海外的党员学生管理方面,因时间、空间、距离等要素的影响下,无法切实实施党员教育、实行量化考核机制,党员发展各项程序的实施仍趋于形式化。在党员后续的引导上,轻视教育管理,缺乏系统性党性教育,党员活动开展也存在趋于形式化的现象。

四 蔚山船舶与海洋学院党建实践

4.1 学院层面的党建举措

坚持正确的合作办学方向和导向是中外合作办学的前提条件。在"一带一路"倡议的大背景下,鲁大蔚山学院把坚持党对高校的领导放在第一位,坚持立德树人,树立正确社会主义办学理念。在教师及学生党员中开展思想政治教育工作,如开展党的群众路线、党章党规、三严三实专题党课教育,强化党的纯洁性思想教育。在全球教育国际化、文化交流日益深化背景下,更要在进一步发挥文化传播效应的前提下,强化中外合作办学学生意识形态教育,这一点在当前尤为必要。在党建育人引领下,把培养人才、提高培养质量放在首位,把学生的切身利益放在首位。学院党组织以提高人才培养质量,实现高质量发展为核心动力,以教师党支部和学生党支部为党建育人抓手,一方面引导教师党员牢记光荣使命、坚定政治立场、做"四有"好老师,以党建引领为主线,以人文关怀为抓手,带动学院学风建设等多维度发展。另一方面牢牢把握立德树人根本任务,培养具有红色底色、为中国特色社会主义建设与发展服务的新青年。

4.2 外教管理意识形态层面的党建举措

鲁大蔚山学院在实施中外合作办学的过程中,注重引进国外优质教育资源。在聘任外方教师前,了解其宗教信仰、思想意识、教风品德等,为贯彻落实我国新时代党建发展总要求,把严入口关。对于外籍教师课堂教学实行"双教管"模式,每位外籍教师搭配一名中方助教,实现课堂教学,中方教师与外方教师相结合。由于中外地缘、历史、文化等差异,外籍教师价值观,思维方式等不同,开展课堂学生党建工作难度很大。为强化党建工作及学生思想引领,学院领导班子结合实际情况,进行外教课程实行全员反馈监督,定期与外教开展思想层面的沟通工作,定期给全体学生开展思政课教育,加强学生社会主义核心价值观培养、增强学生民族精神、爱国主义意识的培养,在培养国际化人才的同时,夯实学生强国梦思想,由此而强化思政育人功能。

4.3 学生党支部党建工作实践举措

第一,从中外合作办学学生党支部的特殊性出发,按照党员发展规定,早启动、早选拔、早培养、早发展。第二,依托灯塔党建在线线上党组织平台,进一步规范共青团和党建制度,严肃党员发展程序,把好共产主义信仰关、把好政治立场关、品学兼优关、民主评优关、担当业绩关、全程思想教育关,以及自查自纠关。第三,通过青年大学、学习强国等线上平台+线下活动相结合的形式定期开展红色思想理论学习,强化每一位共青团员、学生党员的党性教育引领,制定党员档案,学生定期汇报思想理论学习心得体会。第四,学院党总支强化对海外学生党支部党建引领,推动党建与中心工作的深度融合。通过育人实践,学院探索建立了一套适合中外合作办学特点的工作机制,使党建引领贯穿于中外合作办学学生工作各个层面。第五,建立党员先锋岗以及建设国内外学生党员志愿服务平台。通过激发品学兼优的党员发挥榜样力量及带头作用,依据朋辈帮扶制度,带动身边同学,强化学生党支部的凝聚力及吸引力。增强学生党员的服务意识,强化党员责任担当,开展党员三个"一"活动,即一名党员帮扶一名学业困难学生、心理困难学生,一名党员带动一个宿舍,一名党员带动整个班级。让一名学生党员发挥一面旗帜的作用,同时提升学生党员在中外合作办学学生群体中的威望。同时,以大学生暑期社会志愿服务、社会实践、就业创业等为契机,构建学生党员志愿服务平台,加强在国内外上学的学生的自觉担当意识及主人翁意识,进一步坚定学生党员的政治立场,爱国情怀,从而提升学生党支部党建工作实效。

五　鲁东大学蔚山船舶与海洋学院党建引领成果

　　鲁大蔚山学院 2013 年成立,是鲁东大学二级学院中创立时间最短的学院,又是合作办学机构。建院初期,学院的社会影响力弱,生源质量较普通本科专业有明显差距,学生个性突出,思想活跃,学风建设、学生管理工作难度较大。学院党总支强化党建引领,推动党建与中心工作深度融合,经过几年的育人实践,探索了一套适合中外合作办学特点、行之有效的工作体系,并逐步提升完善,打造了"三维一体"党建育人创新品牌。

5.1　家校共育思政引领平台建设

　　鲁大蔚山学院领导班子成员全员参加思政平台建设,教师党员参与率100%、专业教师90%以上参加,学生党员100%参与。通过家长见面会、家访等形式开展有针对性的思政工作,足迹遍布十几个地市。通过思政平台建设,增强家校沟通,打造家校联动,共举办学生家长见面会20多场次,家长参会500多人次,深入学生家庭走访近60人次。发挥党员先锋岗带动作用,通过党员学生朋辈帮扶及专业教师参与,学院已有三名心理困难学生得到关怀、治疗,目前已康复复课。在困难学生资助方面,我院利用寒暑假,走访学生家,开展慰问关怀活动,每年均有多名学生家庭特殊困难学生在经济及生活上得到帮扶。为保持家校共育常态化、持久化,每年学院党总支书记、副书记手写"家校联心信",让家长了解学生日常表现、学业成绩等真实情况。对于学业优秀同学,我院每学期都向家长寄送喜报。对于毕业生,毕业不断联,持续关注学生就业、学业情况,让学生更好感受学院的温度与人才培养重视态度。

5.2 通过办学推介扩大党建育人影响力

鲁大蔚山学院工作人员先后走进省内 30 余所中学,作人生职业规划、学校推介报告会 20 余场次,惠及师生 2 万余人。为我校"走进高中"工作起到了良好的示范带动作用。学院建立了"学院班子主抓、师生全员参与"的招生宣传工作机制,按照区域分工,走向社会,开展宣讲。2014 年以来,招生宣传团队先后奔赴全省所有地势参加了 120 多场次高考报考咨询会,扩大了学院的社会影响力,生源质量逐年提升。

5.3 通过党建加强实践育人、创新就业模式

2014 年以来,鲁大蔚山学院积极搭建助力学院发展、学生成才的平台,充分发挥教师党支部和教师党员引领业务工作的优势,目前与企业挂牌建立就业基地达 17 个、与中外合资企业及国企等建立就业实习基地 20 多家、大学生创业特色实践基地 3 个,开展大学生创新创业项目 20 多个,科创成果及获奖情况连年增加。打造一站式就业服务,推进大四毕业生"实习即就业"直通车,及时为准毕业生提供优质的实习平台和高效便捷的就业服务。2019 届毕业生中 28 名同学通过在中集来福士公司专业实习,实现在该企业集体就业。

5.4 "办学水平、人才培养质量"双提高彰显党建成效

鲁大蔚山学院建院以来,五届毕业生中,考取研究生的数量由 2017 年的 3 名,2018 年的 8 名,增长到 2019 年的 22 名,2020 年考取博士 1 名,国内研究生 17 名,国外研究生 3 名,2020 年秋季学期出国深造学生 32 名。学院围绕学生成才这条主线,不忘初心、牢记使命,扎根中国大地办教育,提高党建与思政工作育人实效,落实立德树人根本任务,深化办学模式改革,提高中外合作办学水平,实现了"办学水平、人才培养质量"双提高,彰显了学院党建引领成效。

六　结语

在新时代"一带一路"建设背景下,国际文化交流进一步加强,加快与扩大教育开放新形势下的中外合作办学,更需要强化党建育人落实机制。中外合作办学要求党建引领工作具有全球意识。在中外合作办学实践中,党的思想政治教育工作也始终是双向的,双引领,起标杆带动的。作为中外合作办学高校思政教育工作者、教师及党员干部,既要强化自身思想政治观念,把育人放在第一位,在实践中做好思政引领,以获得广大青年学生的认同及拥护,达到拥党、爱党的思政教育效果。在网络时代,中外合作办学高校需要更加坚定地以习近平新时代中国特色社会主义思想为引领,规范意识形态管理,依托云党建平台,进一步深化微观层面中外合作办学党建引领工作路径,从而促进中外合作办学事业提质增效。

作者简介:刘正中,硕士,鲁东大学蔚山船舶与海洋学院辅导员兼助教;刘旭,华南师范大学政治与公共管理学院博士研究生,研究方向为教育管理、课程与教学论。

基于社会建构主义理论下的大学生

—— 网络外语学习环境创建和网络学习策略培养探微

一 引言

互联网被认为是迄今为止人类世界最具有创新性、内容最丰富、最为纷繁多姿的交际媒体,因为它集超文本、超链接、数字技术、人工智能、虚拟现实等为一体,具有超文本性、互动性、互联性。互联网的这些特征,使它为人类社会的发展贡献了也正在贡献着巨大的力量。当然,互联网也对教育带来了根本性的变革,具体到外语教学,互联网的发展,使得网络外语教学不光成为一个崭新的、神奇的外语教学模式,还成为教育界热议的一个重要话题,甚至成为许多教育专家和学者共同关注和研究的重大课题。诚然,我们已经进入一个"互联网+"的时代,我们社会的许多方面,都应该主动适应"互联网+"的趋势,争取更好地利用互联网,为锐意改革、推进发展服务。那么,在互联网给外语教育注入强大新鲜血液的时代,我们怎么适应建构主义学习理论的需要,培养大学生们具有自主性、探究性、合作性的网络学习策略,使得大学生们能更好地使用互联网 E 时代,更快捷高效地获取知识,便成为广大外语教育工作者的一个重要任务。

二 社会建构主义理论的要求

20 世纪末,建构主义开始盛行,它是学习理论由行为主义发展到认知主义以后的进一步发展。一般学界认为瑞士心理学家皮亚杰(J.Piaget)是建构主义思想的先驱。他在其儿童认知发展理论中,强调了学习过程中的建构性。他认为,儿童是在与周围环境相互作用的过程中,逐步建构起关于外部世界的认识,从而使自身认知结构得到发展的。皮亚杰认知发展论的一个最基本观点就是:学习的结果不是外部信息的简单堆积,而是学习者通过主观能动性,把习得的事物,形成或重建新的、更为复杂、完整的认知图式。也就是说,学习必须是一个积极主动的建构过程,学习者不是被动地接受知识,而是主动地根据已有认知结构有选择地注意和获取外在信息,建构当前事物的意义,并且,建构新事物过程中所用到的原来的知识,还应该根据新的形势得到新的建构。

社会建构主义作为建构主义的一个重要分支,在支持建构主义基本观点的同时,尤其强调了知识建构中个人与社会的关系这一问题。社会建构主义理论认为,学习者个体的知识建构过程,是在一定的历史、社会背景下进行的。个体的发展,脱离不了社会的制约和支撑。而学习过程中的互动,绝不应仅仅是学习者个体与其物理环境的互动,更重要的是学习者主体间的互动(比如儿童与儿童、儿童与成人、学生与学生、学生与老师),也就是学习者个体与社会其他成员的互动。这也与维果茨基的理论一致,他认为人的高级心理机能的发展是社会性相互作用内化的结果。

按照建构主义理论的要求,学习者在学习任何一种新知识,包括外语时,应该有一个积极参与、主动建构的过程;按照社会建构主义的理论,学习者在知识建构的过程中,应该充分实现与周围环境,包括其他学习者、教师的互动,通过社会化互动的过程,更好地促进学习者对知识的获取、理解和运用。那么,如何在互联网飞速发展的时代,创建一个有利于学习者习得外语的网络环境,又如何培养学习者的网络学习策略,实现外语学习的"互联网+"呢?

三 "互联网+"时代理想网络外语学习环境的创建

网络外语教学,自最初的计算机辅助教学(Computer-assisted Language Learning,简称为 CALL)发展而来。CALL 的发展,基本始于 20 世纪 60 年代,并随着计算机技术的飞速发展和广泛应用,在外语教学方面起了举足轻重的作用。诚然,飞速发展的互联网给外语教学带来了丰富无比的资源,包括生动真实的语言材料、真正的交际背景、可操作的任务等。但是,我们对海量网络资源的利用却不一定尽如人意。"Warschauer 等将利用因特网进行外语教学比喻成从一支水流喷射而出的消防栓上取一杯水"。① 这个比喻生动地说明了,如果我们对网络教学环境不善于利用,不经过精心的研究和选择,那么,海量的网络资源就并不一定能转化成理想的教学效果。所以,我们在外语教学的硬件设施、软件环境、管理人员等方面都要有规划、有选择、有组织、有评估。

有幸的是,我国教育主管部门已经认识到了这个问题,并且在外语网络教育方面,做出了一些扎实可行的工作。例如,2004 年国家教育部颁发的《大学英语课程教学要求(试行)》就明确指出,"我们应当充分利用多媒体、网络技术发展带来的契机,采用新的教学模式改进原来的以教师讲授为主的单一课堂教学模式","新的教学模式应以现代化信息技术为支撑,特别是网络技术,使英语教学朝着个性化学习、不受时间和地点限制的学习、主动式学习方向发展","各校应根据自己的条件和学生情况,设计出适合本校情况的基于单机或局域网以及校园网的多媒体听说教学模式,有条件的学校也可直接在互联网上进行听说教学和训练"。同样在 2004 年,教育部教育管理信息中心主办了第四届"2004 中国教育信息化建设与发展论坛",结合当时国际国内发展形势和各项工作的切实要求,以"教育信息化的科学发展与创新为主题",积极推动我国教育领域的信息化建设和可持续发展。2006年 5 月,中共中央办公厅、国务院办公厅印发《2006- 2020 年国家信息化发展战略》,其中有关教育信息化发展的内容成为教育工作者关注的焦点。该发展战略在"国民信息技能教育培训计划"中提出:"在全国中小学普及信息技术教育,建立完善的信息技术基础课程体系,优化课程设置,丰富教学内容,提高师资水平,改善教学效果,推广新型教学模式,实现信息技术与教学过程的有机结合,全面推进素质教育。"

这些文件,虽然因为囿于当时认识的水平和当年互联网发展的客观情况,有些提法还不够超前,有些设计还不够具体,但它们毕竟非常清楚地给

① 束定芳,庄智象.现代外语教学——理论、实践与方法[M].上海:上海外语教育出版社,2008:223.

网络教学的发展指明了道路。许多高校乘此东风,在网络外语教学方面取得了较大的进展。例如,北京邮电大学在国内首家建立了国家级的外语类实验教学示范中心,设专业团队管理实验室,为广大师生的外语教学服务。此后,陆续有几所高校也建立了国家级的语言实验教学示范中心,比如广东外语外贸大学和笔者所在的鲁东大学。以鲁东大学为例,该校建立了CAT翻译实训室、BEU商务实训室、全自动录播实训室、多模态语言实验室、全媒体实验教学系统、虚拟仿真实验室等实验室,引进和正在培养既懂语言教学、又懂网络应用的教师和实验室工作人员,对实验中心的软硬件资源进行综合开发利用,服务于广大师生的外语教与学。

建设单位既然建立了这么多实验室,就要保证实验室的开放和运营,以提供给所有学生足够的网络自主学习机会。有些学生,由于家庭经济条件所限,还没有自己的个人电脑,或者没有充分的上网条件,那么他们只能使用学校的实验室进行网络自主学习。其实,在硬件的建设和使用方面,很多高校还存在较大问题,就连普通教室是否有足够的电源插座这样的小问题,绝大多数高校还没有充分考虑到。

除了外语教学实验中心硬件建设、平台和软件开发外,对于实验室的开放和管理也非常重要。"实验教学中心开放不仅包括实验时间和场地的开放,还应包括实验内容与实验方式的开放。这就对传统的实验室管理模式提出了新的更高的要求。实验教学示范中心,作为实验室管理创新的试验田,理应在实验室管理运行上做出积极的改革与探索,努力突破一些体制与机制上的障碍,大力推行全天候开放、以学生为中心的实验教学中心管理机制,为创新人才培养营造良好的育人环境"。①

另外,教学外围的各种管理,也应该实现网络化、数字化,才能更好地配合网络化的外语教学,比如图书馆的自动化、电子图书资源的免费访问和下载,校园无线网络的建设和免费接入等,都是网络化教学重要的配套系统,缺了哪一个,网络化教学都会受到掣肘。

---

① 张晓宁.实验教学示范中心建设应该处理好的四个关系[J].实验室研究与探索,2007,(12):86-88.

四 大学生网络学习策略的培养

根据相关研究,尽管互联网早已进入大学生的日常生活和学习,但是,他们的网络学习策略还很不令人满意。"学生不能够有意识地通过使用适应网络学习的学习策略来达到提高学习效果的目的,在学习中,完全依靠教师的讲授,教师讲什么,自己做什么,基本上采用的仍然是传统学习环境中所使用的那些学习策略。这从一个侧面说明,学生把在传统课堂教学中的一部分学习策略迁移到了新的网络学习活动当中"。[①]

互联网使得课堂无限延伸,使得学生的学习突破了时间和空间的限制,学生只要有移动终端设备,并且在网络环境下,就可以随时随地地上网学习,完成作业,或者进行个人交流、小组探讨、师生交流等活动。学生可以在宿舍、在操场、在火车站、在机场或者在高速运行的火车上学习并与他人互动。这有利于教师因材施教,有利于学生进行个性化的学习,有利于培养学生的自主学习能力。这同样可以在建构主义的学习理论里找到理论支撑。"就外语教学而言,建构主义思想主要体现在强调真实任务和意义协商的作用。Egbert et al.在阐述网络教学的外语理论基础时,总结出构成外语学习理想环境的八个条件,其中前三个条件都是关于真实任务和意义协商的重要性,说明建构主义是网络外语教学的主要理论基础之一。基于任务、基于项目和基于内容的网络外语教学法都是建构主义理论的具体应用。探究式学习要求学生分析问题、搜集信息、综合整理、抽象提炼、反思归纳……协作学习理论强调学习者之间的互动学习。"[②]上述的事实和理论都说明,网络外语教学应该特别注重学生的自主学习能力、探究能力、协作能力等。因此,在建构主义学习理论的指导下,培养学生的上述能力,或者说培养学生网络学习的策略,对"互联网+"时代的网络外语教学的效果和效率,极其重要。

4.1 以任务型教学培养学习者网络学习策略

任务型教学可以追溯到 20 世纪 80 年代初英籍印度语言学家 N.S.

---

① 张功.培养大学生网络学习策略的实验研究[J].电化教育研究, 2009,(1):66-69.

② 束定芳, 庄智象.现代外语教学——理论、实践与方法[M].上海:上海外语教育出版社, 2008:229.

Prabhu 在印度南部班加罗尔地区主持进行的英语作为第二语言的交际教学改革试验。任务型教学理论深受 20 世纪 70 年代开始流行的"交际教学法"的影响,并和交际教学法交织在一起,可以说,任务型教学的"任务",最主要是"交际任务"的完成。任务型教学能提供接近真实自然的学习环境,能提供学习者直接交流互动的机会,促进学生积极参与的意识,促进学生主观能动性的发挥,要求学习者运用交际策略,通过合作或者协作完成任务,达到交际的目的。因此,它大大改变了传统教学中教师"一言堂"的局面,使得外语教学更多地双向或多向互动,包括生生互动、师生互动、师生与外界的互动等。因此,任务型教学对于培养学生的自主学习能力、探究能力、协作能力都大有裨益。

4.2 通过现代化网络技术培训,提升大学生信息处理能力

互联网的发展如日中天,各种新技术的出现也如雨后春笋。大学生们可以很快掌握一些新的生活网络技巧,但他们对网络的学术利用却差强人意。"调查显示,由于网络资源太过丰富,大学生在利用网络进行学习时,往往缺少合理的资源管理、信息过滤能力,导致'信息迷航'、'信息超载'等问题,大学生会因此而感到困惑,甚至形成了浮躁的学习态度和肤浅的思维习惯"。[①]因而,要培养他们正确高效使用搜索引擎的能力,培养他们对信息的分类和筛选能力,培养他们对学术数据库比如"中国知网"的使用能力。教师要根据自己的教学经验和了解,有针对性地给他们提供一些经过筛选了的网络资源,避免学生如大海捞针般去搜索和探寻,以提高他们网络学习的效率。

在现代化网络学习的条件下,教师虽然不和传统教学一样一直讲下去,但教师的作用一点都没有降低,因为教师要成为学生的帮助者、导航者、被咨询者,他们首先自己要对网络的使用和网络资源有更为深刻的了解和把握。根据有的学者的研究成果,网络自主学习策略的习得方式通常有三种:系统式、发现式和折中式。"系统式"主要靠老师的集中讲授,学习从老师那里直接获得网络学习策略,但因为没有自己充分的思考,对自己的学习往往

---

① 庄会连.大学生网络学习力现状分析及提升策略研究[D].河南大学硕士学位论文,2012.

起不到特别有效的作用。"发现式"强调学生自己通过探究去发现、摸索心得,这种方法充分发挥了学生的主动性,但可能由于学生自身发现能力的不足,造成学习特别低效。"折中式"是结合了前两者的优点,"既向学生讲授了某种网络学习策略的内外条件、适用范围、执行程序,也给学生举例子、展示,特别是亲身示范,使学生获得理性认识的同时也获得了大量的感性经验,再加上大量的实践与教师指导,良好的网络学习策略自然也不难掌握"。①

4.3 加强情感教育,提升学习者对网络自主学习的主观感受

对一个外语学习者来说,外语学习不仅仅是对一种知识体系的学习,而且更为重要的是对另一种文化的接受和适应。因此,情感方面的因素,包括动机、态度、性格等,对外语学习的效果会有着非常大的影响。如果教师本身具备较高的人文素质和良好的个人魅力,有足够的心理学和教育学知识,能富有感染力地引导学生走向网络外语学习,培养学生对网络学习的兴趣,引导他们通过小组评价、师生互评等互动方式享受学习的过程,让他们很渴望通过网上的自主学习获得一种充满愉悦的成就感,那么,网络外语学习的效果会大大提高。这就是主观能动性巨大作用的真实体现。

五 结语

"互联网+"时代,任何事物都难以脱离互联网而独善其身,不充分利用互联网提供给我们的优越条件和丰富资源,就是一种巨大的浪费。为学生搭建优质的互联网学习平台,为他们提供良好的网络学习环境,并培养他们充分的网络学习策略,是外语院校和外语教师刻不容缓的责任。履行好了这一责任,外语的教和学,会变得更为轻松、高效、贴近时代、服务未来。

作者简介:王国臣,硕士,鲁东大学外国语学院英语系讲师,鲁东大学国家语委汉语辞书中心研究员。

---

① 张远峰.大学生网络自主学习策略现状及对策研究[J].中国成人教育,2013, (5):146-148.

大数据和教育信息化背景下
高校外语教师生存策略探析

一 引言

教育信息化是现代教育技术与教学结合的必然结果,是教育发展到今天势不可挡的浪潮。在中国知网模糊搜索"教育信息化",搜索结果将近7000条,这足以说明教育信息化已经成为这个时代的主旋律,我们必须去主动适应信息化教育,而不可能逃避。教育信息化意味着最新的信息高科技在教学内容以及教学手段中的渗透,这必须引起教育工作者的重视。"信息高科技带来了高等教育传授知识信息空间的全球化、知识信息物质媒介和结构形态的多样化和有序化、实践方式的新型化以及教育内容的信息化,同时也使得高等教育成为信息产业的一部分①"。

与教育信息化伴生的,还有一个近几年风靡全球的概念,那就是"大数据"。大数据引发了经济、政治、军事、商务、金融以至平民百姓日常生活中方方面面的巨大变化。它是信息时代的产物,是信息时代的重要标志,也是某个领域能否真正步入信息化的重要基石。

信息化和大数据时代的到来,必然给现代高校和高校教师带来诸多挑战,特别是高校外语教师,一方面由于所教授语言的优越性,可以更方便近距离接触大数据和全球化背景下带来的教育信息化环境,另一方面,同样由

---

① 陆俊花.高等教育科技化对高校教师的挑战[J].中国科技信息,2006 (7).

于语言的全球化,其外语教学更容易受到教育信息化和大数据带来的挑战。而勇敢直面这些挑战,并努力完善自己,积极应对,战胜困难,才是高校外语教师在新时代得以生存下去的唯一道路。

二 大数据和信息化给高校外语教师带来的挑战

2.1 大数据给高校外语教师的挑战

大数据给当今的高校外语教师带来了一个史无前例的"数据海洋",这是信息时代每个高校和高校的每个教育工作者必须面对的一个非常严峻的挑战。在以传统讲授为主的课堂里,外语教师可能只是关心自己所研究和教授的专业领域的知识、信息、数据,这些数据十分有限,同时也为教师的知识结构所限制。"随着封闭课堂向开放学堂的转变,知识爆炸性的扩展导致信息量剧增,由此诞生了与学堂相关的海量数据库,其中相当一部分是学习者的数据或者与学习者相关的数据,这些数据过去几乎完全不在教师的视野之内,但随着课堂向学堂的转型,教师中心向学生中心的转变,这部分新增加的海量数据对于大学课程的建设发展变得极其重要,不容忽视。这就使课程进入大数据时代"。① 大数据时代,虽然海量的信息未必都能进入高等学校的课堂,但是"现在的信息技术如互联网技术、云计算、移动技术、无线通信等已经能够使得学习者可以随时随地、快捷地获取他们所想获取的任何一种知识。高等学校的教学内容在原有云计算等信息技术基础上进行信息叠加以后真正由'海量'变成了'云量'以至于'宇(宙)量'了"。② 特别是作为外语专业的学生,有英语或其他外语作为沟通和学习工具,可以在全球的大数据海洋中广泛涉猎知识,如果高校外语教师仍然沿用传统的教学思路和方法,只拘泥于自身以前所接触和研究的知识和数据,将自己置身于大数据之外的话,必将被时代所淘汰。

2.2 以"慕课"为代表的教育信息化给高校外语教师的挑战

慕课(Massive Open Online Courses),又被翻译成"大规模在线翻译课

① 桑新民,谢阳斌,杨满福."慕课"潮流对大学影响的深层解读与未来展望[J].中国高等教育,2014(3).
② 李斐,黄明东."慕课"带给高校的机遇与挑战[J].中国高等教育,2014(7).

程",但随着慕课的飞速发展和教育工作者、学习者以及社会各界对其迅速熟悉,现在已经很少有人再使用其汉语译名了,绝大多数人都直接称其为"慕课",或者直接叫作 MOOCs。慕课在中国的兴起时间不长,不过才有五年左右的时间,但其席卷全球的发展速度有目共睹。截至去年,大概有遍布全世界 220 多个国家的 600 万名学习者参与其中。慕课甚至被冠以"印刷术发明之后最伟大的一次教育革新"之称。

慕课的兴起对于高等教育的影响是广泛而深远的,尤其对于高校外语教师个体的影响更为深远。在以慕课为基础的教育信息化时代,外语教师个体的能力已经显得非常有限,"单打独斗"的工作模式,已经很难适应新的时代。因为信息化时代各种技术的使用,各种外语资源的搜集、整理、编排、展示等,远非一个人的能力和精力所及,高校外语教师对于授课的准备,应该转向"团队作战",可以说,慕课兴起后,"教育资源生产方式已经发生了由个人作坊式到团队分工合作式"①的转变。

此外,慕课改变了整个外语教学环境。传统模式下,大学外语课堂主要由教师主导,外语教师的主要任务是通过讲授课程来传播知识,教师往往是学习空间的控制者。而在慕课环境下,教与学的中心,自然地由教师转向学生,因为学生不再只是被动地接受知识,而是主动地参与到知识的建构过程中。教师从此无法垄断外语知识的来源,而是成为学生主动探索外语知识、建构知识过程中的合作者和支持者,甚至成为服务者。同时,"慕课使教育评价方式发生变革;借助大数据的支持,教学组织者可以对每个学习者的学习行为、学习过程和学习表现进行个性化评价和指导"。② 面对慕课带来的全新外语教学环境,高校外语教师正面临着授课思路、方式和评价的转型,在转型过程中,不可避免要面临各种挑战。

三 面对挑战的高校教师生存策略

时代的发展总是会给我们带来诸多挑战,这是不可避免,也是无法逃避的。大数据时代的到来和高等教育的信息化,已经明确给高校外语教师带

---

① 江波, 王奕俊. "慕课"透视及应对[J].中国高等教育, 2014 (7).
② 江波, 王奕俊. "慕课"透视及应对[J].中国高等教育, 2014 (7).

来了包括上文论述在内的各种挑战和问题。而作为新时代的高校外语教师,作为高等教育工作者,担负着为国家培养高等外语人才的重任,必须具备强烈的社会责任意识,培养各种良好素质,勇敢接受新时代、新情况和新问题的挑战。这不单纯是为了高校外语教师自身的生存,更是为了履行高校外语教师肩负的社会责任,培养国家和社会发展所需要的外语人才。

那么,在大数据和教育信息化的新时代背景下,高等学校外语教师可以从哪些方面来培养和提高自身素质,应对各种挑战呢?

3.1 更新知识

知识是任何时代人类社会前行的直接推动力和重要标志。高校外语教师最本质的任务就是要传播知识,所以本身必须具备足够的知识储备。而大数据和信息化时代,要求高校外语教师必须及时更新自己的知识体系,始终走在外语知识发展的前沿,有效利用大数据和教育信息化手段,对前沿和未知知识具有足够的敏感性和探索能力。唯有如此,高校外语教师才能向自己的学生传授最新的外语知识,并培养学生求知的欲望和敏锐的知识探究能力。

3.2 拓展能力

高校外语教师应当具备的能力包括认知能力、适应能力、自我提升能力和与之相应的实践能力等,在大数据和教育信息化背景下,最最重要的当然是适应能力和实践能力密切相关的教育技术能力。

教育的现代化,首当其冲是教育技术的现代化。没有足够的现代教育技术,教师就很难在教育信息化背景下,主动适应大数据的时代,从而也难以把自己的课堂和新的时代融合起来。目前,许多高校外语教师,尤其是中年以上的教师,具备的现代教育技术严重不足,可能除了能做简单的PPT,能从互联网获取一些必要的信息之外,其他的涉及教育技术的工作,对他们而言都有相当的难度。因此,让他们参与到微课、慕课、翻转课堂等正在高速发展的教学形式中时,他们就很难适应。如此看来,针对高校外语教师的现代教育技术培训迫在眉睫,广大高校外语教师尤其是中青年教师必须掌握必要的现代教育技能,从而跟上大数据和信息化的步伐。

有学者曾提出,新的时代,高校教师应该培养和发展一种"信息能力",

它指的是，"在信息社会中个体成员所具有的各种信息品质，包括信息意识、信息能力、信息道德、信息心理等等。教师信息素养问题不仅关系到教师对教育信息化的适应与生存发展，而且关系到教育教学改革的得失成败，也影响到教育信息化的实际进程"。① 笔者同样认为，现代教育技术能力，可以归结为一种"信息能力"，包括对信息的感知、获得、提取、分析、应用等能力，也包括对现代教育技术设备的使用能力。高校外语教师只有具备了这种信息能力，才能正确有效地利用大数据和层出不穷的现代教育设备，不断更新自己的教学观念和教学手段。

3.3 合作精神

随着科学技术的发展，各学科之间融合、交叉、渗透的趋势越来越明显，而每一个教师很难在各个领域都有所建树，都能储备足够的知识以传递给学生。再者，社会的发展越来越要求学校培养复合型人才，这更需要高校打通学科之间的界限，各种学科应该主动吸收其他学科的开创性知识，并且主动融入其他学科。这种情况下，单靠外语教师单兵作战很难完成任务，达到上述目标。因此，外语教师应当与其他学科教师通力合作，大家建立合作团队，分工协作，取长补短，借助团队的力量，发展自己，使自己的学术生命长青，也为团队和团队中其他成员的发展提供正能量。

3.4 转变观念

在大数据和教育信息化的新时代，高校外语教师需要新的观念指导自己的教学活动。没有新的观念，便难以具有更新知识、拓展能力、培养合作精神的意识，也就难以在教育信息化的背景下生存和发展。

具体来说，为了适应大数据和教育信息化时代，高校外语教师至少应该具备以下新观念：

3.4.1 终身教育观

教师应该具备终身教育、社会教育的大教育理念，认识到教育不仅仅是学生阶段在学校里进行的，更是贯穿一个人终生的过程。认识到这点，教师就更容易体会到现代网络技术、云技术、移动终端设备、现代社交软件等信

---

① 宋晓梅.高校教师如何应对教育信息化[J].赤峰学院学报，2010（11）.

息化手段对教育的巨大支持作用,这些新技术可以使任何人在任何时间、任何地点自由地获取海量数据,而作为知识的传播者,高校外语教师应将这种终身教育的观念渗透到自己的课堂教学中,使学生终身受益。

3.4.2 现代教育学生观

高校外语教师应该认识到,现代教学早已由教师为中心转到以学习者为中心。现在的学生,早已不是单纯的知识接受者,他们同时是知识的建构者。他们主动参与到教学活动中,发挥着以往学生不可想象、不能企及的主动性。作为高校外语教师,必须首先具有现代教育学生观,才能认识到学生在课堂教学中的主体和中心地位,在教学活动中更注重发挥学生的主动性,才能解放自己,发展学生,让学生自身具备充分利用大数据和教育信息化的能力。

3.4.3 现代教育教师观

与上面论述相适应,现代高校外语教师,绝不应该是传统的教书匠,单纯的知识传输者,他们更应该是教学活动的设计者和导演,是学生学习活动的服务者、支持者,是学生的朋友和伙伴。教师的作用,可能越来越走向幕后,教师设计了教学活动,集成了教学资源,发布了学习任务,然后就由学生自己在大数据的海洋里获取、交流、碰撞、思考、疑惑、解惑、总结、评价……

3.4.4 现代科研观

高校的科研和教学相辅相成,密不可分,科研可以指导教学,使教学更好地走在知识的前沿地带。在大数据和教育信息化的背景下,高校外语教师应该具备新的科研观,善于利用现代网络技术和云技术带来的海量数据,辅助自己更好地进行科研工作。换言之,面对庞大的、海量的复杂数据,高校外语教师要认识到它们的价值,要把自己从传统的科研方法和领域里解放出来,学会抽取、分析、挖掘和使用庞大的学生数据、教师数据、教学管理数据、教学科研数据、实验数据、后勤数据等,用新的科研方法带动教育信息化背景下的教学。

归结来讲,在大数据和教育信息化的背景下,现代高校外语教师首先应当成为学习的引导者和帮助者,做一个真正意义上的"导师"而不是传统的教书匠。其次,现代高校外语教师应该成为一个学习的合作者,要善于同学生合作,让学生参与到知识的建构中来;还要善于同社会各界合作,拓宽自己的知识领域。最后,现代高校外语教师自己还应逐步发展成为一个学习的研究者和终身学习者,通过现代教育信息化的科研,带动信息化的教学,并终身不断学习,充实自己,带动学生终身学习。

四　结语

大数据的时代已确定无疑到来,并展示了它在社会各个方面的巨大威力。作为高校外语教师,被期望走在社会研究的前沿。因此,应该充分利用大数据的巨大能量,服务于信息化教育。教育的信息化,除了设备的更新,最重要的是对于信息和数据的获取、加工、分析和使用。现代高校外语教师,只有具备这种意识,发展这种能力,才能在大数据和教育信息化背景下,做到不落伍、不保守,勇敢去迎接和拥抱新技术、新观念、新方法,从而更好地指导学生学习,也更好地保证自己生存,并最终利用教育的信息化,实现信息化的教育。

作者简介:张海燕,硕士,鲁东大学外国语学院英语系讲师,鲁东大学国家语委汉语辞书中心研究员。王国臣,硕士,鲁东大学外国语学院英语系讲师,鲁东大学国家语委汉语辞书中心研究员。

基础日语信息化教学策略研究

一 引言

进入信息化社会之后,信息技术和网络技术作为一种新的教学辅助手段,正在深刻地改变着传统的教学形式和教学途径。在这些多样化的新型学习形式下,学生接触的信息也更为复杂化,可选择的学习内容也更为丰富。这在一定程度上可以帮助学生迅速地适应社会发展,紧跟社会信息化发展的步伐,在面向就业的时候能紧抓社会脉搏,以创新式的思维应对各种社会信息化考验。因此,"信息化教学"不仅仅是教学技术和手段的"信息化",也是教学理念的"信息化",它需要突破传统的教学手段和理念,利用互联网和多媒体网络技术,全面掌握学生的学习短板,以新颖的方式激发学生的兴趣,增强其学习动机,创造积极的学习氛围,让学生能够在有限的时间内从复杂的信息中获取知识,扩充视野,充实能力。从这个意义上来看,信息技术与知识是信息化教学的技术基础,运用信息化教学法的教师是主体,接受信息化教学的学生是受者,信息化教学效果的呈现是目的,而如何有效地利用技术基础,充分发挥主体的能动,呈现最优的效果即是信息化教学改革的最终目标。因此,信息化教学的重中之重是如何依据课程特点构建一个体系化的信息教学过程,使课程建设上既有信息技术的高效利用,又有教学模式的顺势创新;既有教学内容的融会贯通,又有教学效果的有效监测。本文将以基础日语教学为例,从教学内容与信息技术的结合、教师信息化技术能力的提升、学习者学习效果评价体系的构建三个方面,探究一下基础日语信息化教学革新的构建方式与方法。

二　基础日语教学现状与信息化技术的融入

基础日语是日语基础学习阶段最重要的课程。作为一门"训练听、说、读、写的基本技能;培养实际运用语言的能力;丰富学生的日本社会文化知识,培养文化理解能力,为高年级阶段学习打下坚实基础"①的基础课程被赋予了重任。总结而言,基本技能培养、实际能力运用、文化交际意识三点是基础日语的教学目标。由于基础日语"零起点"的特殊性,想在有限的时间内完成大量的知识储备,这是一个艰巨的过程。所以,从一开始基础日语就面临一个挑战,如何在短时间传授基本技能的同时,还能够兼顾实际运用与文化交际。传统的教学以教师语法知识的传授为主导,以学生个体作业的完成为检验,以期末考试的成绩为效果,无法实现实时交互的体验式交流,实际能力运用与文化交际意识不到实习就业的时候,更是无法检验。但随着现代教育技术的发展,信息技术被逐渐引入外语教学中。它为外语教学提供了一种交互的、协作的、可视化的教学条件,为外语教学课堂的扩展提供了一种可能。它可以借助图片、音频、视频的材料为学习者提供丰富的教学情境,刺激学习者的感官,加深他们的印象,并在原汁原味的语言氛围下理解文化交际的重要性,掌握语言的实际运用。

但是,信息化技术分为好多种,不是所有的技术都适合引入教学革新,要根据课程内容的特点,有目的地有效使用信息化技术,才能达到教学改革及教学效果的最大化。任何知识学习的展开都会经历三个阶段:兴趣的初始——记忆的持续——内容的深化,只有经历了这三个阶段,才能实实在在地内化所学的知识。日语语言的学习也是如此,所以在进行信息化改革的同时必须考虑各个阶段的特点,实现有的放矢,才能实现基础日语教育教学大纲所制定的目标。

2.1　初级阶段:利用兴趣增强动机

就初级阶段学生的困难来讲,主要是语音、词汇、语法的结构及意义,这

---

① 教育部外语专业教学指导委员会日语组.高等院校日语专业基础阶段教学大纲[M].大连:大连理工大学出版社,2001.

阶段学生的错误主要来自母语的迁移,外语环境的缺失也是错误不易改正的主要原因。但是,兴趣的动力会让他们有强烈的模仿欲望,便于初始阶段的学习。因此,在这种情况之下利用多媒体网络资源,向学生提供一种模拟环境,让学生能够模拟真实的语音、词汇、语法结构,体验语法背后的文化意义。比如说,语音方面可以提供儿歌、幼儿动漫等便于理解的音视频材料,便于学习者模仿。而词汇方面则可以提供一些日本店铺招牌、道路标识等与实际生活密切相关的图片资料,刺激学习者的视觉,加深词汇的理解与使用。而语法结构及意义方面则需要相关视频的反复观察与模仿,才能加深印象,深刻理解其使用场合。这一阶段需要收集大量的音视频与图片,除了教师作为主体收集材料之外,也可利用学生的兴趣,进行异质分组,利用每位学习者的特长进行协同作业,完成资料的收集。在收集完之后,以作业汇报的形式传送给教师。教师进行资料再筛选之后,将最贴合内容的精华部分展现给学生,在肯定学生成绩的同时,增强学生学习动机,促进他们的进一步学习。这一阶段从信息化技术的运用上来说,主要是 pc 实验室与网络运用。而资料的快速与精确查找这一技术运用,是信息化技术的最基本技能,是所有师生业已具备的技能。

2.2 中级阶段:增加刺激保持记忆

学习到了中级阶段之后,每个学生都是特殊的个体,就接受知识和学习知识的方式方法而论,有各自不同的优缺点。比如在接受外部信息方面,有些学生听觉接受效果好,有的学生视觉接受效果好,在表达方面也存在各种差异。因此,单纯的资料收集及模仿,手段上来说就过于单调,会使部分学生的学习动机和维持随着知识点难度增加而呈现下降趋势。这时,为了维持学习动机,刺激兴趣的再次提升,教学手段的革新非常必要。其实到了中级学习阶段,学生完全可以进入半自学的状态。他们学会的新词语越来越多,掌握的语法也越来越复杂,阅读速度提高也开始进入文章的书写,并且能主动与人进行简单的言语交际从而积累社交经验。这一阶段出现的实际运用错误主要来自文化的差异,当然复杂语法的错误等,部分也来自母语的负迁移。所以,如何针对学生的个性特点,在平衡各项技能发展的同时兼顾专项优势是这一阶段所要考虑的。同时,信息化教学的手段及方式也要随着学教学实际进行变革。

进入基础日语中级阶段的学习,语音及词汇方面,简单的复述与记忆已经不是这一阶段学习的重点,词汇中的文化内涵才是学生需要掌握的重点,所以单纯的图片及音频从某种意义上来说已经不能刺激他们的需求,只有那种包含文化意识在内的情景体验,才能让他们更加深刻地理解词汇的深意,正确地掌握词汇的内涵。语法结构更是如此,只有反复的体验,才能深刻记忆。读写方面,不断的阅读与书写,只有扩大了知识的储备,才能具备自我纠错的可能。所以,根据以上分析,在教学方法方式上需要进一步深化革新,手段上要扩大信息化技术的利用。这时,信息化教学设备下的任务型授课方式可能更为适合。例如,基础日语的教材的编写大多是就一日常生活学习中出现的话题展开的,所以教师在授课之前可有针对性布置一个任务,这个任务必须全面锻炼学生的听说读写各项技能。然后,依据学生的个体特色,进行异质分组,让他们有配合有分工地完成任务。在完成的过程中,引导学生利用信息化设备、网络、智能终端,促使任务有效的完成,并以一定的效果呈现出来。具体过程大致如下。

首先,依据学生个体特色进行异质分组。而学生所擅长的领域与短板之处,通过之前信息化平台积累的数据就可分析而出。进行分组之后,教师根据所学内容提供一个话题,让学生针对此话题进行协作性合作,最终以发表的方式进行成果展示。在最开始的时候,教师可根据数据对学生任务进行制定,帮助他们认识自己的能力,提高作业完成的质量,让他们在任务中获得自信心与满足感。等多次重复之后再引导学生自行分配,锻炼他们交际合作能力。同样,最初的时候,受所学知识的限制,相关材料的获取主要来自教师的提供,学生也可自行获取网络信息,但为了避免无效资料产生的时间浪费,教师进行初步筛查是非常必要的。获得相关资料之后,小组内负责听力和阅读的学生分别负责相关视听与书面材料的收集与整理,将材料进行一下大概的总结,然后交给负责写作的人。写作的人将两部分的资料整理内化之后再通过自己的语言对资料进行书面总结。最后再由发表的人将书面总结转化为附带各种音视频及图片的 ppt 形式进行发表。这样可从听说读写各个方面培养学生的能力,也可展示学生的实际运用能力,同时最终作品的呈现也可考察学生的掌握情况,便于老师进行进一步的数据统计与分析。而资料分析收集及再创作,都需要多媒体网络、多媒体平台及终端的使用,这种使用有助于学生在在校期间就充分接触信息化技术,毕业后能与社会快速接轨。当然,进入中级阶段之后,信息技术的运用会更加多元化,这时候教师可对学生提供信息技术方面的帮助,提高他们的运用能力。

2.3 高级阶段综合培养文化交际

到了基础日语学习的高级阶段,学生接触的东西增多,比起语言结构,对内容会更加感兴趣,对于一个话题的陈述也较为完整。而对于外国文化的反映更为可观,能根据不同情景使用确切的词语,基本具有使用日语融入社会的语言条件。于是,相较之前的语音、词汇、文法构造而言,如何理解文化,并能进行有效的实际运用日语进行跨文化社会交际,才是培养的重点。所以,让学生深刻体验言语之外的文化交际是信息化技术教学革新的一个重点。而信息技术的物拟作用给这个目标提供了可能。虚拟课堂、虚拟情景都可使学生进入虚拟化的世界,体验较为真实的场景,从而获取语言之外的文化交际的知识。这些实用性较强的知识不仅需要教师的引导,也需要学生自主构建语言知识,设计语言环境,合作互助,以智能化方式推进自身学习。这时的信息化教学设计,就需要更多的学生参与其中。学习环节的设计不仅需要老师设计教学环节、制作教学素材,也需要学生参与到教学信息化材料的设计及制作中来。这种将共同开发设计的信息化教学素材及活动加入教学环节的做法,既能提高学生的参与度,又能贴合学生的兴趣点,增加学生的接受度。具体环节来说,分为三步。

首先是在教学资源的基础上设计教学活动,将抽象的知识解读转化为形象的知识传递。教师在对本课内容进行解读之后,将其中所包含的抽象知识进行转化,并通过信息设备制作相关素材,对学生的先导学习进行启发之后,让学生根据所学的知识对本课相关内容进行深度挖掘,然后再利用信息化网络、平台等资源对相关内容进行再解读,总结为自己的知识之后,进行所学内容的再输出。这种输出要较小组总结式的个人发表更为复杂化,要体现出社会融入式的文化交际行为。

所以,第二阶段就进入情景式交际的发表环节。这一环节除了考查学生对所学语言知识的再输出之外,还考察学生的跨文化交际能力。即学生与不同文化背景的人进行交际的过程中,善于识别文化差异和排除文化干扰并能成功进行交际的能力。①因此,这一环节需要学生根据教师所教、网络所查、平台所做的内容,设计一个相关场景,将跨文化交际的内容融入其中,以情景体验式的手段,阐述自己所理解的抽象化的文化知识。当然,这种情景式的再现就更需要小组同学的协作与配合。同时,教师的针对性的互动也可在呈现的过程中交互其中,形成一种信息化教学手段下的动态的交互式的学习方式。这一阶段的难度在于:教师如何将抽象化的文化知识具体化;如何给出有效的资料引导学生;如何在学生汇报时进行有效的引导,引发学生更加深入的思考。实际上,在跨文化交际的过程中,语用方面的错误往往都能被对方宽容地理解,但是对于违背文化价值观的语用错误往往被认为无法原谅。② 而这些文化交际错误的出现除了所学知识的不全面之外,还与实际情景的零接触或接触较少有很大关系。而信息时代的发展带来的教学信息化,为教学资料的丰富与教学手段的多样化提供了可能。只要教师能够在教学设计环节,预想到交际错误产生的可能,以及及时应对学生效果呈现时的文化交际错误,就能有效降低实际运用中所出现的文化理解的错误率。

最后一个环节是反馈环节。在学生合作完成情景创作、教师互动完成有效评价之后,信息的再反馈环节也非常重要。在一系列的环节完成之后,学生是否真实地掌握了所学的语言知识并具备了文化交际技能,需要进一步进行反馈。这种反馈可表现在两方面,首先是纸面反馈——将自己的理解以报告(论文、ppt、语音、影像均可)的形式提交上来,方便老师进行效果分析和存档。然后,定期举办文化交流活动(每月一次),邀请外教及留学生参加,实际检验所学的语言知识与交际能力,发现错误的同时加深文化与知识的理解。当然,这些交流活动也可通过信息化网络实现线上实时交互式互动,对信息化媒体进行有效利用。

---

① 毕继万.第二语言教学的主要任务是培养学生的跨文化交际能力[J].中国外语,2005,(1):68.

② 吴珺.日本文化的特质与跨文化交际——从人际关系心理文化的角度[J].语文学刊(高教·外文版),2007,(8):90.

三　基础日语教师能力与信息技术

如若说信息化教学革新的主体是教师,那么教师信息化教学的能力则是促进信息化教学优质发展的保障。它是一种综合的能力,既要通过信息化数据分析学生的个性特质,又要高效利用信息化手段分析教学内容的相关资料,还要设计出激发学生潜能,促使学生内化知识内容的教学方案,促进学生全面发展。因此,完善与发展教师信息化教学能力也是促进信息化教学革新的重要条件之一。随着社会信息化程度的深化,教师信息化教学能力也需要随着社会背景发展变化,以适应社会的需要,满足学生发展的需求。① 但是文科语言类的教师,受所学专业的限制,在信息化技术的接受方面,不太占优势,仅凭教师的个人能力及热情是无法达到全面提高的。因此,这既要求社会为教师的信息化教学知识体系的构建、实践素质能力的发展提供社会政策、硬件及技术方面的保障,也需要教师以信息化教学改革为目标,自发、自主地提升自己的信息化教学专业技能。

具体来讲,社会方面要从政策上对教师进行信息化革新提供保障,在资源设备上提供社会发展的同步更新,在培训交流方面提供高水平的机会。教师自身方面要通过系统的学习培训来掌握社会常用的信息化技术软件,提高自身利用信息化技术的能力,同时将学习培训获得的信息教学技术知识进行应用迁移,将其转化为实际运用能力。有效地将技术知识运用于教学实践当中,既提升与深化了教师信息化技术的实践能力,又为学生的知识学习提供了更多的手段与方式,同时还可以对教学方法的实践与再探讨。实践的过程也是信息化技术与教学法的融合过程,出现问题的过程也是融合手段的反思过程,通过反思可促进发展,发展又促进信息化教学的创新,形成一个良性循环的过程,最终实现教与学的双赢局面。当然,在发展的过程中还要进行定时的良性沟通,既包括学习型的研究沟通,也包括交流型的经验沟通,还包括反馈型的效果沟通,这样更能促进教师信息化教学能力的高效发展,为信息化教学的发展增强保障。

总而言之,信息化教学革新的过程是双向发展的过程,不单单是教师利

---

① 王卫军.教师信息化教学能力发展策略研究[J].教师教育,2012,(5):103.

用信息化技术制作信息化教学内容,将信息化技术引入课堂,引导学生高效利用信息化技术,进行信息化课堂建设的过程,也是教师个人利用社会提供的各种信息化技术设备及保障进行自我信息化能力提升的过程,需要教师在个人提升方面进行自发、自主的学习,实现信息化技术与教学实践的真正融合。

四　学习效果评价体系与信息技术

众所周知,任何教学方式的革新都需要结果的检验,只有通过检验才能发现其中的优缺点。完善优点,改善不足,促进教学手段与方法的长足发展才是教学革新的最终目的。因此,如何提供一种有效的评价体系也是信息化教学革新需要考虑的重点。传统的基础日语教学效果评价主要依赖于纸面评价(纸面作业、纸面考试等),或者将课堂出勤及问答作为辅助评价来完成对一个学生学习效果的综合评价。而随着信息教学技术的不断融入与发展,急需建构一种更加合理的教学评价模式,以便真实地反映教学实践效果。传统的效果评价之所以需要更新是因为它是一种相对单一的评价模式,虽然纸面评价看起来较为客观,但是它缺乏对于学生实际运用能力的考察,评价效果来说不够全面。

美国心理学教授 J.M.Keller 认为学习者主动学习的动机主要有四条途径:产生兴趣(Attention)、关联性(Relevance)、自信心(Confidence)、满足感(Satisfaction)。① 由于是基础性学科,所以评价上学生过于依赖纸面评价与教师的口头评价,对于自己的学习效果无法获得准确的认知,往往因为某次考试成绩的不理想或是教师的负面反馈而对学习产生抵触感,不愿主动学习。因此,要使学生有充分的自信心与满足感,就需要反馈与评价结果多样化,并且具有一定的激励性与启发性,促进学生的自主学习与长效动机的形成。具体来说,评价体系要包括学生的自我评价、生生评价与师生评价。

自我评价方面,主要是学生自我学习效果的一种评价。这个方面需要教师在提供自主学习任务的同时,提供一种较为客观的评价标准,在学生完

---

① 郑果.ARCS 模型在《基础日语》翻转课堂中的应用研究[J].产业与科技论坛,2017,(8):194.

成自主学习之后,可以凭借这个标准对自己的学习进行评价与反馈。同时,在小组协作完成之后,要求学生对此次活动进行反思并以书面形式进行总结。生生评价方面,主要是学生之间的互评行为,由于学习任务的完成很多时候是需要小组协作的形式完成,所以协作成员对于任务完成的过程更为熟知,这样评价时就会相对客观一些。当纸面呈现效果不为理想或教师评价不为全面之时,学生之间的评价可有效地对评价结果进行均衡。这样能在一定程度上避免低评价过于打击学生的积极性,从而影响学生自信心的建立与满足感的获得。师生评价方面,教师依据作业和考试结果的呈现对学生知识的掌握进行评价在日语教学效果评价方面一直占据主体。这种评价方式虽然具有一定的客观性,但受地点、时间的约束,无法达到全面性。所以,为了增强评价的全面性,教师在参考纸面评价结果的同时,还要参考协作小组作业口头呈现时的效果,对学生的实际运用能力有个较为全面的评价。

以上学习效果评价体系的构建离不开信息技术的支持,只有利用信息网络平台才能摆脱时间地点的约束,师生可随时随地对每个人学习效果进行评价。这些评价不仅能保存信息平台终端,方便师生随时查阅,也可形成数据库,方便教师全面掌握学生的学习动态,及时调整教学方案,满足学生的需求,纠正教学手段的偏差,完善信息化教学的过程。

五 结语

综上所述,基础日语信息化教学革新是信息化时代发展的必然,也是现在亟须解决的问题。它不仅仅需要信息化网络、设备、平台等新手段的支持,也需要构建一种教学体系,针对各个阶段出现的问题,设计有效的利用方式,激发学生的学习热情,实现信息化手段与教学方法高效融合,从而达到学习效果的最大化。并且,由于教师的信息化教学能力决定了信息化教学的质量与高度,所以必须从社会层面及教师个人自主层面双向促进教师信息化教学能力的提高,使信息化教学革新可以长久地进行下去。最后,信息化教学评价体系的构建也是信息化教学革新的重要一环,只有效果评价具有持续性、多样性,并有真实数据的支持,才能实现评价体系的全面化、客观化,才能真正意义上优化教学方式与方法,并寻找到较为理想的教学方

法。总而言之,基础日语信息化教学革新在实践过程中,仍需要不断的构建
与更新,才能真正实现信息化技术与教学实践的高效融合,才能寻找到信息
化教学的有效途径。

作者简介:秦宇庆,硕士,鲁东大学外国语学院日语系讲师,鲁东大学国
家语委汉语辞书中心研究员。

参考文献

[1] Angelelli, C.The Interpersonal Role of the Interpreter in Cross-cultural Communication: A Survey of Conference, Court and Medical Interpreters in the US, Canada and Mexico [A]. In Brunette, L., Bastin, G., Hemlin, I.and Clarke, H.(eds.).*The Critical Link* 3: *Interpreters in the Community*.[C]. Amsterdam/Philadelphia: John Benjamins, 2003: 15 −26.

[2] Alexander, R.& A.Stibbe.From the analysis of ecological discourse to the ecological analysis of discourse [J].*Language Sciences*, 2014, 41: 104 −110.

[3] Barbosa, P.A case for an agree-based theory of control [EB/OL].2009.

[4] http://lingbuzz.auf.net/lingbuzz/000911/current.pdf.

[5] Baum, H.W.*The Satiric and Didactic in Ben Jonson Comedies* [M]. Chapel & London:The University of North Carolina Press, 1947.

[6] Berk−Seligson, S.*The Bilingual Courtroom: Court Interpreters in the Judicial Process* [M].Chicago: Chicago University Press, 1990.

[7] Boeckx, C.*Bare Syntax* [M].Oxford: Oxford University Press.2008.

[8] Bolden, G.Toward Understanding Practices of Medical Interpreting: Interpreters' Involvement in History Taking [J]. *Discourse Studies*, 2000, 2 (4).

[9] Bot, H.The Myth of the Uninvolved Interpreter Interpreting in Mental

Health and the Development of a Three-person Psychology [A].In Bru-
nette, L., Bastin, G., Hemlin, I.and Clarke, H.(eds.).*The Critical Link
3, Interpreters in the Community* [C]. Amsterdam/Philadelphia: John
Benjamins, 2003: 25.

[10]   Branigan, P.*Provocative Syntax* [M].Cambridge, MA: MIT Press, 2011.

[11]   Browning, M.Null Operator Constructions [D].Doctoral dissertation, MIT,
1987.

[12]   Chiu, B.The Inflectional Structure of Mandarin Chinese [D].Doctoral
dissertation, University of California, 1993.

[13]   Chiu, B.An object clitic projection in Mandarin Chinese [J].*Journal of
East Asian Linguistics*, 1995, 4: 77-117.

[14]   Chomsky, N.*Aspects of the Theory of Syntax* [M].Massachusetts: The
MIT Press, 1965.

[15]   Chomsky, N.*Lectures on Government and Binding* [M].Dordrecht: Foris,
1981.

[16]   Chomsky, N.Minimalist inquiries: the framework [A].In R.Martin, D.
Michaels & J.Uriagereka (eds.). *Step by Step* [C].Cambridge, MA:
MIT Press, 2000: 89-155.

[17]   Chomsky, N.Derivation by phase [A].In M.Kenstowicz (ed.).*Ken Hale:
A Life in Language* [C].Cambridge, MA: MIT Press, 2001: 1-50.

[18]   Chomsky, N.Approaching UG from below [A].In U.Sauerland & H.-M.
Gärtner (eds.).*Interfaces + Recursion = Language?: Chomsky's Min-
imalism and the View from Syntax-Semantics* [M].Berlin: Mouton de
Gruyter, 2007: 1-30.

[19]   Chomsky, N.On phases [A].In R.Freidin, C.P.Otero & M.L.Zubizarreta
(eds.).*Foundational Issues in Linguistic Theory: Essays in Honor of Jean
-Roger Vergnaud* [C].Cambridge, MA: MIT Press, 2008: 133-166.

[20]   Chomsky, N.Problems of projection [R].Lecture given at Leiden Univer-
sity Centre for Linguistics (LUCL) on March 14th, 2011.

[21]   Davidson, B.The interpreter as Institutional Gatekeeper: The Social-lin-

guistic Role of Interpreters in Spanish-English Medical Discourse [J]. *Journal of Sociolinguistics*.2000, 4(3): 页码.

[22] Demirdache, H.*Resumptive Chains in Restrictive Relatives, Appositives and Dislocation Structure* [D].Doctoral Dissertation, MIT, 1991.

[23] Ernst, T.and C.-C.Wang.Object preposing in Mandarin Chinese [J]. *Journal of East Asian Linguistics*, 1995, (4).

[24] Fenton, S.The Role of the Interpreter in the Adversarial Courtroom [A]. In S.E.Carr, R.Roberts, A.Dufour and D.Steyn (eds.). *The Critical Link: Interpreters in the Community* [C].Amsterdam/Philadelphia: John Benjamins, 1997: 30-31.

[25] Finney, M.Perception of Errors in Second Language Syntax: Acquisition or Processing Difficulties? [A].In *Proceedings of the 4th International Symposium on Bilingualism* [C].Tempe: Arizona State University, 2003.

[26] Fowler, Y.The Courtroom Interpreter: Paragon and Intruder? [A].In S. E.Carr, R.Roberts, A.Dufour and D.Steyn (eds.).*The Critical Link: Interpreters in the Community* [C].Amsterdam/Philadelphia: John Benjamins, 1997: 191-200.

[27] Gentile, A.*et al.Liaison Interpreting: A Handbook* [M].Melbourne: Melbourne University Press, 1996.

[28] Grano, T.A.Control and Restructuring at the Syntax-semantics Interface [D].Doctoral dissertation, University of Chicago, 2012.

[29] Haiman, J.Schizophrenic complementizers [A].In W.Croft, K.Denning & S. Kemmer (eds.). *Studies in Typology and Diachrony: Papers Presented to Joseph H.Greenberg on His 75th Birthday* [C]. Philadelphia: John Benjamins, 1990: 79-94.

[30] Hale, S.*Community Interpreting* [M].New York: Palgrave Macmillan, 2007.

[31] Halliday, M.A.K.*An Introduction to Functional Grammar* [M].London: Arnold, 1985.

[32] Hsu, Yu-Yin.Two functional projections in the medial domain in Chinese [J].*Concentric: Studies in Linguistics*, 2012, 38(1): 93-136.

[33] Hu, J., H. Pan & L. Xu. Is there a finite vs. nonfinite distinction in Chinese? [J]. *Linguistics*, 2001, 39(6).

[34] Huang C.-T. J. Logical Relations in Chinese and the Theory of Grammar [D]. Doctoral dissertation, MIT, 1982.

[35] Huang, C.-T. J. Pro-drop in Chinese: a generalized control theory [A]. In Osvaldo Jaeggli and Kenneth J. Safir (eds.). *The Null Subject Parameter* [C]. Dordrecht: Kluwer Academic Publishers, 1989: 185–214.

[36] Huang, Y. *The Syntax and Pragmatics of Anaphora: A Study with Special Reference to Chinese* [M]. Cambridge: Cambridge University Press, 1994.

[37] Ibrahim, Z. The Interpreter as Advocate: Malaysian Court Interpreting as a Case in Point [A]. In Wadensjö Cecilia, Birgitta Englund Dimitrova and Anna-Lena Nilsson (eds.). *The Critical Link* 4: *Professionalisation of interpreting in the community. Selected papers from the 4th International Conference on Interpreting in Legal, Health and Social Service Settings, Stockholm, Sweden, 20 – 23 May* 2004 [C]. Amsterdam/Philadelphia: John Benjamins, 2007: 205–213.

[38] Jaeggli, O. *Topics in Romance Syntax* [M]. Dordrecht: Foris, 1982.

[39] Jiang, L. J. SUO in Chinese and phase edges [OL]. 2008.

[40] http://www.people.fas.harvard.edu/~lijiang/Downloadable%20Papers/Draft/For%20web%20July%2010%20SUO%20in%20Chinese%20and%20Phase%20Edges.pdf.

[41] Jiang, Y. Chinese Borrowings in English [J]. *World Englishes*, 2009 (28).

[42] Jonson, B. *Every Man in His Humour*. (ed.). Robert N. Watson, New Mermaids edition, 1998.

[43] Johnson, M. *The Body in the Mind--The Bodily Basis of Meaning, Imagination, and Reason* [M]. Chicago: The University of Chicago Press, 1987.

[44] Kadric, M. Interpreting in the Austrian courtroom [A]. In R. Roberts, S. Carr, D. Abraham and A. Dufour (eds.). *The Critical Link* 2: *Interpreters in the Com-*

munity [C].Amsterdam and Philadelphia: John Benjamins, 2000.

[45] Kaufert, P., Joseph M.Kaufert, Lisa LaBine.Research Ethics, Interpreters and Biomedical Research [A].In Sandra Beatriz Hale, Uldis Ozolins and Ludmila Stern (eds.).*The Critical Link* 5: *Quality in Interpreting – A Shared Responsibility* [C].Amsterdam/Philadelphia: John Benjamins, 2009: 239.

[46] Kong, S.The partial access of universal grammar in second language acquisition: An investigation of the acquisition of English subjects by L1 Chinese speakers [J].*Journal of East Asian Linguistics*, 2005, 14: 227 –265.

[47] Krapova, I.Bulgarian relative and factive clauses with an invariant complementizer [J].*Lingua*, 2010, 120: 1240–1272.

[48] Lai, Y.-H.Reassessing the *Pro*–drop Parameter of Taiwanese EFL Learners [J].*Journal of Language and Learning*, 2006, 5: 98–117.

[49] Lakoff, G.& M., Johnson.*Philosophy in the Flesh––The Embodied Mind and Its Challenge to Western Thought* [M]. New York: Basic Books, 1999.

[50] Lakoff, G.*Women, Fire, and Dangerous Things* [M]. Chicago: The University of Chicago Press, 1987.

[51] Landau, I.The scale of finiteness and the calculus of control [J].*Natural Language and Linguistic Theory*, 2004, 22.

[52] Li, Y.-H.A.Abstract Case in Chinese [D].Doctoral dissertation, University of Southern California, 1985.

[53] Li, Y.-H.A.*Order and Constituency in Mandarin Chinese* [M].Dordrecht: Kluwer, 1990.

[54] Lin, T.-H.J.Finiteness of clauses and raising of arguments in Mandarin Chinese [J].*Syntax*, 2011, 14 (1).

[55] Lin, T.-H.J.Tense in Mandarin Chinese sentences [J].*Syntax*, 2015, 18 (3).

[56] Lochbihler, B.& E.Mathieu.Wh–agreement in Ojibwe: Consequences for feature inheritance and the categorical status of tense [A].In J.Gouglie &

A.R.Silva（eds.）.*University of British Columbia Working Papers in Linguistics（Proceedings of WSCLA* 13）［C］.2008.

［57］ Lohndal, T.COMP-T effects: Variation in the position and features of C ［J］.*Studia Linguistica*, 2009, 63: 204-232.

［58］ Martin, J.R., Matthiessen, C.& C.Painter.*Deploying Functional Grammar* ［M］.Beijing: The Commercial Press, 2010.

［59］ Mason, I.Introduction［A］.In Mason, Ian（ed.）.*Dialogue Interpreting*, *Special Issue of The Translator*, *Volume* 5, *Number* 2［C］.Manchester: St.Jerome Publishing, 1999: 147.

［60］ Mason, I.Role, Positioning and Discourse in Face-to-face Interpreting ［A］.In De Pedro Ricoy, R., Perez, I., Wilson, C.（eds.）.*Interpreting and Translating in Public Service Settings: Policy, Practice, Pedagogy* ［C］.Manchester: St.Jerome Publishing, 2009:52-73.

［61］ McCloskey, J.Resumption, successive cyclicity, and the locality of operations［A］.In S.D.Epstein & D.Seely（eds.）.*Derivation and Explanation in the Minimalist Program*［C］.Oxford: Blackwell, 2002: 184-226.

［62］ McFadden, T.and S.Sundaresan.Finiteness in South Asian languages: an introduction［J］.*Natural Language and Linguistic Theory*, 2014, 32.

［63］ Meyer, B.Medical Interpreting: Some Salient Features［A］.In Garzone and Viezzi, M.（eds.）.*Interpreting in the 21st Century: Challenges and Opportunities*［C］. Amsterdam and Philadelphia: John Benjamins, 2002:78.

［64］ Miyagawa, S.*Why agree? Why move?*［M］.Cambridge, MA: MIT Press, 2010.

［65］ Moag, R.The Life-cycle of Non-native Englishes: A Case Study［A］.In J.A.Fishman et al（eds.）, *The Fergusonian Impact*, *Vol.*2［C］.Berlin: Mouton de Gruyter, 1982: 274.

［66］ Nikolaeva, I.Introduction［A］.In Irina Nikolaeva（ed.）.*Finiteness: Theoretical and Empirical Foundations*［C］. Oxford: Oxford University Press, 2007: 1-19.

［67］ Nikolaeva, I.Typology of finiteness［J］.*Language and Linguistics Com-*

pass, 2010, 12 (4).

[68] Nicholas, N.The Story of *Pu*: The Grammaticalisation in Space and Time of a Modern Greek Complementiser [D].Doctoral dissertation, The University of Melbourne, 1998.

[69] Niska, H.Community Interpreter Training: Past, Present, Future [A]. In Giuliana Garzone and Maurizio Viezzi (eds.).*Interpreting in the* 21*st Century: Challenges and Opportunities. Selected Papers from the* 1*ˢᵗ Forli Conference on Interpreting Studies*, 9−11 *November* 2000 [C], Amsterdam: John Benjamins, 2002: 138.

[70] Obata, M.& S.D.Epstein. Feature−splitting internal merge: Improper movement, intervention, and the A/A' distinction [J].*Syntax*, 2011, 14 (2): 122-147.

[71] Paul, W.Low IP area and left periphery in Mandarin Chinese [J].*Recherches Linguistique de Vincennes*, 2005, 33: 111-134.

[72] Paul, W.Sentence−internal topics in Mandarin Chinese: the case of object preposing [J].*Language and Linguistics* 2002, 3(4).

[73] Perlmutter, D.*Deep and Surface Structure Constraints in Syntax* [M].New York: Holt, Rinehart and Winston, 1971.

[74] Pöchhacker, F.Language Barriers in Vienna Hospitals [J]. *Ethnicity and Health*.2000, 5(2).

[75] Pöchhacker, F.*Introducing Interpreting Studies* [M].London and New York: Routledge, 2004.

[76] Putsch, R.W.Cross−cultural Communication: The Special Case of Interpreters in Health Care [J].*Journal of the American Medical Association*. 1985, 254 (23): 3344 − 3348.

[77] Radford, A.*Analysing English Sentences: A Minimalist Approach* [M]. Cambridge: Cambridge University Press, 2009.

[78] Reddy, M.J.The Conduit Metaphor − A Case of Frame Conflict in Our Language about Language [A].In A.Ortony (ed.)*Metaphor and Thought* [C] London: Cambridge University Press, 1979: 164-201.

[79] Richards, M.On feature inheritance: An argument from the phase impenetrability condition [J].*Linguistic Inquiry*, 2007, 38: 563-572.

[80] Richards, N.*Movement in Language* [M]. New York: Oxford University Press, 2001.

[81] Rizzi, L.*Issues in Italian Syntax* [M].Dordrecht: Foris Publications, 1982.

[82] Rizzi, L.*Relativized Minimality* [M].Cambridge, MA: MIT Press, 1990.

[83] Rizzi, L.The fine structure of the left periphery [A].In L.Haegeman (ed.).*Elements of Grammar: Handbook of Generative Syntax* [C].Dordrecht: Kluwer, 1997: 281-337.

[84] Rizzi, L.On the form of chains: Criterial positions and ECP effects [A]. In L.L.-S.Cheng & N.Corver (eds.).*Wh-Movement: Moving on* [C]. Cambridge, MA: MIT Press, 2006: 97-133.

[85] Rizzi, L.& U.Shlonsky.Satisfying the Subject Criterion by a non subject: English locative inversion and heavy NP shift [A].In F.Mara (ed.). *Phases of Interpretation* [C]. Berlin: Mouton de Gruyter, 2006: 341 -360.

[86] Rizzi, L.& U.Shlonsky.Strategies of subject extraction [A].In U.Sauerland & H.-M.Gärtner (eds.). *Interfaces + Recursion = Language?: Chomsky's Minimalism and the View from Syntax - Semantics* [C]. Berlin: Mouton de Gruyter, 2007: 115-160.

[87] Safir, K.Relative clauses in a theory of binding and levels [J].*Linguistic Inquiry*, 1986, 17: 663-689.

[88] Scannell, L.& R.Gifford.Defining place attachment: A tripartite organizing framework [J].*Journal of Environmental Psychology*, 2010, (1).

[89] Shen, L.Aspect agreement and light verbs in Chinese: a comparison with Japanese [J].*Journal of East Asian Linguistics*, 2004, (13).

[90] Stassen, L.*Intransitive Predication* [M].Oxford: Oxford University Press, 1997.

[91] Stibbe, A. *Ecolinguistics: Language, Ecology and the Stories We Live By* [M].London: Routledge, 2015.

[92]   Sybesma, R. Whether we tense – agree overtly or not [J]. *Linguistic Inquiry*, 2007, 38 (3).

[93]   Szabolcsi, A. Overt nominative subjects in infinitival complements in Hungarian [A]. In Marcel den Dikken and Robert M. Vago (eds.). *Approaches to Hungarian: Volume* 11: *Papers from the* 2007 *New York Conference* [C]. Amsterdam: John Benjamins, 2009: 251–276.

[94]   Tang, C. -C. J. Chinese Phrase Structure and the Extended X' –theory [D]. Doctoral dissertation, Cornell University, 1990.

[95]   Ting, J. The nature of the particle *suo* in Mandarin Chinese [J]. *Journal of East Asian Linguistics*, 2003, 12: 121–139.

[96]   Ting, J. On the climbing of the particle *suo* in Mandarin Chinese and its implications for the theory of clitic placement [J]. *The Linguistic Review*, 2010, 27: 449–483.

[97]   Valero-Garcés, C. Responding to Communication Needs: Current Issues and Challenges in Community Interpreting and Translation in Spain [A]. In Brunette, L., Bastin, G., Hemlin, I. and Clarke, H. (eds.). *The Critical Link* 3, *Interpreters in the Community* [C]. Amsterdam: John Benjamins, 2003:183.

[98]   Vikner, S. Relative *der* and other C⁰ elements in Danish [J]. *Lingua*, 1991, 84: 109–136.

[99]   Vries, M. de. *The Syntax of Relativization* [M]. Utrecht: LOT, 2002.

[100]   Wadensjö, C. Recycled Information of a Questioning Strategy: Pitfalls in Interpreter-mediated Talk [A]. In S. E. Carr, R. Roberts, A. Dufour and D. Steyn (eds.) *The Critical Link: Interpreters in the Community* [C]. Amsterdam/Philadelphia: John Benjamins, 1997:48.

[101]   Wadensjö, C. *Interpreting as Interaction* [M]. New York: Longman, 1998.

[102]   Wang, X. -N. (trans.). *A Critique of Translation Theories in Chinese Tradition: From Dao' an to Fu Lei* [M]. Salt Lake City: American Academic Press, 2018.

[103]   Yap, F. -H. & J. Wang. From light noun to nominalizer and more: The

grammaticalization of *zhe* and *suo* in Old and Middle Chinese〔A〕.In F. -H.Yap，K.Grunow-Hårsta & J.Wrona（eds.）.*Nominalization in Asian Languages：Diachronic and Typological Perspectives*〔C〕.Amsterdam：John Benjamins，2011：61-107.

[104] Yuan，B.Asymmetry of null subjects and null objects in Chinese speak-ers' L2 English〔J〕.*Studies in Second Language Acquisition*，1997，19（4）：467-497.

[105] Zhang，N.N.Short movement of relativization〔OL〕.2001.

[106] http://www.ccunix.ccu.edu.tw/~lngnz/index.files/Suo-Paper.pdf.

[107] Zhang，N.N.Identifying Chinese dependent clauses in the forms of sub-jects〔J〕.*Journal of East Asian Linguistics*，2016，25.

[108] Zobl，H.Grammaticality intuitions of unilingual and multilingual nonpri-mary language learners〔A〕.In S.Gass & L.Selinker（eds.）.*Language Transfer in Language Learning*〔C〕.Philadelphia：John Benjamins，1992：176-196.

[109] 2019哪些大学开设有朝鲜语专业[EB/OL].[2019-05-19].https://www.dxsbb.com/news/9912.html .

[110] 安承德.漢字教育論[M].首尔：亞細亞文化社，1993.

[111] 毕继万.第二语言教学的主要任务是培养学生的跨文化交际能力[J].中国外语，2005，(1)：68.

[112] 布宁，余纪元.西方哲学英汉对照辞典[Z].北京：人民出版社，2001：963-968.

[113] 柴明颎.翻译硕士专业学位教育：一种较为宏观的思考[J].东方翻译，2012，(1)：11.

[114] 陈福康.中国译学理论史稿(修订版)[M].上海：上海外语教育出版社，2000：359.

[115] 陈熙涵.文学翻译人才青黄不接 参赛译文难传达原作美感[N].文汇报，2008-12-15.

[116] 陈欣.从跨文化交际能力视角探索国际化外语人才培养课程设置[J].外语界，2012，(5)：75-76.

[117] 陈新仁.当代中国语境下的英语使用及其本土化研究[M].北京：北京大学出版社，2012.

[118] 陈宗利.关系结构中的"所"[J].外国语，2012，(3)：34-41.

[119] 成焕甲.固有語의漢字語代替에관한研究[D].中央大學校大學院國語國文科博士論文.1983，(6)：14.

[120] 崔新建.文化认同及其根源[J].北京师范大学学报(社会科学版)，2004，(4)：页码.

[121] 戴俊红.孔子学院的文化交流意义与可持续发展[J].人民论坛，2015，(32).

[122] 丹羽哲也.『日本語の題目文』[M].东京：和泉书院，2006.

[123] 董洪亮，曹玲娟，巩育华."零翻译"何以大行其道(解码)[N].人民日报，2014-4-25.

[124] 厄内斯特·盖尔纳.民族与民族主义[M].韩红(译).北京：中央编译出版社，2002.

[125] 方梦之.翻译大国需有自创的译学话语体系[J].中国外语，2017(5)：93-100.

[126] 方梦之.中国译学大辞典[Z].上海：上海外语教育出版社，2011.

[127] 傅敬民、袁丽梅.新时期我国译学体系化的思考[J].外语学刊，2017(3)：80-84.

[128] 高举敏，孙传月.面向区域经济发展的法语应用型人才培养模式研究-以鲁东大学为例[A].曹德明.中国法语专业教学研究[C].上海：上海社会科学院出版社，2013.

[129] 高田瑞穗.新潮日本文学辞典[M].东京：新潮社，1988.

[130] 谷衍奎.汉字源流字典[Z].北京：语文出版社，2008.

[131] 顾钢.话题和焦点的句法分析[J].天津师范大学学报(社会科学版)，2001，(1).

[132] 关涛.艺术和人生的艰难调和——解读田汉早期戏剧创作中的莎乐美情结[J].中国比较文学，2014，(3).

[133] 郭晖.本·琼生的诗及17世纪对其作品的批评[J].哈尔滨学院学报，2012，(1).

[134] 郭建中.中国翻译界十年(1987-1997):回顾与展望[J].外国语,
1999(6):53-61.

[135] 郭建中.进一步深入研究中国传统译论——探索构建中国传统译论
体系[J].上海翻译,2015(1):1-7.韩震.论全球化进程中的多重文化
认同[J].求是学刊,2005,32(5).

[136] 浩然.金光大道[M].北京:人民文学,1972.

[137] 何刚强."四重忧患"伴"三关失守"——我国翻译专业研究生教育何
去何从?[J].上海翻译,2016,(2).

[138] 何其莘.英国戏剧史[M].南京:译林出版社,1999.

[139] 何其莘.翻译硕士专业学位建设的三大难点——从综合改革试点单
位中期验收谈起[J].东方翻译,2012,(1).

[140] 何伟等.英语功能语义分析[M].北京:外语教学与研究出版社,2017.

[141] 何伟,高然.新西兰媒体之中国"一带一路"倡议表征研究——以
《新西兰先驱报》为例[J].中国外语,2018,(3).

[142] 何伟,魏榕.话语分析范式与生态话语分析的理论基础[J].当代修
辞学,2018,(5):66.

[143] 何伟,张瑞杰.生态话语分析模式构建[J].中国外语,2017,(5).

[144] 胡晓丽.中国英语变体的功能研究[M].北京:中国社会科学出版
社,2012.

[145] 胡壮麟.中国外语教育六十年有感[J].中国外语,2009,(5).

[146] 胡壮麟,朱永生,张德禄,李战子.系统功能语言学概论(第3版)
[M].北京:北京大学出版社,2017.

[147] 黄国文.英语动词词组复合体的功能语法分析[J].现代外语,2000,
(3).

[148] 黄国文,赵蕊华.生态话语分析的缘起、目标与方法[J].现代外语,
2017,(5).

[149] 黄国文,陈旸.生态哲学与话语的生态分析[J].外国语文,2016,
(6).

[150] 黄颂杰.西方哲学名著提要[M].南昌:江西人民出版社,2002.

[151] 黄焰结.《翻译论集》的经典性及其建构要素[J].外国语文研究,

2015(4):60-66.

[152] 黄友义.翻译是桥梁也可能是屏障[N].人民日报,2009-11-17.

[153] 姬玉珊,朱文霞.英语变体与中国文化[M].北京:中国人民公安大学出版社,2002.

[154] 吉田精一.现代日本文学史[A].吉田精一著作集21卷[C].东京:樱枫社,1980:79.

[155] 吉田精一.耽美派序論[A].唯美派作家论[C].东京:樱枫社,1981:13.

[156] 季素彩.现代汉字部首与古代哲学思想[J].汉字文化,1999,(1):17-20.

[157] 贾培培,张敬源.时态的功能研究[J].北京科技大学学报(社会科学版),2015,(3):31-37.

[158] 姜信沆.訓民正音研究[M].首尔:成均館大學校出版部,1999.

[159] 江波,王奕俊."慕课"透视及应对[J].中国高等教育,2014(7):18-22.

[160] 江泽民.全面建设小康社会,开创建设中国特色社会主义事业新局面(中国共产党第十六次全国代表大会上的报告)[M].北京:人民出版社,2002.

[161] 教育部.面向21世纪教育振兴行动计划(摘要)[J].中国高等教育,1999,(6).

[162] 教育部外语专业教学指导委员会日语组.高等院校日语专业基础阶段教学大纲[M].大连:大连理工大学出版社,2001.

[163] 金殷嬉.韩国汉字教学现状[J].励耘语言学刊,2013,(10).

[164] 隗斌贤."一带一路"背景下文化传播与交流合作倡议及其对策[J].浙江学刊,2016(2).

[165] 孔令翠,王慧.翻译硕士教育发展的困境与思考[J].学位与研究生教育,2011,(8).

[166] 蓝红军.从学科自觉到理论构建——中国译学理论研究(1987-2017)[J].中国翻译,2018(1):7-16.

[167] 雷钧.京师同文馆对我国教育近代化的意义及其启示[J].现代教育

科学，2002，(7).

[168]　李传松.中国外语教育史初探[J].北京第二外国语学院学报(外语版)，2006，(8).

[169]　李斐，黄明东."慕课"带给高校的机遇与挑战[J].中国高等教育，2014，(7).

[170]　李基文.國語史槪說(改訂版)[M].首尔：塔出版社，1982.

[171]　李京廉，刘娟.汉语的限定与非限定研究[J].汉语学习，2005，(1).

[172]　李靖民、徐淑华.中西译论研究基本模式对比[J].四川外语学院学报，2002(4)：106-108.

[173]　李林波.中国传统译论研究的后顾与前瞻[J].上海翻译，2006(1)：7-12.

[174]　李敏生.汉字哲学初探[M].北京：社会科学文献出版社，2000.

[175]　李娜.高校应用型双语人才培养与地区经济发展衔接的模式探索[J].高教学刊，2016，(8).

[176]　李少华.英语全球化与本土化视野中的中国英语[M].银川：宁夏人民出版社，2006.

[177]　李文中.中国英语与中国式英语[J].外语教学与研究，1993，(4).

[178]　李雅波.文化认同视角下跨文化教学路径探究[J].外语学刊，2018，(5).

[179]　李應百.資料를통해본漢字·漢字語의事態와그教育[M].首尔：亞細亞文化社，1988.

[180]　李玉陈.汉英翻译教学务实谈——兼论英语专业的定位与定向[J].山东外语教学，1999，(1).

[181]　李玉陈，李彦文.英语专业研究生句法与翻译基础[M].济南：山东大学出版社，2014.

[182]　李玉陈.英语教学新思路[C].济南：山东友谊出版社，1998.

[183]　李运富.论朝鲜文化对汉字系统的影响[J].江西师范大学学报，2018，(1).

[184]　刘重德.事实胜雄辩—也谈我国传统译论的成就和译学建设的现状[J].外语与外语教学，2000(7)：34-38.

[185]　刘和平.再论教学翻译与翻译教学——从希拉克信函的翻译谈起

[J].中国翻译,2000,(4):42.

[186] 刘心武.钟鼓楼[M].北京：人民文学,1985.

[187] 卢桂荣.本·琼生——其人其作[J].哈尔滨学院学报（教育）,2002,12.

[188] 陆俊花.高等教育科技化对高校教师的挑战[J].中国科技信息,2006,(7).

[189] 陆锡兴.汉字传播史[M].北京：商务印书馆,2018.

[190] 罗新璋.翻译论集[M].北京：商务印书馆,1984.

[191] 毛琰虹."一带一路"背景下应用型外语人才培养的创新模式研究[J].齐齐哈尔师范高等专科学校学报,2018,(3):10-11.

[192] 梅德明.口译进阶教程——联络陪同[M].北京：北京大学出版社,2008.

[193] 木村英樹.『こんな』と『この』の文脈照応について[N].日本語学.1983-2-11.

[194] 穆雷、王斌华.译学研究发展的新成就——2006年译学研究综述[J].中国翻译,2007(3):30-34.

[195] 欧阳倩华.政治性记者招待会中译员的人际协调功能[A].仲伟合(主编).口译在中国：新趋势与新挑战—第七届全国口译大会暨国际研讨会论文集 [C].北京：外语教学与研究出版社,2010:213-225.

[196] 潘文国.中国译论与中国话语[J].外语教学理论与实践,2012(1):1-7.

[197] 全香兰.中韩字词比较及研究[M].成都：西南交通大学出版社,2015.

[198] 人民网.中共中央关于制定国民经济和社会发展第十二个五年规划的建议[EB/OL].[2015-09-20].http://politics.people.com.cn/GB/1026/13066190.html.

[199] 任文.联络口译过程中译员的主体性意识研究[M].北京：外语教学与研究出版社,2010.

[200] 桑新民,谢阳斌,杨满福."慕课"潮流对大学影响的深层解读与未来展望[J].中国高等教育,2014,(3).

[201] 尚亚宁.我国高校翻译硕士专业发展:现状、问题与对策[J].现代教育科学,2011,(4).

[202] 神崎勇夫.輝ける道[M].东京：東方書店，1974.

[203] 石崎等，山田胜.オスカー・ワイルド事典[M].东京：北星堂书店，1997.

[204] 束定芳，庄智象.现代外语教学——理论、实践与方法[M].上海：上海外语教育出版社，2008.

[205] 宋晓梅.高校教师如何应对教育信息化[J].赤峰学院学报，2010（11）.

[206] 孙传月，孙维屏，高举敏."一带一路"战略下基于需求导向的"法语+"人才培养模式构建[J].湖北函授大学学报，2018，（5）.

[207] 孙有中.外语教育与跨文化能力培养[J].中国外语，2016，（3）:17.

[208] 苏秀玲.中国英语中的音译词新探[J].长春师范学院学报（人文社会科学版），2013，32（4）.

[209] 蘇琦.鐘鼓楼[M].东京：恒文社，1993.

[210] 陶友兰.中国传统译论的战略传承与传播——翻译教材建设视角[J].上海翻译，2015（4）:14-20.

[211] 陶李春.关于翻译研究的思路与重点途径——许钧教授访谈录[J].中国翻译，2016（3）:79-82.

[212] 田汉.关于湖边春梦[A].田汉文集11[C].北京：中国戏剧出版社，1983:533.

[213] 田汉.一个未完成的银色的梦-<到民间去>[A].田汉全集18[C].石家庄：花山文艺出版社，2000:162.

[214] 田汉.艺术与艺术家的态度[A].田汉全集15[C].石家庄：花山文艺出版社，2000:21.

[215] 田汉.中国话剧运动五十年史料集1[M].北京：中国戏剧出版社，1985.

[216] 汪榕培.中国英语是客观存在[J].外语与外语教学，1991，（3.

[217] 汪榕培，常骏跃.英语词汇中汉语借词的来源[J].四川外语学院学报，2001，17（4）.

[218] 王斌华，伍志伟.联络口译[M].武汉：武汉大学出版社出版，2010.

[219] 王宏印.融通中西译论,革新中国译学[J].中国外语,2008（6）:33-39.

[220] 王宏印.文学翻译批评论稿(第二版)[M].上海：上海外语教育出版社，2010.

[221] 王宏印.中国传统译论经典诠释[M].武汉：湖北教育出版社，2003：220.

[222] 王宏印.中国传统译论经典诠释：从道安到傅雷[M].大连：大连海事大学出版社，2017.

[223] 王宏印、刘士聪.中国传统译论经典现代诠释—作为建立翻译学的一种努力[J].中国翻译，2002(2)：8-10.

[224] 王墨希，李津.中国学生英语语篇思维模式调查[J].外语教学与研究，1993，(74).

[225] 王向远.中日现代文学比较论[M].长沙：湖南教育出版社，1998.

[226] 王向远."翻""译"的思想——中国古代"翻译"概念的建构[J].中国社会科学，2016，(2)：138-156.

[227] 王向远.古代译学五对范畴——四种条式及其系谱构造[J].安徽大学学报，2016，(3)：67-80.

[228] 王晓农.基于认知语言学的语篇翻译研究[M].成都：西南交通大学出版社，2011.

[229] 王晓农.论翻译专业能力与外语专业翻译教学[J].唐山师范学院学报，2009，(1)：159.

[230] 王晓农.释旧出新 融西立中——王宏印《中国传统译论经典诠释》新版述评[J].上海翻译，2018，(6)：83-88.

[231] 王晓农.令文义圆通，使微言不坠：鸠摩罗什佛经翻译"圆通论"诠释[J].《中国翻译》，2021(2)：29-36.

[232] 王寅.认知语言学[M].上海：上海外语教育出版社，2007.

[233] 王卫军.教师信息化教学能力发展策略研究[J].教师教育，2012，(5)：103.

[234] 王雪梅.从对接国家战略视角探索外语类院校培养国际化人才的思路[J].外国语文，2014，(2)：158-159.

[235] 王艺静."一带一路"背景下国际化外语人才培养研究[J].高教月刊，2016，(9)：2.

[236] 温辉.中国翻译理论的本体价值与展望[J].上海翻译，2015(4)：21-24.

[237]　吴坚."一带一路"倡议下中外合作办学新逻辑、新形态与新方案
[J].新时代中外合作办学,2019,(6).

[238]　吴剑锋.汉语宾补标记的标句功能及语法化——兼与英语 that 的比
较[J].外语教学与研究,2016,(4).

[239]　吴珺.日本文化的特质与跨文化交际——从人际关系心理文化的角
度[J].语文学刊(高教·外文版),2007(8):90.

[240]　吴美群.传承与超越——论本·琼生《森林集》中的古典主义[J].外
语学刊,2016,(2).

[241]　吴美群."颠覆"与"含纳"——本·琼生城市喜剧中的性别权力[J].
戏剧:中央戏剧学院学报,2018,(1).

[242]　习近平.在西雅图出席侨界举行的欢迎招待会时的讲话[EB/OL].
[2015-09-25].

[243]　http://world.people.com.cn/n/2015/0925/c1002-27632490.html.

[244]　辛志英,黄国文.系统功能语言学与生态话语分析[J].外语教学,
2013,(3):8.

[245]　徐烈炯.与空语类有关的一些汉语语法现象[J].中国语文,1994,
(5).

[246]　徐治国,唐塘,刘国佳."一带一路"战略下外语人才培养措施初—
以四川省部分高校为例[J].教育教学论坛,2016,(50):225.

[247]　许钧、穆雷.中国翻译学研究 30 年(1978—2007)[J].外国语,2009
(1):77-87.

[248]　许钧.改革开放以来中国翻译研究概论(1978-2018)[M].湖北教育
出版社,2018.

[249]　薛家宝.唯美主义与中国现代文学[M].北京:中国社会科学出版
社,2015.

[250]　新华社授权发布.推动共建丝绸之路经济带和 21 世纪海上丝绸之路
的愿景与行动[EB/OL].[2015-03-28].http://news.xinhuanet.com/
finance/2015-03/28/c_1114793986.htm.

[251]　杨阳.系统功能视角下新闻报道的生态话语分析[J].北京第二外国
语学院学报,2018,(1).

[252] 杨亦鸣，蔡冰.汉语动词的屈折机制与限定性问题[J].世界汉语教学，2011，(2).

[253] 杨云升."一带一路"建设与外语人才培养[J].海南师范大学学报，社会科学版，2015，(9):133.

[254] 尹歆吟.本·琼生喜剧作品中的现实主义倾向[J].云南社会主义学院学报，2012，3.

[255] 余楠.文化认同的政治建构[M].上海：上海交通大学出版社，2018.

[256] 袁颖.媒体报道的生态取向：BBC 中国雾霾新闻标题的生态话语分析[J].北京科技大学学报(社会科学版)，2018，(4).

[257] 曾利沙.翻译学理论研究范畴体系的拓展—兼论传统译学理论继承与发展[J].中国外语，2017(1):90-96.

[258] 詹成.联络口译[M].北京：外语教学与研究出版社，2010.

[259] 张柏然、张思洁.翻译学的建设：传统的定位与选择[J].南京大学学报，2001，(4):87-94.

[260] 张法春、肖德法.英语词素构词的体验性认知研究[J].外国语文，2009，(4).

[261] 张功.培养大学生网络学习策略的实验研究[J].电化教育研究，2009(1)：66-69.

[262] 张军.加强党建工作是办好中国特色社会主义大学的根本保证[J].红旗文稿，2016(2)：28-29。

[263] 张佩瑶.重读传统译论:目的与课题[J].中国翻译,2008，(6):5-10.

[264] 张思洁.中国传统译论范畴及其体系[M].上海：上海译文出版社,2006.

[265] 张天宇，周桂君.语言变体与文化身份——以中国英语变体为考察对象[J].河南师范大学学报(哲学社会科学版)，2014，41(7).

[266] 张天宇，周桂君.近现代中英语言接触与汉语词汇借用[J].外语学刊，2016，(1).

[267] 张小红."一带一路"背景下新型国际化外语人才培养路径[J].西华大学学报，2018，(4).

[268] 张晓宁.实验教学示范中心建设应该处理好的四个关系[J].实验室

研究与探索,2007(12):86-88.

[269] 张远峰.大学生网络自主学习策略现状及对策研究[J].中国成人教育,2013(5):146-148.

[270] 张威.会议口译员职业角色自我认定的调查研究[J].中国翻译,2013,(2).

[271] 郑果.ARCS模型在《基础日语》翻转课堂中的应用研究[J].产业与科技论坛,2017,(8):194.

[272] 中国政府网.国务院关于同意设立中韩产业园的批复[EB/OL].[2019-05-19].http://www.gov.cn/zhengce/content/2017-12/15/content_5247404.htm.

[273] 中华人民共和国商务部.中韩产业园[EB/OL].[2019-05-19].http://yzs.mofcom.gov.cn/article/zt_zhcyy/column01/201805/20180502749105.shtml.

[274] 中共中央办公厅、国务院办公厅.关于做好新时期教育对外开放工作的若干意见[EB/OL].[2016-04-29] http://www.gov.cn/home/2016-04/29/content_5069311.htm.

[275] 《中组部、教育部党组关于加强高校中外合作办学党的建设的通知》(中组发[2017]13号).

[276] 周洪双,李晓东.孔子学院:拓宽中外语言文化交流之路[N].光明日报,2018-12-07.

[277] 周小仪.唯美主义与消费文化[M].北京:北京大学出版社,2002.

[278] 周作人.日本近三十年小说之发达[A].周作人代表作[C].北京:华夏出版社,1997.

[279] 朱雷.中国外语教育规划与国家战略[M].北京:中国书籍出版社,2016.

[280] 朱敏洁.韩媒:韩代表团参加"一带一路"峰会 习近平特别抽出时间面谈[EB/OL].[2019-05-19].https://www.guancha.cn/Neighbors/2017_05_15_408422.shtml.

[281] 朱跃.论新加坡标准英语的建立原则和语言特点[J].现代外语,1994,(4).

[282] 庄智象，韩天霖，谢宇.关于国际化创新型外语人才培养的思考[J].外语界，2011，(6):77.

[283] 庄会连.大学生网络学习力现状分析及提升策略研究[D].河南大学硕士学位论文，2012.

[284] 左民安，王尽忠.细说汉字部首[M].北京：九州出版社，2005.

[285] 佐藤春夫.私の享楽論[A].佐藤春夫集[C].东京：日本书房，1968:224.

[286] 赵秀明.从《中国译学理论史稿》的出版看我国的译论研究[J].中国翻译，1996，(3):35-37.

[287] 赵巍.中国传统译论研究综述[J].西安外国语大学学报，2014，(2):104-107.

鲁东大学外国语学院简介

鲁东大学外国语学院创建于 1963 年,原名英语科,1971 年改称英语系,1994 年增设日语专业,改为外语系,1999 年增设朝鲜语专业,2002 年 3 月改为外国语学院,2008 年增设法语专业,2017 年增设商务英语专业。学院现有教职工 164 人,其中教授 10 人,副教授 47 人,博士 33 人,在读博士 2 人,外籍专家 13 人,有出国留学经历者 40 人;现有全日制在校本科生、研究生1693 人。

学院设有英语(师范类)、商务英语、日语、朝鲜语和法语 5 个本科专业,拥有外国语言文学一级学科硕士学位授权点,以及教育硕士(学科教学英语)和翻译硕士(英语笔译、日语笔译)2 个专业硕士学位授权点。外国语言文学是学校强化建设一级学科,英语语言文学是山东省特色重点学科,英语专业为国家级一流专业、山东省一流专业和品牌专业,"数字化语言文学教学中心"为国家级实验教学示范中心,"应用型外语人才培养研究基地"为山东省高校人文社科研究基地。

学院师资力量较强,梯队结构合理,学术氛围浓厚,教学理念先进,取得了良好的教学效果。英语语言文学课程群、大学外语课程群为省级精品课程群。近年来,获得国家级教学成果二等奖 1 项,山东省教学成果一等奖 1 项,二、三等奖各 2 项;学生在国内外各类大赛中获奖 300 余项。英语专业四、八级考试通过率高出全国同类院校 30 多个百分点,日语专业一级能力考试合格率 90% 以上,朝鲜语专业四级考试通过率接近 100%,法语专业八级考试通过率为 85%。本科生就业率高于 85%,研究生就业率接近 100%。

　　学院设有外国语言学与外语教学、外国文学、翻译理论与实践、东亚语言与文化、大学英语教学等5个研究方向。在基于生成语法理论的英汉语言对比、现代汉语计量研究、信息化外语教学、战后英国学院派小说、中华文化典籍与学术外译、海上丝绸之路、中日韩传统习俗比较等方面的研究形成了鲜明的特色与优势。近年来主持国家哲学社会科学基金各类项目14项,省部级科研项目60余项;在CSSCI来源期刊发表论文80余篇,出版学术专著、译著80余部,获山东省社会科学优秀科研成果二等奖4项、三等奖6项,山东省高等学校优秀科研成果奖16项。学院"'一带一路'背景下儒家文化在朝鲜半岛的传播创新研究"团队为省级科研创新研究团队、"山东省与法国交流合作研究中心"为省级研究中心。

　　学院对外交流频繁,与美国、英国、法国、日本、韩国、澳大利亚、新西兰等国家的10多所大学建立了本科和硕士联合培养模式和合作交流项目,并与北京大学、清华大学、复旦大学、浙江大学、南京大学、南开大学、北京外国语大学、上海外国语大学、广东外语外贸大学等知名高校建立了广泛的学术联系。

　　目前,学院作为山东省党建工作标杆院系培育创建单位,全面贯彻党的教育方针,坚持社会主义办学方向,落实立德树人根本任务,致力于培养德智体美劳全面发展的社会主义建设者和接班人,努力为实现中华民族伟大复兴做出鲁大外院人的历史贡献。